人民日报学术文库

重构场域

——出场学场域十论

孙 琳 著

Reconstruction of Field
——Ten issues about Presentology Field

人民日报出版社

图书在版编目（CIP）数据

重构场域：出场学场域十论／孙琳著．—北京：
人民日报出版社，2013.12
ISBN 978－7－5115－2283－2

Ⅰ.①重…　Ⅱ.①孙…　Ⅲ.①社会学—理论研究
Ⅳ.①C91－06

中国版本图书馆 CIP 数据核字（2013）第 294295 号

书　　　名：**重构场域：出场学场域十论**
著　　　者：孙　琳

出 版 人：董　伟
责任编辑：林　薇　张炜煜
封面设计：中联学林

出版发行：人民日报出版社
社　　　址：北京金台西路 2 号
邮政编码：100733
发行热线：（010）65369527　65369846　65369509　65369510
邮购热线：（010）65369530　65363527
编辑热线：（010）65369526　65369514
网　　　址：www. peopledailypress. com
经　　　销：新华书店
印　　　刷：北京天正元印务有限公司

开　　　本：710mm×1000mm　1/16
字　　　数：237 千字
印　　　张：15.5
印　　　次：2014 年 3 月第 1 版　　2014 年 3 月第 1 次印刷

书　　　号：ISBN 978－7－5115－2283－2
定　　　价：46.00 元

目 录
CONTENTS

引 言

我们将以马克思与布尔迪厄的场域观－历史建构论为起点和参照点,得出出场学场域的十个主要结论。场域之概念看似简单,却包含着深厚的辩证法和深层次的符号思想与历史语境的分析,因而笔者首先进行的是对马克思的原著考证,对马克思的出场学场域的思想发展进行了重构性梳理;而后对布尔迪厄所提出的社会学场域从十个方面加以透视;最后在两种场域的比较对话中提取重点,将出场学场域的十论和盘托出。出场学场域可以说是在马克思所开启的哲学革命的社会历史的宏观视阈与布尔迪厄开启的有关社会历史的微观视阈的融合。场域的重新建构的任务重在考察社会历史与思想符号的辩证关系。有关场域出场意义的正在生成与发展的过程论分析,既是场域空间地理方位的"被抛"(海氏"在手"状态),也是场域中主体的生命的律动和价值投射状态(海氏"上手"状态)。因而不能将场域仅仅定格为简单的符号形塑、传播与解码过程。除了运用辩证法理性获取有关社会化过程中的各种真理性认识,我们也需要运用现象学方法来挖掘隐藏在符号背后的"看不见的"意义与价值观念。来看待历史中的新场域化在西方世界,符号背后的文化价值倾向是当代资本主义社会中生命的律动特征所在,否则无法在颠倒的广阔的资本图景中透视出资本社会的本质。因此期间需要的将辩证法与现象学方法的优势互补,这也是逻辑上的难点所在。通过扬长避短来融合两种方法论的合理之处,从而将资本的"景观社会"的资本图画的本质刻画出来。毋宁说,出场学场域本来就是一种方法论思想,通过"反思的问题域"剖析"理解的发生学",从而通过"不断出场"秉持"永恒在场"。在中国,重构场域毋宁就是马克思主义中国化,通过与西方学者的对话,我们可以获得如何与资本之狼的共舞的方法。

第一章

马克思的场域思想

哲学家们只是用不同的方式解释世界,而问题在于改变世界。①

——马克思

马克思的历史唯物主义是关于历史发展规律的学说,是对未来社会的规律性把握和人类的能动性实践的统一与结合。然而,马克思的唯物史观的形成也经历了一个过程。笔者在与马克思的经典文本的对话中,对马克思的唯物史观的出场过程进行了梳理,也对马克思从符号实践场域(思的外化)走向历史实践场域(史的建构)的思想进程进行了梳理。场域建构主要代表了历史建构,其中也包括思想符号的形塑(构建)。思与史的辩证法是主导的核心,场域不是思的在场,也不是史的在场,而是一种正在生成的出场状态,是有关出场意义的形塑、传播与解码的综合过程,是在广义认识论方法的角度下对辩证法与新现象学方法的统一。在这种正在生成的出场的历史场域中,主体的打开与行动(实践)是史的出场方式,意义的生成是思的出场方式。意义的生成来自于主体的置身性的时空方位(异化结构)、置身寓所、社会化过程中受到的他者的影响以及主体自身价值投射的选择与取向。这种内外结合的力量而导致的主体意义的走向对历史实践和思想符号的形塑都有反作用力。因而,交往实践与意义又在一种(既成)在场的传统与无法根除的历史空间方位中发生、生成与发展,并对历史空间方位以带有自身意义的交往实践进行着起承转

---

① 《马克思恩格斯全集》[M]第一卷,北京:中央编译局译,人民出版社地,1995:61.

合式的改变,这种改变世界的历史建构方式又将形成新的主体的置身性的方位与空间,从而为新场域的在场者的生活与生产实践提供新的置身性场所和新的出场方位。出场之前是旧场域的在场者,出场之后是新场域的在场者,在场者又必须通过不断出场而秉持永远在场。这种既在场又不在场的在新旧两种在场者之间的正在生成的状态就是出场在场中涵盖了出场的意义。马克思唯物史观所给予的就是这种关于正在生成的出场的历史性的规律性学说。有时这种历史建构的这种新的置身性的方位是涅槃式的,有时则是静悄悄的。因而在梳理马克思的思想时,我们应该注意这些问题。

第一节　早期思想:以符号实践场域占主导
——《博士论文》以及早期著作

马克思出生并成长于德国经济最发达,受法国大革命影响最深的莱茵省,他在特里尔读中心时就深受自由主义、启蒙思想、人道主义和理性主义的影响。他写作博士论文时,恰逢德国资产阶级革命意识觉醒,德国封建王朝行将末路的时期。马克思接受深造的高校是著名的柏林大学,也是当时德国思想斗争的中心与重镇。在那里,从黑格尔主义中分裂出来的青年黑格尔派与老年黑格尔派争论不休,处于资产阶级激进立场上的青年黑格尔派在批判宗教教条、捍卫思想自由、从黑格尔体系内部处罚反对封建专制方面具有卓越的成绩。马克思从 1839 年开始研究古希腊哲学,所以他在博士论文中以伊壁鸠鲁主义为主题,其政治立场与目的也与青年黑格尔派的政治理论的需要契合。因而,马克思研究了晚期古希腊哲学的主要流派,以伊壁鸠鲁主义、斯多葛主义和怀疑主义为主研究内容,使具有深刻自由性的自我意识观念、无神论思想与资产阶级的民主主义思想都获得了出场的机会。博士论文中,以“自我意识”为红线而贯穿于其中,尽管有很多时候只是以隐含的方式出现,但我们不能忽视这一点,即便是在马克思对原子作物理性和逻辑性探索时,也不能忘却此主旨与准绳。其实,马克思在《博士论文》时期便已经超越了青年黑格尔派的思想,决心将理论与实际相结合。在 1841 年,马克思的具有深厚的学术功底的博士论文《德谟克利特的自然哲学和伊壁鸠鲁的自然哲学的差别》使他获得了名副其实的哲学博士学位。

马克思在这篇博士论文中试用了比较手法,对伊壁鸠鲁与德谟克利特的原子论进行了"自由"性的规约与比较,体现了马克思在青年黑格尔派视野下的娴熟而完整的使用辩证法体系的学术功底。他揭示了德谟克利特原子论的机械性质,即德谟克利特的原子论无法摆脱命定论指引下的命运的束缚,从而从自然的角度来烘托个体的个性自由、意志自由与独立能力。马克思在博士论文中准确指出原子运动规律在伊壁鸠鲁哲学中所具有的普遍性地位,使之与黑格尔的辩证法进行结合论证,而使得自己的青年马克思主义学派的思想得以弘扬。总体来说,这是一种理论实践场域中的批判思想与实践观念,虽然没有逃离黑格尔唯心主义辩证法的牢篱,却是马克思的人道主义观念的登场,其中马克思对"人"、"自由"、"自我意识"、"实践"等都有深刻而抽象的思想写照。马克思对于自由的首次推出就在对伊壁鸠鲁的原子的偏斜理论的分析中完成的。与德谟克利特的两种原子运动理论不同的是,伊壁鸠鲁认为有三种原子的运动:"一种运动是直线式的下落;另一种运动起因于原子偏离直线;第三种运动是由于许多原子的相互排斥而引起的。承认第一种和第三种运动是德谟克利特和伊壁鸠鲁共同的;可是在承认原子偏离直线这一点,伊壁鸠鲁和德谟克利特不同了。"①因而,在马克思看来,伊壁鸠鲁因具有偏斜运动特质的原子论特质而使其价值高于德谟克利特的机械决定论的原子论。马克思在原子的偏斜运动中发现了青年黑格尔派所需要的激荡的哲学革命精神,以及在黑格尔辩证法体系中找到积极的因素,从而来反对黑格尔辩证法中的保守势力:哲学在死亡中孕育着新生。马克思对伊壁鸠鲁哲学的分析主要体现在以下几个方面:

其一,马克思认为,伊壁鸠鲁对于原子运动的"三种形式"的刻画彰显了矛盾辩证法实现的架构。伊壁鸠鲁的原子论中具有矛盾辩证法的性质,他还使得原子概念中的物质与形式、存在与本质之间的一系列矛盾都获得一种客观性质。由于一些人对矛盾辩证法的无知而导致了对伊壁鸠鲁的误解。马克思

---

① 马克思:《德谟克里特的自然哲学与伊壁鸿鲁的自然哲学的差别》《马克思恩格斯全集》[M]第40卷,中央编译局译,北京:人民出版社1982:209。

以西塞罗为例,批判了他误读伊壁鸠鲁的三种方法:其一,他没有看到"排斥"才是原子偏斜方向的根据,而"排斥"在矛盾辩证法中所对应的概念就是"对立"。西塞罗认为因为原子有倾斜方向,所以才有排斥,这明显是因果倒置。其二,西塞罗没有考虑到偏斜的偶因性。因为如果西塞罗需要看到或提及偏斜的偶然原因,那么就不得不把排斥与偶然原因同时作为倾斜方向的依据,这明显是自相矛盾的说法。所以西塞罗只能说排斥具有偶然原因,而不是偏斜具有偶然原因。其三,西塞罗以及培尔都认为偏斜与自由不能在同一个学说中共存,在他们看来"只有在原子的互相碰撞是决定论的和强制的时候,才开始有自由这个对立面。"①这样,用偏斜来论证自由就显得非常多余,因为一切都是定在的被决定好了的。事实果然如此吗?马克思说到,这就是明显的无联系无深入探索的无辩证法的推理,而卢克来修是"唯一理解了伊壁鸠鲁的物理学的人"。

因此,马克思在原子的偏斜理论中倾注的是矛盾辩证法视阈,这为他在后来打开现实的思想之门,创立唯物史观和历史的唯物论的辩证法都打下了坚实的基础。马克思以矛盾辩证法视阈来解读伊壁鸠鲁至少包括以下五点:其一,对立面的统一律。"卢克来修说的对,如果原子不是经常发生偏斜,就不会有原子的冲击,原子的碰撞,因而世界永远也不会创造出来。"②原子本身之中就包括了与其本身相对立的否定自身,这种与对立面相统一于自身中的原则就体现于原子的偏斜理论中。"与原子发生关系的定在不是什么别的东西,而是它本身。"③原子由于直接的被排斥性而成为众多的原子,也是"原子规律"的必然实现。原子的唯一客体对象就是原子本身,它们在时间与空间中,"自己和自己发生关系"。所以原子概念的实现只有在"排斥"这个充满矛盾意识的概念中才能完成。其二,否定之否定律。伊壁鸠鲁原子论的否定之否定的论证体现在直线运动与偏斜运动的理论中。原子的直线构成在对虚空的原子空间的直接否定和对维持自身坚实性强度原则的时间否定之中。"原子概念中所包含的一个环节便是纯粹的形式,即对一切相对性的否定,对与另一定在

---

① 同上,32。
② 同上,36。
③ 同上。

的任何关系的否定。……伊壁鸠鲁把两个环节客观化了,它们虽然是互相矛盾的,但是两者都包含在原子概念中。"①伊壁鸠鲁原子论中的矛盾辩证法就在这种否定与否定之否定中得以淋漓尽致地体现出来。其三,绝对运动律。所谓的相对的存在就是直线下落的运动,因而只有偏斜才有对立面的碰撞,直线下落也隶属于碰撞的特殊状态。碰撞如同运动中的绝对运动,直线下落只是相对静止状态,是不可靠的暂时的运动状态。其四,普遍联系律。这一点可以从对立统一的原子概念中得来。马克思认为,如果按照对立面统一斗争的观点来看,如果原子作为抽象的物质,那么与之发生关系的必然是其他原子,而且,"如果我同我自己发生关系,就像同直接的他物发生关系一样,那么我的这种关系就是物质的关系。"②而原子的排斥运动则是把处于直线下落运动中的原子的"物质性"与偏斜运动中原子的"形式规定"加以了综合的结合。而德谟克利特却将这种充满自由的相互联系变成了绝对的强制性运动和盲目的必然性行为。事实上,直接存在的个别性与以它本身为"他物"的"他物""发生关系"时,才是具有概念实现的意义。虽然人的存在只有与他发生关系的他物是同一个"他物"的存在时,才不会是自然的产物,但是人若要成为自我的唯一现实的客体,就必须在"他自身"中打破"纯粹自然的力量"、"欲望的力量"等"相对的定在"。因而作为矛盾的"排斥"与直接存在的、个别的、抽象的"自我意识"是相适应的。其五,在背后主宰一切"自由"精神,是另一种类型的"绝对观念"。所以就第一点至第四点来看,马克思继承了黑格尔辩证法的"合理内核",而就第五点来看,马克思依然没有脱离黑格尔的客观唯心论体系,虽然他确立不是"绝对精神"的奴隶,却不得不驶入另一个绝对的具有明确的"自我意识"的完整的自由观念的港口。马克思的功绩在于他在此埋下了日后冲破该体系牢笼的种子,以及蕴涵了理论与现实接轨思想的萌芽。我认为从前面几个方面的论述与铺垫,马克思自然而然地推出了自己的人道主义观念。也就是说,马克思的人道主义观念是建立在矛盾辩证法基础上的"辩证人道主

---

① 同上,33。
② 同上,37。

义"①。"排斥是自我意识的最初形式"②,由于德谟克利特只能从物质存在方面认识到原子的性质,因而他无法解释即便是在感性形式中出现的排斥的本质。伊壁鸠鲁通过偏斜的原子将原子王国的整个内部结构都加以了改变,从而使得形式规定得以显现,矛盾辩证法也得以实现。排斥运动的一些更为具体的形式找到了它的藏身之所:"在政治领域里,那就是契约,在社会领域里,那就是友谊,友谊被称赞为最崇高的东西。"③马克思在最后一点证明中,把理论实践场域中的原则规定扩大到了现实的历史实践场域中,尽管还是个别地以"政治领域"与"社会领域"出现,但年轻的马克思就能做到这一点,已经非常值得称颂了。

其二,由于马克思深入挖掘辩证法的否定性质,使理论与现实结合有了可能。与黑格尔不同的是,马克思并没有把自我意识与外在世界进行割裂,而是主张与外界发生关联,这个外界包括了客观现实、人类生活世界、自然世界等方面,从而使得黑格尔的"自我意识"突破了封闭的体系的牢笼。他提出了充满辩证意味的事物具有"自我运动"的思想。而马克思在此对伊壁鸠鲁所做出的娴熟的分析,证明了他对黑格尔辩证法与历史观念的熟知与理解。马克思在博士论文中首先批判了斯多亚学派和莱布尼茨对伊壁鸠鲁的误解:"关于这个伟大的人物(德谟克利特),我们所知道的东西,几乎只是伊壁鸠鲁从他那里抄袭来的,而伊壁鸠鲁又往往不能从他那里抄袭到最好的东西。"④马克思认为,这显然是一种机械论调的误解,而没有识别出伊壁鸠鲁原子论中最为精要的东西。在马克思看来,德谟克利特与伊壁鸠鲁两个人之间尽管具备了同一性,例如"原子"与"虚空"这一组最基本的概念,导致后来的哲学家认为非本质的差别才是他们两个人之间的真正关系的误解。马克思很快指出了这种误读的根本所在:首先,德谟克利特并不能搞清楚关于人类知识的真理性与可靠性应该如何加以判断。"只有现象和真理互相分离的地方,才开始有隐蔽的东

---

① 请参见本人硕士学位论文:《辩证法、人道主义与辩证人道主义》[J],苏州:苏州大学,2007。
② 马克思:《马克思恩格斯全集》[M]第一卷,北京:中央编译局,人民出版社,1995:37。
③ 同上,38。
④ 同上,20。

西。……德谟克利特的这种怀疑主义的、不确定的和内部自相矛盾的观点,在他规定原子和感性的世界的相互关系的方式中不过是得到了进一步的发展。"①因而,德谟克利特的原子论在具有真实客体的感性现象上充满了自相矛盾,而逃不出"二律背反"的牢笼。伊壁鸠鲁则不同,"当德谟克利特把感性世界变成主观假象时,伊壁鸠鲁却把它变成客观现象。……他赞成同样的原则,但是并不主张把感性的质看作是仅仅存在于意见中的东西。②"尽管是表面粗浅。客观现象与感觉知性在伊壁鸠鲁那里得到了统一。其次,两人之间的不同科学活动和实践是以上这种不同的体现。德谟克利特无法在现象中把握原则,因而无法使现实在原子论哲学中获得容身之所,也就是说,现实在存在之外。但是德谟克利特同时又认为感性知觉尽管是主观的假象,却是实在的和富有内容的世界。马克思澄清了认识客体与实在客体在德谟克利特原子论中的混淆与不分的混沌状态。德谟克利特因为其感性知觉世界脱离了原则而保持了自己的独立现实性,也就是作为唯一实在的客体而不得不具有本身的价值意义,因而不得不对它们进行经验观察,从而不得不在经验观察中投身实证实践。而伊壁鸠鲁则以一个相反者的形象出现。他轻视实证哲学,因为它无法达到真正的完善,在年轻的马克思眼中,伊壁鸠鲁的哲学是为了幸福和生活而设,在他眼中的哲学就是自由。马克思对两者区分的分析采取了比喻手法,形象而生动:"德谟克利特感觉到必须走遍世界各地,而伊壁鸠鲁却只有两三次离开他在雅典的花园到伊奥尼亚去,不是为了研究,而是为了访友。最后,德谟克利特由于对知识感到绝望而弄瞎了自己的眼睛,伊壁鸠鲁却在感到死亡临近之时洗了个热水澡,……并且嘱咐他的朋友们忠实于哲学"。③ 马克思主义出场学中对此也有类似的描述,哲学就是走向生活的哲学。马克思自此明确提出反对实证哲学,并且反对把哲学的外延延伸到科学实证研究的领域中来。他们之间的区别不是理论的简单区别,而是实践态度的不同,实践决定理论的正确观念也在马克思的这篇论文得以体现。哲学就是一种向往生活、向往自由的实践态度,从一开始就带有了伦理学向度。

---

① 同上,21。
② 同上,22。
③ 同上,25。

最后，马克思就偏斜的必然性与偶然性的问题分析到，前两个方面的不同不是哲学家自身的偶然个性，而是理论意识的根本差别，"现在表现为实践活动方面的差别了"，它们是两个完全相反的方向。马克思对这一点的说明首先从思想与存在之间的相互关系和相互反思开始。德谟克利特显然把有关现实性的反思形式作为了一种必然情节，即反思的形式产生了一切事物的那种必然性的原子漩涡。"必然性是命运，是法，是天意，是世界的创造者"①，这种观点也受到了亚里士多德的重视，当他在某处谈及取消一种偶然性哲学时，也是以德谟克利特为例证的。与此完全不同的是，伊壁鸠鲁并不认为真的具有那种主宰一切事物的必然性的存在。因为世界之物的存在即便不考虑偶然性，也有无法避免的任意性存在。因为必然性通常是神学的护身符，所以对无神论者来说，必然性是种不幸的事物。"为了避免承认必然性，伊壁鸠鲁甚至否定了选言判断。……德谟克利特使用必然性，伊壁鸠鲁使用偶然，……这种差别的主要后果表现在对具体的物理现象的解释方式上。"②马克思认为，德谟克利特由于没有之处创造世界的普世原因，因而他必须把必然性当作偶然性来使用，从而使其必然性概念充满矛盾，而与偶然性观念在普遍性事物和神性事物在开始的地方没有任何区别。所以，马克思认为在有限的自然里，必然性只能表现为从"实在的可能性"中推论出来的以一系列的条件、原因、根据为中介的"相对的必然性"。就德谟克利特"发现一个新的因果联系比获得波斯国的王位还要高兴"的态度而言，他对自然研究的科学性和严肃性以及寻找根据意图的意义比任何事物都来的重要。伊壁鸠鲁则不同，他认为偶然性只具有可能性的价值现实性，而"抽象的可能性"是"实在的可能性"的反面，因为前者像幻想一样无限自由，而后者却被限制于严格的限度中；前者涉及的不是被说明的客体，而是发出说明行为的主体，对对象的可能性可以做出想象，而后者却力求证明客体的必然性和现实性。伊壁鸠鲁的宗旨是："解释不应该同感性知觉相矛盾，……目的在于求得自我意识的心灵的宁静，而不在于对自然的认识本身。"③两种相互对立的哲学态度在马克思看来其实都是具有片面性的，

---

① 同上。
② 同上，26~27。
③ 同上，28~29。

虽然伊壁鸠鲁总体上高于德谟克利特，但他们都是某种极端哲学的代表。"一个是怀疑主义者，另一个是独断主义者；一个把感性世界看作主观假象，另一个把感性世界看作客观现象。"①两个对立的人之间的矛盾体现在到处进行的求知与求证的实验与观察的"不安心情"与轻视经验从内在原则中吸取满足思维的宁静的知识的独立性之间的对立，体现在主观的怀疑主义、假象的经验主义与自然的独断主义之间的对立。一个只看见必然，一个只看见偶然，尽管他们都处于同一种原子哲学中。

其三，马克思运用黑格尔辩证法分析伊壁鸠鲁原子哲学所发现的抽象能动的个体性质，即"自我意识"抽象的能动性和实践性，并使"自我意识"冲破了唯一的"绝对精神"的把握，获得了完整的自由观念。在此处，马克思并不赞同伊壁鸠鲁将自由理解为是脱离现实世界的一种自我的心灵宁静的自由意识观念，正如他对黑格尔的超越一般，马克思从登上哲学舞台的第一篇处女作伊始就显示了他将理论与实践进行结合的哲学革命的决心，其间也体现了人（和人的自由解放）与现实相结合的场域思想。尽管马克思对历史和辩证法的分析还只是摸索从前而尚未构成放眼未来的历史形塑——历史构境的层面，但是方法论和世界观的基础已经打下，为马克思将来创建具有深刻历史形塑论的"唯物史观"和"唯物辩证法"提供了前期指引。马克思在博士论文中明文反对抽象的自由观，即通过人与周围世界的分离而使两者处于绝对的对立境地中。不把人视为抽象的个别性，而是从人与周围世界的关系中来考察人的自由，才是对自由的问题的真正解决。因而马克思透彻地分析了哲学与世界、人与客观世界之间的辩证关系。因为在哲学与外部世界发生必然关联的时候，才能使哲学转换为一种实践的力量。于是哲学在与世界发生关联的实践中不断地"扬弃"自己，获得了"世界的哲学化"与"哲学的世界化"。换句话说，马克思的意思是需要以客观现实与人之间的相互契合为准绳，来使得哲学从传统与历史中不断"取其精华去其糟粕"，而其获得时代特征。哲学与时代的关系，原本就在第一部著作中奠定了深厚的根基。尽管马克思最终尚未超越唯心史观的立场，在一种统筹所有范式的"类哲学"基础上谈论人与现实之间的问题，却

---

① 同上，29。

开辟了理解人的主观能动性,理解人自身意义价值尺度的生成与取舍选择,并以实践作为架构主客体之间的桥梁的辩证认识的正确观念。

其四,马克思认为,在原子的偏斜理论中蕴涵了深刻的启蒙运动所提倡的"自由、平等、博爱"的启蒙精神和坚定的无神论思想。马克思在博士论文中坚定地反对宗教思想以及宗教思想对人和人的精神的压制,把人从宗教的束缚中解放出来就成了马克思的基本立场。普罗米修斯的"我痛恨所有的神"成为开篇精义,马克思说不仅要反对天上的神,还要反对地上的神。伊壁鸠鲁站在古希腊无神论立场上的原子论阐述因而为马克思所深深吸引。整个希腊民族都把天体神化的传统,甚至对古希腊以后的哲学和诗学也产生了深远的影响,因而伊壁鸠鲁的学说具有开创性和革命性的特征,并被马克思称赞为是"最伟大的古希腊启蒙思想家"。马克思不仅批判了旧的理性主义思想和理性主义神学,而且还将具有折中性质的黑格尔的哲学与神学思想进行了剥离,使神在从哲学中剔除而还哲学系统一个清醒的"人在"——在博士论文中即"自我意识"——的空间:"不应该有任何神同人的自我意识相并列。"[1]此外,与马克思将人与现实世界相联系的观点相同,他也将神学与宗教观念与现实世界相联系。在理性主义思维的影响下而攻击黑格尔的理性神学体系,马克思认为神之所以能够"在"(场),是因为自然安排不好的缘故。非理性主义使得神的存在具有了思想的根基而生根发芽,所以在马克思眼中,哲学的任务不是高举非理性的大旗,是要克服非理性在客观世界中的存在,从而使得世界与人们的人生都能被理性所指导。马克思眼中最伟大的"希腊启蒙思想家"[2]——伊壁鸠鲁率先以无比的勇气反对整个希腊民族都具有的观点——神。古希腊的诸多哲学家眼中的理性就是神性,现代科学甚至也说明了不可毁灭、没有起始、没有生灭循环的就是天体,而天体与神性都是古代人用于供奉的最高地。这样,原初的东西成为众神的信仰,实体就是神的启示,这种观念甚至像宝贵的古董一样被呵护而流传至今。伊壁鸠鲁敢于指责这一切。"伊壁鸠鲁则责备那些认为人需要天的人;并且他认为支撑着天的那个阿特拉斯本身就是人的愚昧

---

[1]　马克思:《马克思恩格斯全集》[M]第1卷,中央编译局译,北京:人民出版社1995:13。
[2]　同上,63。

和迷信造成的。愚昧和迷信也就是狄坦神族。"①伊壁鸠鲁不再迷信神或天体,因为它们会扰乱宁静的心灵:"因为天体的永恒性会扰乱自我意识的心灵的宁静,一个必然的、不可避免的结论就是,它们并不是永恒的。"②伊壁鸠鲁宣扬文明,宣扬友谊,反对斯多亚派的具有神性的普遍理性,也不赞成犬儒学派的放浪形骸。同时,伊壁鸠鲁也吸收了前述学派的诸多优点,例如犬儒主义的团结和谐,斯多亚学派的禁欲与心灵的宁静状态等等。伊壁鸠鲁在马克思眼中是古希腊最为伟大的原子论哲学家之一。

其五,尽管马克思已经发掘了辩证法的逻辑与功能,但是依然是在头脑中的和理论性的辩证法,对"自我意识"的高估与黑格尔的唯心主义辩证法本身并无实质性的差别,其实仅仅将其中的激进的自由精神发掘出来是可行的,但不可置于本体论的高度。因而,博士论文中的辩证法实则充其量也只是远离现实的学院派的经典产物。但马克思的功劳与此刻的进步依然不可忽视。青年马克思在反对机械的自然性时,把感官抬高到了一个很高的地位,即对实在客体——自然的认识的唯一标准是感官,再从感官到自我意识,这也是马克思未能逃离黑格尔唯心主义的方面:"感官是具体自然中的唯一标准,正如抽象的理性是原子世界中的唯一标准一样。"③这段话语清晰地表明了马克思的黑格尔的思想,即以那种大而一统的"唯一性"为所有理论的准绳。唯一性不是被我们反对的主要方面,而是青年马克思所谓的"感性的自我意识"的唯一性。这是唯心论中的"唯我论"的体现,没有现实基础,没有沉思判断,比起马克思后来的思想显然薄弱得多。他这时依然局限于思辨的唯心神学体系内也就是尚未脱离纯粹的思想符号场域来看待问题。我们在马克思后期著作中就很少看到这种对"感官"、"抽象性"、"自我意识"等概念的头脑演绎,取而代之的是对资本主义社会内部各种现象的指涉,也就是对他当时所处的历史社会现实的指涉。马克思在博士论文中就开始了现实的关注,这也是其天才般的思想必将到来的前奏曲。

让我们再次在马克思本人的著作中来思考思与史之间的关系。马克思写

---

① 同上,57。
② 同上,59。
③ 同上,54。

作《黑格尔法哲学批判》是马克思在1843年3月退出《莱茵报》编辑部后,并未完成的一部作品。他在《莱茵报》时期遇到的从未遇到过的难题是:"第一次遇到要对所谓的物质利益发表意见的难事。"①现实使马克思离黑格尔越来越远,而更热衷于思考现实世界中的各种经济问题与社会问题,探讨了物质的利益与国家、法之间的关系,从而为马克思批判黑格尔做了铺垫。这个时候,以批判黑格尔为自己的哲学事业的费尔巴哈声名鹊起,他在《关于哲学改革的临时纲要》中以唯物主义立场论述了思维与存在之间的关系问题,从而为马克思提供了黑格尔批判的武器,促进了马克思思想向唯物史观的转变。博士论文之后,马克思开始了从唯心向唯物的转变,写作了《黑格尔法哲学批判》。所以究其根本,马克思写作此文的主要原因有两个方面:其一,受费尔巴哈唯物主义的影响而转向唯物主义。其二,现实的力量对唯心主义体系的冲击,即马克思在《莱茵报》工作时期所遇到的现实问题。此阶段是马克思与恩格斯的科学世界观形成的关键阶段,并开始关注国家场域理论,开启了宏观的现实生活的社会历史视角。在此期间,马克思在原有的理论批判基础上继续向前推进,认为理论批判需要将矛头指向宗教神学和现实的社会背景,此时的马克思已经开始了从唯物主义立场思考实践、思考问题的转变,但仍未形成完整的体系。马克思在《黑格尔法哲学批判》这部手稿中自觉地完成了从博士论文时期的根本的唯心主义到现在的唯物主义的转变,以至于马克思后来也在《＜政治经济学批判＞序言》中回顾了自己的成果:"法的关系正像国家的形式一样,既不能从它们本身来理解,也不能从所谓人类精神的一般发展来理解,相反,它们根源于物质的生活关系,这种物质的生活关系的总和,黑格尔按照18世纪的英国人和法国人的先例,概括为'市民社会',而对市民社会的解剖应该到政治经济学中去寻求"。② 大体说来,马克思在这部著作中对黑格尔的超越至少包括以下几点:

其一,《黑格尔法哲学批判》的中心命题是"市民社会"与"国家"之间的关系问题。马克思对这两个概念的讨论可谓意义深远,甚至影响到后来马克思

① 马克思:《政治经济学批判＜序言＞》,《马克思恩格斯全集》[M]第31卷,中央编译局译,北京:人民出版社1998:411。
② 同上,412。

的崇拜者布尔迪厄的国家场域理论的构建。在黑格尔看来，"观念变成了主体，而家庭和市民社会对国家的现实的关系被理解为观念的内在想象活动。"①这是头足倒置的思辨的唯心主义的国家观念，马克思指出："家庭和市民社会都是国家的前提，它们才是真正活动着的；而在思辨的思维中这一切却是颠倒的。"②马克思将黑格尔的国家体系进行了颠倒，"家庭"和"市民社会"自身才是构成"国家"的动力与根本。它们的重要性在于："政治国家没有家庭的自然基础和市民社会的人为基础就不可能存在。它们对国家来说是必要条件。"③马克思在文中致力于扭转黑格尔唯心主义的国家观念，致力于消除体系中的各种分离状态，例如个人存在与社会存在、政治国家与市民社会、国家公民与市民成员、政治领域与社会领域之间的分离。造成这种分离状况的原因在于人的普遍本质与人民的根本利益不可能在那种国家体系中得到实现。只有真正的"民主制"才能在"现实的人民"中获得自己的基础，才是"现实的人民"自己的创造与自我规定物："在民主制中，国家制度、法律、国家本身，就国家是政治制度来说，都只是人民的自我规定。"④这样，马克思就引出了无产阶级决定国家制度的观念，是人民当家做主的政治观念的体现："必须使国家制度的实际承担者——人民成为国家制度的原则。"⑤也就是说，人民群众才是生活的主导者，有权为自己的国家制定制度。在这部著作中，我们找到了马克思共产主义制度观念的萌芽，为他逐步建立唯物史观和共产主义社会观念奠定基础。

其二，马克思正式揭露了黑格尔颠倒现实的露骨的唯心主义与神秘主义，他在神秘的思辨和隐蔽的神学体系中将本来应该是出发点的事实，本来是不依赖于思维而存在的事实，统统变成为观念的产物："这里的出发点是抽象的观念，这种观念在国家中的发展就是政治制度。因此，这里所要谈的不是政治观念，而是政治领域中的抽象观念。"⑥这样势必使黑格尔将政治制度与抽象

---

① 《马克思恩格斯全集》[M]第3卷，中央编译局译，北京：人民出版社2002：10。
② 同上，10。
③ 同上，12。
④ 同上，41。
⑤ 同上，72。
⑥ 同上，16。

的观念系统紧密联系,而使得"政治制度列为它的(观念的)发展史的一个环节。"①然而,这里却出现了一个断裂,即从观念发展史通向政治制度的桥梁的断裂:"黑格尔力图达到的真正结果,是要把机体规定为政治制度。但是,从机体的一般观念通向国家机体或政治制度的特定观念的桥梁并没有架设起来,而且这座桥梁永远也架设不起来。"②马克思在此流露出了对黑格尔的纯粹思辨体系的鄙夷情绪,因为纯粹的抽象的思想在现实面前永远苍白无力。如果按照黑格尔的说法,国家的政治制度就等同于既定的"国家机体的各种不同权力"或"各种不同权力的国家机体",马克思认为,至少要从"机体"、"观念"以及观念的"各种差别"谈起,而不是各种假设的观念,这样只能导致把"政治制度"观念消融在一般的抽象概念中。"这是露骨的神秘主义"。③

其三,在从理论走向现实的路途中,马克思在完成从唯心主义向唯物主义转变的过程中同时完成了从革命民主主义向共产主义的转变。可以说,这部手稿是马克思政治哲学的起源之作,指出"市民社会"获得摆脱封建主义的专制牢笼,消灭等级制度、特权体系、同行公会和政治压迫的途径与出路就是政治解放,从而指出人的解放与政治解放之间的关系。可以说,虽然马克思在出道之初曾无形中无意识地在为资产阶级呐喊,但马克思的初衷与立场绝不是与具有血腥本性的资本剥削的资本家站在一起的,马克思一开始就在为无产阶级寻找自由和人性解放。"历史的发展使政治等级变成社会等级,以致正如基督徒在天国是平等的,而在尘世则不平等一样,人民的单个成员在他们的政治世界的天国是平等的,而在社会的尘世存在中却不平等。"④马克思要求建构一个平等和谐的社会世界。社会差别与政治差别不应该划上等于号,因为社会的各行各业都需要人才的支持,这只是社会分工角色的差别。在马克思看来,只有法国大革命才完成了"从政治等级到社会等级的转变过程,或者说,使市民社会的等级差别完全变成了社会差别,即在政治生活中没有意义的私

---

① 同上,19。
② 同上,18。
③ 同上,19。
④ 同上,100。

人生活的差别。"①马克思对政治生活与市民社会生活的区分是他的人道主义观念的集中体现之一。当然,马克思在这部手稿中的长足进步还在于他已经开始从纯粹的思辨哲学转变到法哲学原理,从激进的青年黑格尔派转变到从现实的政治经济社会中找寻政治解放、突破政治的历史局限性的政治哲学方法,这就是马克思向唯物史观所迈开脚步的第一步。

马克思对黑格尔私法与国家法相互矛盾的法哲学进行了毫不留情的批判:"黑格尔在这里谈私法时,把私有财产的可以让渡及其对共同意志的依赖理解为它的真正理想主义,可是在谈国家法时则相反,与'职业的无保证、利润的追逐、占有物的可变性、对国家财产的依赖性'相对照,一种无依赖性的所有权的虚假光彩却得到了他的赞扬。连私法的理想主义都不能忍受,这还算什么国家!私有财产的独立性在私法中的意义竟不同于在国家法中的意义,这还算什么法哲学!"②马克思不禁问道,既然共同意志得以在私法中获得合理性,为何要在国家法中失去可依赖性?用出场学的场域观念来看,马克思的历史观念也充满了场域中的转换思想,从封建主义到资本主义到共产主义,场域的每一步都对私有财产与共同意志之间进行着关系性的妥善探讨,因而马克思深刻的意识到,即便资产阶级真的取代地主阶级成为权力的统治阶级,那也未必就会实现真正的自由。如果政治解放实现的只是资产阶级的民主自由,那只是为人性解放创造了前提而已。因而,真正的解放来自于消灭私有制、消灭所有给人们生活带来异化的那种东西。马克思在导言中为当时德国国家场域中的无产阶级找到自己存在的意义的秘密与无产阶级自我价值观念的获取做了透彻的说明:"无产阶级宣告迄今为止的世界制度的解体,只不过是揭示自己本身的存在的秘密,因为它就是这个世界制度的实际解体。无产阶级要求否定私有财产,只不过是把社会已经提升为无产阶级的原则的东西,把未经无产阶级的协助就已作为社会的否定结果而体现在它身上的东西提升为社会的原则。"③

其四,马克思把有关人的解放的道路设定在理论与实践的双重标准之中,

---

① 同上。
② 同上,127。
③ 同上,213。

也就是出场学场域的符号场域与历史场域的双重标准之中,从而正式开启了历史场域的大门。只有双重解放才能带来真正的人的解放。在哲学把无产阶级作为实现共产主义的物质武器时,无产阶级也正在把哲学当成精神武器。德国人——特指黑格尔——置现实和现实的人于不顾的抽象从来都是不切实际的思维的幻想,即便是现实的世界也是彼岸的世界:"德国是这些国家理论上的良心。它的思维的抽象和自大总是同它的现实的片面和低下保持同步。因此,如果德国国家制度的现状表现了旧制度的完成,即表现了现代国家机体中这个肉中刺的完成,那么德国的国家学说的现状就表现了现代国家的未完成,表现了现代国家的机体本身的缺陷。"①虽然马克思已经开启了历史场域的大门,然而,此时深受费尔巴哈人本主义和唯物主义思想影响的马克思将人类解放作为终极关怀的话语目标,将"类哲学"与"类本质"作为哲学的最终目的,因而马克思在这里尽管较《博士论文》而言对现实有了深入的了解与刻画,哪怕还只是在政治领域和社会领域中进行了解和刻画,但依然没有脱离费尔巴哈唯物主义中隐藏的神秘的唯心主义特质,也就是说,"类本质"究其根本依然不过还停留在黑格尔的"绝对精神"概念的层面上。

除却"类哲学"对历史场域向思想符号场域的回拨,马克思在实现目标的现实道路上将历史场域与思想场域首次进行了结合。虽然批判的武器尽管不能代替武器的批判,但是理论却可以成为群众获得"自我意识"的"物质力量":"物质的力量只能用物质的力量来摧毁;但是理论一经掌握群众,也会变成物质力量。"②马克思发掘了无产阶级的隐藏主体——群众的力量,并以群众的力量与理论的力量结合起来,以期达到他当时心目中的消灭了剥削消灭了私有财产的共产主义的理想状态。马克思依然以费尔巴哈的名言,"人是人的最高本质"结束了导言,继续了《博士论文》中的无神论思想,实现了德国人的关于人的解放标准,即于头脑而言是哲学的解放,于现实而言是无产阶级的解放,从而最终获得了有关人的解放与自由的标准。如果摒弃马克思此时的类哲学的本体论唯心思想,那么马克思的高屋建瓴是显而易见的:他正式批判黑格尔神秘主义,正式开启历史场域的大门,正式发掘了作为场域的主体的意

---

① 同上,207。

② 同上。

义;首次把历史场域与符号场域结合看待,并首次为共产主义的实现提供了理论与现实实践的两条道路模式。这些都是《黑格尔法哲学批判》及其导言的突出贡献。因此,出场学场域思想与马克思《黑格尔法哲学批判》中有些地方是相通的,例如对理论与现实所做的双重区分,对无产阶级意识的唤醒,对场域中权力斗争和利益竞争关系的揭示,并为场域中的主体意义提供了宏观出路等等。而对人道主义的地位而言,出场学场域既然无法回避这个问题,又不想落入被批判的唯心论牢笼,那么我只能说,人道主义具有其必要的伦理学向度,但在哲学中不能升高到本体论的高度,否则会陷入唯心主义,这也是出场学场域与马克思此时的思想不同的地方。

第二节　历史实践场域的伊始:面向现实大地
——《1844 年经济学哲学手稿》

在《黑格尔法哲学批判》之后,马克思紧锣密鼓地通过政治经济学批判来继续拓展他的唯物主义与人本主义思想,而在《1844 年经济学哲学手稿》中,马克思显然更为深入地扎根于现实的土壤,从政治经济学的角度来对黑格尔的唯心主义作进一步清算。当然,马克思此时的工作依然停留在费尔巴哈的神秘的唯心主义的本质内,我们应该重视的是马克思对黑格尔辩证法"取其精华去其糟粕"式的继承。如果说《黑格尔法哲学批判》及其《导言》是站在法哲学和社会学、政治学的角度用费尔巴哈的那种唯物主义对黑格尔的唯心思辨体系作清理,那么《1844 年经济学哲学手稿》则是站在了国民经济学角度对黑格尔的整个唯心辩证法哲学体系作颠覆,并用历史辩证法对共产主义作了全景规划和初步论证,为历史的建构创造了初步的宏观图景。马克思首次把历史辩证法完整地融入政治经济学批判之中。虽然,马克思没有在这部手稿中完全达成完整性地论证共产主义这一使命,但马克思的博学多才不仅令后人钦佩,而且其无私的坚定不移的为人类谋福祉的意念也为后人敬仰。《1844 年经济学哲学手稿》的主要内容包括以下几点:

一、对国民经济学①进行深入剖析,指出其理论上的合理与不合理

国民经济学的合理之处在于:把"劳动"作为首要原则以及唯一原则。"劳动"具有实践的意义,蕴藏了康德式的实践伦理学,马克思认为因为国民经济学的明确性,即把"劳动"作为其主旨原则,而使得在其中挖掘正当与善的政治伦理以及共产主义社会的必然性生成成为可能。

国民经济学的不合理之处在于:私有财产被其与政治经济学一样拔到了一个不应该有的高度,被当成了永远存在的制度而具有不灭的历史真身。显然这种永恒的私有制度的规律是不能被历史辩证法所证实的,唯一能够生成它的土壤就是剥削压迫和阶级斗争的社会。因此马克思对国民经济学的批判主要集中于以下四个方面:

其一,马克思考察了"工资"制度及其带来的财富的两极分化的秘密。分析了工人之所以能够成为觉悟阶级的原因所在。所谓工资,其中包含了工人自身成为商品的秘密,以及资本家越来越富得流油,工人却越来越贫穷的秘密。"资本、地租和劳动的分离,对工人来说是致命的。……当资本家赢利时工人不一定有利可得,而当资本家亏损时工人就一定跟着吃亏。"②马克思对国民经济学家仅仅把工人"当作劳动的动物,当作仅仅有最必要的肉体需要的牲畜"③不满,被掠夺的工人是整个无产者的代表,他们身体内藏着巨大的潜能。普鲁东那样的普遍性的平等的工资依然存活于被掠夺的战争状态中,因而值得批判。

其二,马克思考察了劳动力与商品之间的关系。在国民经济学眼中,劳动并不是作为商品家族的成员出现的,因为它无法在自由贸易中获得自由结果。马克思认为,劳动力成为商品是资本剥削和工人间竞争必然导致的产物,"可见,如果劳动力是商品,那么它就是一种具有不幸的特性的商品。"④这种商品

---

① 国民经济学与政治经济学在马克思当时看来是有所区别的。马克思认为政治学经济学是针对资本现代性批判,国民经济学是针对低于现代性的德国的批判。请参见任车:《马克思哲学革命的现代性路戏》[J]《经济学刊》2005(3)。

② 同上,223~224。

③ 同上,233。

④ 同上,236。

背负着压榨与剥削，背负着工人的血汗和忧愁，是马克思把黑格尔的"劳动"扬弃为"异化劳动"的初始的社会现实根源，是马克思将哲学与资本主义社会密切结合的产物。没有买卖就没有商品，这种"商品拜物教"被后来崇拜马克思的很多法兰西学者与德意志学者发展分别发展为"符号拜物教"，例如"象征拜物教"、"身体拜物教"、"金钱拜物教"等等多见于法兰西学者的创造性发展的理论中；"欲望拜物教"、"病态社会"、"潜意识里的拜物教"等等多见于德意志的法兰克福学派的理论中。所以，马克思单"商品"二字就哺育了一代又一代的学者大师，将历史场域中凝结着的隐藏的社会权力关系与意义的差异赋予此二字之中，其眼光的独到性，思想的深刻性，理论的前沿性与发展可持续，直到今天还具有磁铁般的魅力和广泛的影响力。

其三，马克思规定了资本主义的阶级的结构范畴——"雇佣劳动"与"资本"、"地租"与"土地所有者"的对立，并通过它们之间的对立揭示资本剥削的秘密。我依然从马克思的论著中寻找到了场域思想。我们知道，场域从来都与两个关键的概念联系在一起，那就是"竞争"与"利益"，马克思在手稿中对场域内各种竞争关系进行了细致的刻画与描述，例如资本家与资本家，资本家与工人，工人与工人之间等等，由于竞争关系造成道德上的紧张，这就是一种背后的无形的掌控政策。资本主义社会的这一套与封建地租也有相同之处，马克思说道："地租是通过租地农场主和土地所有者之间的斗争确立的。在国民经济学中，我们到处可以看到，各种利益的敌对性的对立、斗争、战争，被承认是社会组织的基础。"[1]在国民经济学看来，土地所有者的利益始终与社会的利益一致，然而，马克思却不这么认为。他从一种由于"竞争"的损害和"利益"的分配不公和明显的收入差异中寻找到了土地所有者的利益不仅不会始终和社会利益保持一致，甚至可能完全相反，土地所有者可能会危害社会稳定而导致农民以及无产阶级的革命行为。例如，土地所有者的压榨、新的竞争关系与使租地农场主不得不降低工资，工资降低如果与通货膨胀再绑在一起，那么，"为了经受住新的竞争，已经降到最低限度的工资不得不进一步降低。而这就必然导致革命。"[2]因而，资本与地租的实质是一把双刃剑，必然使得两种剥削

---

① 同上,254。
② 同上,265。

阶级走向灭亡:"工业必然以垄断的形式和竞争的形式走向破产,以便学会信任人,同样,地产必然以这两种方式的任何一种方式发展起来,以便这两种方式走向不可避免的灭亡。"①

其四,马克思考察了资本剥削的作用问题,通过对资本的利润、竞争关系、集中与垄断、对工人的控制以及地租与土地所有者之间的关系的问题而使得血腥资本的剥削本质赤裸裸地展现于世人面前。"资本家是双重获利:第一,通过分工;第二,一般地通过对自然产品加工时人的劳动的增加。人加进商品的份额越大,死资本的利润就越大。"②资本的利润还与资本流通循环的速度,纸币所带来的货币简约化和低廉化的程度有关。资本的竞争关系则需要满足以下这个条件:资本在分散的人的手中增加。资本竞争的目的是为了积累,因为资本的利润与资本的量成正比。"即使一开始把就把蓄谋的竞争完全撇开不谈,大资本也会按其量的大小相应地比小资本积累的快。"③这样,大资本的增长过程伴随着小资本的消亡过程,同时也伴随着利润的下滑过程,并且必须以一国的财富的日益增长为前提。资本的积累所带来的资本主义经济运行模式的致命问题就是:"生产过剩",它是导致经济危机的源头。同样,封建地租与土地所有者之间的关系也承担着资本与资本家之间的关系的相类似的角色。因为同样地,"土地所有者的权利来源于掠夺。"④这种无形的掠夺和压榨关系使得社会危机得以埋伏。

二、从"劳动"到"异化劳动":马克思对黑格尔哲学的"扬弃"⑤

通过以上第四条的分析,我们知道,是资本的血腥的剥削本质赋予私有财产以一种特殊的尊贵地位,这种特殊的尊贵地位恰恰就体现于"异化劳动"这一资本主义的专属概念中。以私有财产为基础的异化劳动肯定了一种社会经济关系,这种社会经济关系又体现在无产阶级与资产阶级的矛盾之中,也就是

① 同上,265。

② 同上,241。

③ 同上,243。

④ 同上,252。

⑤ 请参见拙文:《从哲学革命到革命哲学——评杜娜叶夫斯卡娅"在马克思的原始基础上"重建马克思主义》[J],《常熟理工学院学报》2006.(1).

体现在"资本"与"劳动"的对立之中。要放弃这种社会经济关系,就必须要扬弃这种"私有财产"和"异化劳动"。只有通过这种扬弃,才能达到场域中的主体获得有关自身意义的自我意识的澄明与自我价值实现的途径,从而使得劳动者成为历史真正的出场主体。

首先,马克思对"私有财产"的分析从"劳动"范畴开始,而不是国民经济学的"资本"开始。因为"劳动"是私有财产的"主体本质",也是生产与工人的"直接关系"。这种直接关系导致了异化劳动,也导致了异化劳动的四个特征。马克思对异化劳动的描述是这样的:"劳动所生产的对象,即劳动的产品,作为一种异己的存在物,作为不依赖于生产者的力量,同劳动相对立。"①劳动的现实化是与劳动的对象化相等同的过程,而对象化的劳动却带来了工人的非现实化,丧失对象主体而被对象所奴役的结局。因而,异化、外化、物化、对象化、现实化是一组具有相似内涵的概念,但是马克思认为对象化与异化是具有区别的,也许黑格尔把异化看成是绝对精神行进的动力,因而对象化也就是异化。费尔巴哈也认为异化与对象化是没有区别的,尤其是在宗教领域中,所以费尔巴哈显然还是在神学的领域中探索对象化与异化的关系,没有考虑到社会政治与经济等现实领域。赫斯虽然考虑到了社会经济政治各个领域,认为异化才是资本主义制度下的那只推动一切罪恶衍生的魔手,但他也没有了解物质生产实践的作用,更没有科学分析感性的人的物质生产活动,也没有把到唯物史观的实质。马克思认为对象化中不一定会有异化的必然性存在,异化是人自身劳动所创造出来的人的对立面,他关心的是一种与人对立的特质,这种特质未必就一定是永恒存在的,例如在公有制无剥削的社会,异化就是一个多余的词。

虽然异化思想虽然追根究底还是一种唯心论观点,但不能掩盖马克思此时坚定走唯物主义道路的决心,即倘若"没有自然界,没有感性的外部世界,工人什么也不能创造。"②从而通过从自然世界以及现实社会入手来深入挖掘资本主义制度的本质。我们可以说,对自然界的作用的认识是马克思对黑格尔

---

① 马克思:《马克思恩格斯全集》[M]第 3 卷,中央编译局译,北京:人民出版社 2002:268。
② 同上,269。

哲学进行深究后的一个新突破认识,从而使得马克思唯物史观在《手稿》中就已经获得了萌芽。甚至在当代,马克思的这种人与自然原本应该和谐统一的思想也为我们的科学发展观和可持续发展等发展伦理学思想提供了宝贵的理论基础。也就是说,人与自然的原本的和谐统一被资本主义制度的条件破坏了,破坏的根源就是"异化"以及"异化劳动"。而且,马克思在《手稿》中已经抛弃了《博士论文》时所使用的"自我意识"概念来作为所有理论的主线,换之以"异化劳动"概念作为所有理论的主线,从而使自己的唯物主义思想更为明显地体现了出来。通过这次核心概念的转换,我们发现马克思的"总问题"从博士论文时期到巴黎手稿时期已经经历了一次转变,也就意味着马克思自身的思想经历了一次变革。这次转变意味着马克思向唯物史观正式迈开了脚步。然而,《手稿》并未完成唯物史观的转向,因为马克思的思想总脉络还是停留在费尔巴哈的"类本质"的层面上。但我认为马克思的思想亮点依然不可忽视,尤其是他在人类学结构表现出的对自然的崇敬的态度。因为在唯物主义的自然观作为所有创造活动的基础和前提视阈下,自然界的作用是双重的,即一方面给劳动提供生活资料(对象资料),因为没有这种对象资料,劳动就不能存在,另一方面给劳动者提供了狭义的生活资料(生存资料),也就是工人们自身身体赖以生存的手段。这样所导致的必然结局就是:"工人越是通过自己的劳动占有外部世界、感性自然界,他就越是在两个方面失去生活资料:第一,感性的外部世界越来越不成为属于他的劳动的对象,不成为他的劳动的生活资料;第二,感性的外部世界越来越不给他提供直接意义的生活资料,即维持工人的肉体生存的手段。"①这种双重剥夺导致了工人遭受被奴隶的双重"异化"状态——自我异化与物的异化。国民经济学似乎并没有发现这一点,因为国民经济学把工人的劳动与劳动产品进行了直接性的关联,从而掩饰了这种直接关系的本质其实是工人对他的生产的对象的关系,而不是这种关系的结果。"因此,当我们问劳动的本质是什么的时候,我们问的是工人对生产的关系。"②马克思将社会现实性的生产与生活关系进行了深入的刻画,从而使得私有财产的本质展露无遗。

---

① 同上。
② 同上,270。

其次，马克思由此规定了"异化劳动"的四个特征。① 四个特征分别涵盖了个人本身、生产活动、人类自我的"类本质"以及劳动产品四个方面。第四，人与人的异化由其他三个方面异化的综合和支持而来，也就是说，人由于其他三个方面的异化最终将导致与他人分离和隔阂，由于竞争造成彼此之间的一种紧张关系，从而导致了人与人之间的敌对与仇视，导致了自我与他人的劳动以及他人的劳动产品之间的异化。第二，人与生产活动的异化意味着工人的劳动永远都不是内在的基本自由，而是外在的、非我的、与工人自身相对的强制性劳动。工人永远是在为他人劳动。第三，人与人的"类本质"的异化，是指劳动作为人的类本质必须是有自由有意识的，但是在自由竞争的资本主义时期，这仅仅是维持他自己生命的一种手段，而不能从中享受任何工作的乐趣，从而在谋生的技能展现时失去了自己本来应有的那种本质状态。第一，人与自己的劳动产品的异化，意味着人的劳动果实被资产阶级无形占有和巧取豪夺，从而使工人一边在对象化的同时而使得自己的对象化物品成为自己的敌对之物。如果不揭示这四个方面的特征，那么人们就会永远生活在资产阶级的美丽谎言中。通过对自由的与异化观念探析，马克思在《手稿》中深刻地弘扬了人道主义精神，传承了启蒙思想与法国大革命的"自由、平等、博爱"的精神意念，从而为共产主义的理论建立奠定了理论与价值的双重基础。

三、从"异化劳动"对"私有财产"的关系中发掘无产阶级的"主人意识"

在马克思当时所处的自由竞争的资本主义社会里，这里我们需要注意的问题是，无产阶级、资本家、租地农场主、农户等阶级共同存在。如果说《博士论文》马克思是为了批判封建专制完成科学批判著作的话，那么到《手稿》时，马克思已经从这种多种阶级并存，封建制度与资本主义制度并存并相互冲突的年代里深刻地认识到资产阶级其实扮演了与封建专制下土地所有者等剥削阶层同样的角色。不过是换了一种生产方式罢了。从农田到工厂，从下地耕种到工厂做工，从交租到发工资，等等，都是改头换面的同一种行为的不同实现模式而已。在资本社会中机器与工厂的建立是这种改头换面的发生之地。

---

① 请参见，同上，271～274。

所以我们非常有必要谈论同样在国民经济学中受到重视的问题：异化劳动与私有财产之间的因果关系。虽然国民经济学也好，马克思的手稿的表面看来也罢，私有财产都应该作为异化劳动的原因，但马克思指出，表面现象终究是表面现象，其真实的情形恰恰相反，真实的情形是：私有财产是异化劳动的结果。因为，

其一，私有财产的概念由异化劳动概念得出。首先，是因为劳动和劳动产品的归属都是与自己所相对立的异化物，因而使得工人的活动对他而言是一种痛苦的过程，而不是自由自觉自愿的过程，"不是神，也不是自然界，只有人自身才能成为统治人的异己力量。"①是异化的"对象性的现实关系"造就了一种"异己的"、"敌对的"、"强有力的""不依赖于他的人"的"主人"；而异化借以实现的手段本身就是"实践"，所以，异化劳动还生产出了人与他人之间的"关系"，在"主人"与"关系"共同作用下，"私有财产是外化劳动即工人对自然界和对自身的外在关系的产物，结果和必然后果。"②马克思采用了黑格尔辩证法里的"主奴意识"来表征资产阶级与工人阶级之间的关系问题，并从否定性辩证法中找到了奴隶摆脱主人的武器，不得不说是一个将哲学与政治经济学相互结合的创举。而奴隶对主人的反作用力就是体现在马克思的"自由"概念中，黑格尔的"绝对自由"在这里依然获得了"扬弃"。其实，资产阶级一开始并不是作为"主人"出现的，他们在"土地所有者"面前，也曾经是"奴隶"，也曾经体现了"主权意识"的精神："在主人面前，奴隶感觉到自为存在只是外在的东西或者与自己不相干的东西；在恐惧中他感觉到自为存在只是潜在的；在陶冶事物的劳动中则自为存在成为他自己固有的了，他并且开始意识到他本身是自在自为地存在着的。"③正是奴隶的能动性和否定性，才使得这个新主人得以改变自己的身份："当土地所有者和资本家回想起自己的对立面的产生，回想其自己的来历时，土地所有者才知道资本家是自己目空一切的、获得自由的、发了财的"的"昔日奴隶"，"并且看出他对自己这个资本家的威胁；而资本家则知道土地所有者是自己的坐享其成的、残酷无情的（自私自利的）昔日主

---

① 同上，276。

② 同上，277。

③ 黑格尔：《精神现象学》［Ｍ］，贺麟、王玖兴译，北京：商务印书馆1981：121

人……"①因而,我们看到了此阶段的主要矛盾依然集中在土地所有者即封建地主阶级与新兴的资产阶级两者之间。无产阶级虽然已经获得了自己的阶级意识,但依然不足以引起资产阶级这个新主人的足够重视,从而继续生活在被剥削与被压迫的"工厂的"作为奴隶的阴暗世界中。在《手稿》的最后一部分,马克思特意分析了主奴意识的诞生之地——《精神现象学》——将黑格尔辩证法的合理内核保存下来,并批判了其不合理之处,容后再议。

其二,私有财产分别潜在地包括其与劳动、资本的关系,以及这两者之间的相互关系。也就是说,工人与资本家的对立也是私有财产与异化劳动相互关系的结果。"异化劳动"不仅产生了"私有财产",而且产生了"阶级对立"。作为劳动的私有财产的关系是指作为对自身、对人、对自然界、对生命意识的表现,是完全异化的人的生产活动与完全异己的活动的人本身。人作为单纯的劳动人的抽象存在,是充实的"无"沦为绝对的"无"的现实的非存在物;作为资本的私有财产的关系则从另一方面规约了对象性的形式,也就是"对象的一切自然的和社会的规定性都消失了"②,从而使私有财产丧失了自己的双重特质,无论是自然的特质还是社会的特质,从而丧失了任何表面上的人的关系,丧失了任何政治的和社会的幻象。私有财产中劳动与资本的相互对立的关系如果达到了极端的地步,那么就是整个关系的最高顶点、最高阶段以及作为走向灭亡的伊始。此时租地农场主与资产阶级也扮演了同样的角色前文已有方法。因此,私有财产永远也无法成为前提,而只能作为结果。

其三,私有财产与异化劳动的关系一旦得到了厘清,那么马克思得出的进一步的结论是:只有工人解放所带来的普遍解放才能使这种奴役制的变体得到解体和人们类本质的真正实现。因为"异化劳动"不仅规约了私有财产与阶级对立,还规约了上层建筑与意识形态等社会思想的各个方面,可谓无孔不入。所以,"社会从私有财产等等解放出来、从奴役制解放出来,是通过工人解放这种政治形式来表现的,这并不是因为这里涉及的仅仅是工人的解放,而是因为工人的解放还包含在工人对生产的关系中,而一切奴役关系只不过是这

---

① 马克思:《马克思恩格斯全集》[M]第3卷,中央编译局译,北京:人民出版社 2002:285。
② 同上,283。

种关系的变形和后果罢了。"①马克思的人道主义思想在此已经获得了萌芽，体现于他对异化劳动与私有财产之间的关系分析中，体现于对这种关系的解决方案中。作为异化劳动结果的私有财产的普遍本质和私有财产的起源问题与外化劳动对人类发展进程的关系问题使人们通过这种异化的、异己的、外化的占有得以清醒地看到这两重关系："工人对劳动、对自己的劳动产品和对非工人的关系，以及非工人对工人和工人的劳动产品的关系。"②这句话表明了，首先在工人那里的异化的、外化的活动在非工人那里则是非异化的、外化的状态；其次，工人掌握的是实践的、现实的态度，而与其对立的非工人掌握的则是理论的态度；最后，非工人得以对工人做一些对工人不利的事情，但非工人却不会对自己这么做。这样，马克思就把工人解放这一概念从理论层面提了出来，并很快就要在 4 年后的欧洲革命中转化为现实的力量。在此，我们发现了马克思的理论态度与现实的实践态度相互区分的态度，工人掌握的实践态度永远高于资本家所掌握的理论态度，而这种把两种态度进行理论与实践相互区分的马克思的态度其实就是我们今天所谈论的站在出场学场域态度。理论不能代替实践，而实践之所以为实践，那也是因为深刻的现实社会的基础使然。虽然马克思现在还带有着很多浓厚的乌托邦主义色彩，还带有类本质为本体为主体的隐性唯心论色彩，但在这里所做的区分还是给后来的理论家们予以启发，其中把两种态度区分的更为明确，更为忠实于马克思的就是法国著名学者阿尔都塞。马克思的理论虽然几百年来经历了很多变式变体，但作为其在原初历史语境下的这部代表著作的影响不可谓不深远。

四、历史实践场域的伊始：马克思首次试图论证共产主义及其合理性

马克思在《手稿》中首次提出了共产主义的合理性，并对共产主义的历史生成进行了证明。也就是说，马克思在 1844 年就对历史实践的场域的形塑开始了论证的过程，当然是以共产主义作为最终的历史实践场域的形塑的目标。在论证共产主义及其合理性时，马克思也将启蒙运动所追求的那种纯粹的人道主义转变为了实践活动的人道主义。黑格尔"主奴意识"新论法中所体现出

---

① 同上,278。
② 同上,279。

来的自主性意识以及统摄一切的"绝对自由"观念,到了马克思这里,从他的《博士论文》的"自由意识"一路走来,演变为了"能动性意识",尤其是无产阶级的能动性意识。核心概念也从"自由意识"转换为"异化劳动",挖掘"异化劳动"中所带有的辩证的能动性思想成为马克思的进行哲学革命的另一个出发点。因为自由意识已经被挖掘,但是抽象地被挖掘,所以马克思在《手稿》中,用一个更具有现实性的概念——"能动性意识"来代替。"自主主义"能动性使工人阶级的实践意识获得觉醒,从而使得对人道主义的论证可以完全站在实践的立场来加以完善。

共产主义思想可以视为场域中历史实践场域的典型代表,并且是一个正在生成(形塑)的过程,也是具有生命律动的历史建构论。马克思通过考察了共产主义的理论发展和历史形式后呼吁要将"粗陋的共产主义"与真正的共产主义区分开来,并将各种历史形式视为共产主义发展的各个不同的阶段。"粗陋的共产主义"是指仅仅在经济上扬弃了私有财产,而没有站在各种角度对个人的个性与不同才能进行肯定,它甚至否定共产主义对人的类本质的全面占有。"对私有财产的最初的积极的扬弃,即粗陋的共产主义,不过是想把自己设定为积极的共同体的私有财产的卑鄙性的一种表现形式。"①关于废除"国家的"共产主义理论,马克思认为,这种共产主义虽比粗陋的共产主义进步,但依然不能从改变人的社会本质出发,因而仅仅只改变了人的政治本质,始终无法理解私有财产的根本性质。人是社会性的动物,社会也是由人生产的。我认为,"生产"是一个实践的概念,而"生成"则是一个历史的概念。"这两种形式的共产主义都已经认识到自己是人向自身的还原或复归,是人的自我异化的扬弃;但是,因为它还没有理解私有财产的积极的本质,也还不了解需要所具有的人的本性,所以它还受私有财产的束缚和感染。它虽然已经理解私有财产这一概念,但是还不理解它的本质。"②最重要的是,马克思所刻画的共产主义不仅仅是一种向人的自身本性与社会性的复归,同时也是完全自觉的河流走过千山万水之后回归大海般的在历史基础上的生成系统,不仅仅是人的思维的被理解与被认识的生成系统,更是历史现实本身的生成系统:"因此,历

---

① 同上,297。
② 同上。

史的全部运动,既是它的现实的产生活动——它的经验存在的诞生活动,——同时,对它的思维着的意识来说,又是它的被理解和被认识到的生成运动。"①只有这样,人们才能在私有财产即经济关系的活动与运动中既找到理论基础,又找到经验基础。我们用马克思的一句话来概括:"共产主义是私有财产即人的自我异化的积极的扬弃,因而是通过人并且为了人而对人的本质的真正占有;因此,它是人向自身、向社会的即合乎人性的人的复归,这种复归是完全的,自觉的和在以往发展的全部财富的范围内生成的。"②

　　社会概念是马克思此时的又一个思想上的亮点。首先,马克思认为不能把"社会"理解为是与个体相对立的那种抽象的东西。个体是社会存在物。即使是他作为共同性的生命表现的直接形式也是社会生活的表现和确证。其次,人们是在社会中才表现出来了对自己的全面本质的占有。再次,社会是人与自然、人与人之间相互联系的双重纽带,是交往的发生之地。"只有在社会中,人的自然的存在对他来说才是自己的人的存在,并且自然界对他来说才成为人。"③最后,社会是对象化和无产阶级意识觉醒的场所。"只有当对象对人来说成为社会的对象,人本身对自己来说成为社会的存在物,而社会在这个对象中对人来说成为本质的时候,这种情况才是可能的。……因此,社会的人的感觉不同于非社会的人的感觉。"④因而现实生活的人也不再仅仅是扬弃为共产主义的私有财产的积极现实,"共产主义作为否定的否定的肯定,因此,它是人的解放和复原的一个现实的、对下一段历史发展来说是必然的环节"。⑤ 马克思一直坚持一种辩证人道主义思想,也就是说,要实现各种扬弃达到共产主义的理想状态,不仅仅要有社会中的实践行动,还不得不是一个"极其艰难而漫长的过程"⑥。

---

① 同上。
② 同上,297。
③ 同上,301。
④ 同上,304~305。
⑤ 同上,311。
⑥ 同上,347。

五、从理论到现实：马克思借鉴了费尔巴哈对黑格尔哲学批判的积极成果，扬弃了费尔巴哈对黑格尔辩证法中的"合理内核"的无视态度

其一，马克思对费尔巴哈的唯物主义哲学进行弘扬，并对其忽视黑格尔辩证法的"合理内核"的观点进行了扬弃。

首先，马克思在《手稿》中对费尔巴哈的唯物主义持有肯定的态度。第一，在马克思看来，费尔巴哈是当时唯一对黑格尔辩证法采取客观批判态度的人。自黑格尔以来的德国哲学的批判就仅仅拘泥于批判的形式，而不是批判的方法。马克思认为黑格尔辩证法表面上看来是形式的问题，而实质上却是本质的问题。因此，任何对表面的形式的问题所做的批判都无法由表及里地涉及本质的错愕。例如施特劳斯和鲍威尔所做的工作那般，前者是完全地黑格尔派系，后者则用抽象的人的"自我意识"来替代"抽象的自然界"的"实体"。所以他们最多不过是在完全地逐字逐句地重复黑格尔的劳作。他们对黑格尔辩证法的关系的认识的缺乏被费尔巴哈发现了，所以费尔巴哈对黑格尔哲学的批判既是形式的，也是本质的："费尔巴哈是唯一对黑格尔辩证法采取严肃的、批判的态度的人；只有他在这个领域内做出了真正的发现，总之，他真正克服了旧哲学。"①第二，费尔巴哈将黑格尔哲学视为经由思维改造后的宗教，即黑格尔哲学是对人的本质进行主观异化的表面上对宗教改头换面而实质上却是与宗教无异的哲学。黑格尔哲学"不过是人的本质的异化的另一种形式和存在方式；因此哲学同样应当受到谴责。"②这样，费尔巴哈就获得了哲学革命－范式创新的批判起点。第三，费尔巴哈创立了唯物主义和关于实在的科学，同时使得"人与人之间的"社会关系成了这种唯物主义和关于实在的科学的基本原则："这个哲学，并不将斯宾诺莎的实体、康德和费希特的'自我'、谢林的绝对同一性、黑格尔的绝对精神等抽象的、仅仅被思想的或被想象的本质当作自己的原则，而是将现实的或者毋宁说最最现实的本质，真正最实在的存在：人，即最积极的现实原则当作自己的原则。"③不仅仅人是人的最高本质这一特质

---

① 同上，314。

② 同上。

③ 费尔巴哈：《基督教的本质》[M]，荣震华译，北京：商务印书馆 1984：15。

为此时的马克思所深刻赞赏,费尔巴哈哲学中体现出来的人与人之间的社会关系性也使马克思深受启发,费尔巴哈对"爱与信仰"的矛盾的论述使得人们不再位于那神与人的关系的两端摇摆。第四,费尔巴哈发现了黑格尔的辩证法不过依然是从宗教和神学出发的东西。"思辨哲学的本质不是别的东西,只是理性化了的,实在化了的,现实化了的上帝的本质。思辨哲学是真实的,彻底的,理性的神学。"①费尔巴哈在《基督教的本质》中认为思辨神学与哲学之间的本质其实也是一样的,都是神秘论。他认为神学的基本性质不过是人本学,"我的主要对象是基督教,是宗教——它是人之直接对象、直接本质。对我来说,博学和哲学,只是用来发掘人里面的宝藏的手段而已。"②所以,费尔巴哈从来不会使用思辨的头脑来走路或在思辨的头脑中获得有关人的一切印象,包括上帝在内,同样黑格尔却没有从思辨的头脑中走出来,他的哲学依然是一种神学而已。第五,费尔巴哈扬弃了无限的抽象与抽象的无限,从而把目光投向现实的、实在的、有限的、特殊的和感官的东西:"一般来说,我无条件地弃绝一切绝对的、非物质的、自我满足的、由自身汲取素材的思辨。我跟那些闭目静思的哲学家是天差地别的;为了进行思维,我需要感官,首先就是眼睛,……"③正是这种基础的唯物本体论思想,深深地吸引了马克思,使马克思在这个阶段的思维模式逐渐脱离黑格尔的绝对精神体系,而走向唯物主义与现实。

其次,马克思批判了费尔巴哈哲学的不当之处。第一,费尔巴哈无视了"群众"的范畴,并把群众当成了"群氓"。虽然费尔巴哈是在黑格尔之后对康德问题的重新思考与解答者,并借用了非理性与理性的双重力量来印证自己的类的人本学,但是费尔巴哈并没有对无产阶级赋予足够的重视。在宗教中即便是得到了解脱的人,又如何在现实中获得具有自我意义与价值观念的能动的创造性呢? 这也是费尔巴哈忽视黑格尔辩证法中的否定性与能动性所带来的后果之一。第二,费尔巴哈最后还是重新恢复了抽象的和无限的东西,也就是使得宗教和神学得以恢复。"在现象学中,'这个'与'这个'在思想看来,

---

① 费尔巴哈:《未来哲学原理》[M],洪谦译,北京:三联书店1957:4。
② 费尔巴哈:《基督教的本质》[M],荣震华译,北京:商务印书馆1984:24。
③ 同上,13。

是不可分离地结合在一起的。但是在作为抽象思维对象的'这个'与作为实际对象的'这个'之间,存在着多么巨大的差别!"①显然,费尔巴哈注意到了思辨客体与实在客体之间的重要差别,然而他对黑格尔辩证法进行全盘否定的态度导致了他最终还是回到黑格尔的神秘圈子里打转,也就是说,他依然在以理论的唯物论来反对理论的唯心论,不能合理地吸收理论的唯心论中的积极方面。"由此可见,费尔巴哈把否定的否定仅仅看作哲学同自身的矛盾,看作在否定神学(超验性等等)之后又肯定神学的哲学,即同自身相对立而肯定神学的哲学。"②第三,费尔巴哈将黑格尔的否定之否定的辩证法仅仅看成是直观的、自然界的现实思维。也就是说,黑格尔否定之否定的辩证法中所包含的肯定性方面被化约到了否定性之中,从而将"否定之否定"视为唯一的以及真正的东西。他说:"谁有勇气做绝对的否定,谁才有力量创造新的。"③这种思想使得他只能为历史的运动找到逻辑的、思辨的、抽象的、内主观意识的表达,而不是一个现实的当下性的正在生成的面对未来的历史。思辨中的实践不能代替当下性的主体的历史实践,也就无法展望未来。而费尔巴哈在《基督教的本质》中所表述的历史的运动过程其实是和黑格尔一样的过程,"或者更正确些说,要说明这一在黑格尔那里还是非批判的运动所具有的批判的形式。"从马克思批判费尔巴哈的最后一个方面,我们可以清楚地看到有关历史实践场域中的深刻的历史辩证法与历史时空要素的重要性论述,无论是共时空的要素还是历时空的要素,都是马克思所思考的。历史与历史的实践不仅仅是从前,更是面对未来的现在和立足现在的未来! 场域主体的意义与现实性也不是回忆过去,而是在现在的生成基础上的对未来的筹谋。历史出场主体必定是历史场域之中的感性人及其感性活动。

其二,马克思对黑格尔《精神现象学》中的辩证法进行了扬弃式的解读。

首先,马克思重新审视了黑格尔哲学中的积极因素,也就是人们通常所说

---

① 费尔巴哈:《未来哲学原理》[M],洪谦译,北京:三联书店 1957:46~47。

② 马克思:《马克思恩格斯全集》[M]第3卷,中央编译局译,北京:人民出版社 2002:315。

③ 费尔巴哈:《费尔巴哈哲学著作选集》(上卷),荣震华,李金山等译,北京:商务印书馆 1984,94。

的"合理内核",那是应该被保存的"否定性的辩证法"。第一,《精神现象学》
就是马克思所说的"黑格尔哲学的真正诞生地和秘密"①。因为《精神现象学》
为人们提供了"作为推动原则和创造原则的否定性"的"辩证法"②。第二,黑
格尔在《精神现象学》中抓住了"劳动"的本质,即劳动是人的力量的对象化的
事物。甚至连奴隶意识的自我觉醒也离不开"劳动":"这个否定的中介过程或
陶冶的行动同时就是意识的个别性或意识的纯粹自为存在,这种意识现在在
劳动中外在化自己,进入到持久的状态。因此那劳动着的意识便达到了以独
立存在为自己本身的直观。"③第三,黑格尔在发现"劳动"本质的同时,也发掘
了"主奴意识"的辩证法,发掘了作为奴隶所具有的自主性意识,从而为马克思
的无产阶级解放与共产主义实现提供了理论支持。有意思的是,黑格尔运用
牛顿力学中力的相互作用来论证奴隶对主人所具有的反作用力,好比中国古
人的"民贵君轻"思想在西方得到了力学物理学与哲学逻辑学的双重印证。
"行动之所以是双重意义的,不仅是因为一个行动既是对自己的也是对对方
的,同时也因为一方的行动与对方的行动是分不开的。在这个运动里,我们看
见,那表明为力的交替的过程又重复出现了,不过是在意识中出现罢了。"④黑
格尔通过辩证分析,认为奴隶意识高于主人意识,原因在于"事实上奴隶却包
含有这种纯粹否定性和自为存在的真理在自身内,因为他曾经在自身内经验
到这个本质。"⑤马克思的共产主义理论的构想离不开具有自由意识的无产阶
级,而无产阶级难道不正是当时的奴隶吗? 难道这种奴隶不也同样具有了否
定性的自为的现在的真理在现在自身之内吗? 所以,马克思对黑格尔的这一
点持有肯定态度,尽管此后这一点被很多人批判为历史唯心主义,但无产阶级
作为历史场域主体的出场地位却是在此得到证实的。

　　其次,马克思批判了黑格尔的唯心主义的异化观。第一,人的意识在黑格
尔那里只是自我意识,而不具有现实意识。"第一个错误在黑格尔哲学的诞生

① 同上,316。
② 同上,320。
③ 黑格尔:《精神现象学》[M],贺麟、王玖兴译,北京:商务印书馆1981:130。
④ 同上,124。
⑤ 同上,129。

地《现象学》中表现得最为明显。例如,当人把财富、国家权力等等看成同人的本质相异化的本质时,这只是就它们的思想形式而言……它们是思想本质,因而只是纯粹的即抽象的哲学思维的异化。"①这种纯粹思辨的体系哪怕再怎么完美,也无法对现实起到任何实际的活生生实践作用。第二,黑格尔对人的异化的扬弃依然停留在抽象的自我意识的范围内,而不是从社会现实入手来获得真正的扬弃。"感性、宗教、国家权力等等是精神的本质,因为只有精神才是人的真正的本质,而精神的真正的形式则是思维着的精神,逻辑的、思辨的精神。"②所以,马克思认为,《精神现象学》不过是自身还不清楚的隐蔽的神秘化的批判。第三,对象世界的消失并不能意味着绝对自由的获取,而只意味着人的本质的现实的生成。黑格尔认为当意识扬弃了外化和对象性后,同样也把被扬弃之物收回之身,"它在自己的异在本身中就是在自身。"③如果我们用出场学的一些来表述的话,那就是一个异己的事物同时既是在场的又是不在场的。这又怎么可能呢?所以马克思纠正道:"仅仅作为意识的意识所碰到的障碍不是异化了的对象性,而是对象性本身。"④黑格尔虽然对一系列概念进行了积极的扬弃,但只是思辨的扬弃,不过是"已经成为知识的对象的宗教本身"⑤。"已经成为"在我看来,就是马克思批判黑格尔思辨体系的最有力的秘密武器之一。既然"已经存在"了,又如何再进行积极的扬弃呢?所以,我们不能忽视马克思思想中的时间线索,正如这里的"已经存在"所透露出来的信息一般,马克思做的工作是有关一个自由的无产阶级与整个人类都获得解放的共产主义社会的生成过程。而不是说,我们只需要住在昨天,对昨天已经存在的世界与知识进行昨天的扬弃即可,今天与未来关注的都是实践的当下性,关注的都是生产与生成,无论是理论的文字实践的,还是真实的历史实践的。

在《手稿》中,已经开始了唯物史观的萌芽,但没有把实践当作新旧唯物主义的分水岭。但《手稿》为唯物史观的实践论还是提供了很多重要思想,例如,

---

① 马克思:《马克思恩格斯全集》[M]第 3 卷,中央编译局译,北京:人民出版社 2002:318。
② 同上,319。
③ 同上,327～328。
④ 同上,328。
⑤ 同上,331。

把生产劳动视为实践的基本内容;提出了实践的社会性;把人的本质规约为实践——生产劳动;实践在社会存在与发展中的重要性;奠定了实践在哲学政治经济学中的地位与作用;规定了实践是历史形塑过程的核心事物与关键要素;将实践与共产主义思想挂钩,形成比较系统的历史场域形塑理论。所以,最后还是用马克思具有代表性的一句话来对马克思的历史实践与历史建构——历史生成观,也即出场学场域所说的历史实践场域的建构观进行总结:

"无神论、共产主义绝不是人所创造的对象世界的消逝、舍弃和丧失,即绝不是人的采取对象形式的本质力量的消逝、舍弃和丧失,决不是返回到非自然的、不发达的简单状态去的贫困。恰恰相反,它们倒是人的本质的或作为某种现实东西的人的本质的现实的生成,对人来说的真正的实现。"①

马克思非常明确地表示,无神论与共产主义是"人的本质的现实的生成"。人类解放与共产主义都是未来的事物,它不是已经创造出来的对象世界,也不是该对象世界从现在沦为过去,更不是非自然的倒退,而是"现实的生成"。"现实的生成"对我们每一个人来说都是具有启发意义的,无论是伦理道德还是哲学思辨,无论是现实交往还是社会实践。虽然在类本质的问题上,马克思与费尔巴哈具有同样的局限性,但是在这篇《手稿》中,有关马克思的历史实践场域出场的历史建构论自此正式迈开了前进的脚步。

第三节　历史实践场域的提纲:春天的第一声惊雷
——《关于费尔巴哈的提纲》

我们说马克思在1845年发生了思想上的自我革命,甚至还有学者认为马克思此时发生了"认识论的断裂",与他以往的"异化"观与"类本质"观抽承历史观彻底决绝。② 在我看来,这样的看法些许有些正确性,但不能忽视马克思思想为何会在此时发生断裂抑或具有隐性的红线脉络。1845年,为何不是1843年,也不是1857年? 1845年与当时的社会背景与学术背景有何关系? 在

---

① 同上。
② 请参见:阿尔都塞:《保卫马克思》[M],顾良译,杜章智校,北京:商务印书馆1984。

我看来,《提纲》是在《博士论文》与《巴黎手稿》中唯物思想萌芽后的继续发展和深化,甚至已经为唯物史观的建立构建了框架体系与提纲挈领;同时,马克思还发现了无产阶级已经成长为了自在自为相统一的阶级,因而属于无产阶级的思想也必然发生。

而当时的重要思想背景有:(1)18世纪法国的唯物主义者①认为统治者与思想家决定环境,而人就是环境的产物。"世界不是自己产生自己。但是世界是原因,而不是结果,世界不是创造物;世界之所以不是被创造的,因为它不可能被创造。"②其唯心史观与形而上学性、机械性而遭到了马克思的批判。(2)法国复辟时期的历史学家③认为人们对一种政权会采取何种态度,完全与他所持有的立场,尤其是财产关系所决定的立场有关。然而财产关系不是由人民决定的,是由法律规定的。"君主变成世袭的了,但世袭的并不是王位,而是领地占有者的地位;在贵族的大片领地之内,或在诸侯会议上,立法权属于贵族;在贵族领主裁判所内,司法权属于封臣。总之,权力进一步集中了,由大多数人转到少数人手中,又由少数人转达一个人手中。"④"分配的不公平,使得法国社会上的弊病更加令人难以忍受。整个民族分成三个等级,每个等级又再分成许多阶层,……"⑤他们虽然建立了阶级理论,但无法论证阶级斗争的历史阶段性,也没有将阶级出场时的差异性与在场时的断裂性的原因阐述清楚,只能承认资产阶级与封建阶级之间的阶级斗争,所以更无法支持阶级将会在阶级斗争中灭失的理论。(3)法国空想社会主义者认为,所有制是历史的延续,人们的生活状态全由所有制决定。"唯一可行的办法,显然在于建立一个

---

① 18世纪法国的唯物主义者是法国大革命前夕从启蒙运动中发展起来的,是唯物主义哲学发展史的第二阶段,即机械形而上学的唯物主义,主要代表人物有拉美特利、爱尔维修、狄德罗、霍尔巴赫等。这种唯物主义的思想来源主要有二,其一是古希腊罗马唯物哲学家德谟克利特、伊壁鸠鲁和卢克来修,其二是培根、霍布斯、洛克等人的经验论思想,并沿袭了笛卡尔的物理学思想的路线,从自然神论走向彻底的无神论,甚至对法国资产阶级革命起了思想上的决定性影响。

② 霍尔巴赫:《健全的思想》[M],王荫庭译,北京:商务印书馆1985:39。

③ 18世纪法国复辟时期的历史学家代表有梯叶里、米涅、基佐等,他们认为欧洲近代革命就是资产阶级与封建贵族、僧侣的阶级斗争史。

④ 米涅:《法国革命史——从1789年到1814年》[M],北京编译社译,北京:商务印书馆1977:5。

⑤ 同上,6。

符合教化的发展状况的社会体系;只要关于符合教化的发展状况的社会制度的思想还未产生,危机也显然要及其严重地延续下去。"①这种延续的后果也最终只能是空想的乌托邦。(4)黑格尔哲学的影响是,在"神圣家族"②看来,环境、财产关系和所有制背后有一个决定性的"第三因素"。因而,若以出场学场域观来看,《提纲》的重要性不仅因为他具备了使得历史实践场域获得了形塑即对象化过程的科学依据,而且在历史实践场域中同样完成了科学的解码的方式,在方法论与世界观上都具备了科学共产主义形塑的条件:形塑即对象化过程的科学依据体现在科学"实践"概念的新解中,也即具有社会化性质的"交往实践"概念中;传播即社会化的科学路径在社会化的多极主体共同架构的交往实践的时空背景和客体底板中;解码的科学方式则体现在对科学"认识论"的新解中,即以(交往)实践为基础的认识论下的解码与解释活动。形塑、传播、解码还不是历史的建构论。马克思最主要的命题是关注了场域中的生命的律动,如"人的本质"是"社会关系的总和","改变世界"等,无一不在具有生命律动性的交往实践过程中。有生命的律动才有历史的建构。我们若以此为红线来解读当时的学术背景就会发现那些思想家们的缺陷所在。

因此,整个《提纲》都是马克思在此阶段将"异化劳动"作为中心命题之后的自我"扬弃",扬弃为以真实的人类的当下性的交往性的活生生的"实践",以此作为《提纲》的中心命题与贯穿前后的红线。哲学革命(理论实践场域的革命)完成于对历史实践场域的探索的完整体系中。单于断裂处看思想,或单于联结处看思想,都是片面的。"自我意识"(《博士论文》)、"异化劳动"(《巴黎手稿》)、"实践"(《提纲》)、"物质生产实践"(《形态》)的核心概念的转变也让我们看到了马克思前后思想范式演变。如果说,前两方面马克思还都是在唯心主义的总命题下思考唯物主义,那么到了后两个方面,马克思已经站在了唯物主义的立场上来思考唯物主义,所以后两者才是真正的马克思的真实思想的代表。尽学其中还家些许的差别此前对原著的分析已经指出,在出场之作《博士论文》中,马克思就体现出唯物主义思想,但是没有一蹴而就地完成。所

---

① 圣西门:《圣西门选集》[M]第二卷,董果良译,北京:商务印书馆 1982:13。

② "神圣家族"是马克思、恩格斯对青年黑格尔派的尊称,主要针对鲍威尔兄弟及其追随者,因其蔑视群众而自视为是超凡脱俗的耶稣及其门徒的态度而遭来批判。

以,新唯物主义哲学的建立也是经历了一次又一次的思想磨砺与破茧成蝶,完成思想革命的标志——春天的第一声惊雷就在于这部恩格斯称为包含天才思想萌芽的《关于费尔巴哈的提纲》中。

在此之前的《神圣家族》已经为《提纲》中的思想革命准备了充足的铺垫。在这部由马克思与恩格斯首次合著的著作中,马克思首次批判了在"神圣家族"系统内部抛弃了黑格尔客观唯心主义走向主观唯心主义的"自我意识"观念,马恩对批判的批判所做的批判还是以鲍威尔为例,并首次提出了"存在决定意识"的观念。此外,马恩还批判了鲍威尔的唯心史观,他们在"存在决定意识"的基础上证明了"物质利益决定群众思想"的正确性,同时指出,历史不是由英雄创造的,而是由人民群众创造的,从而体现了马克思对场域的敏感性,敏锐地捕捉由于差异性出场而导致的断裂性在场历史现状,以及在此基础上对一切在场的形而上学所做的批判。

在接下来的《关于费尔巴哈的提纲》这一不足 1500 字的大纲中,马克思把自己与从前的旧哲学(包括唯心主义与旧唯物主义),以及从前的自己彻底划清了界限。学界对此提纲关注甚广,讨论甚多,主要归纳为以下三个方面的公认要素:

其一,在批判费尔巴哈直观唯物主义的基础上,阐述新旧唯物主义的根本区别:第一,对认识的对象理解不同,集中于《提纲》的第一条与第二条。旧唯物主义认为客体是认识的对象,新唯物主义则把客体不仅理解为认识的对象,也理解为是感性的对象和实践的对象,从而区分了认识客体与实在客体。第二,对人的活动理解不同。人的活动在旧唯物主义哲学看来就是一种纯粹的理性活动,而在新唯物主义看来则是感性的、实践活动。

其二,指出了旧唯物主义在历史观上是唯心主义,其唯心史观的认识论因其基础不宾而无法理解实践的真正意义与作用,这集中于《提纲》的第三条至第九条。第一,社会环境不仅仅改变人的思想,也可以改变人的实践,但是社会环境却是由人的实践所创造的,不是其他任何改头换面的先验的东西。第二,社会实践是阶级实践,不是纯粹的思想或思辨实践。第三,宗教出现的根本原因是阶级矛盾。第四,费尔巴哈的类本质并不是真正的唯物主义,因为由生理决定的人性不能代替由实践决定的人性。人的本质绝不是抽象的单个个体的总和,因而实践是社会生活的本质,在其现实性上,人的本质是处于交往实践和社会化过程中的"一切社会关系"的总和。

其三,马克思在《提纲》中阐明了新唯物主义的特征,集中于《提纲》的第十条与第十一条。破除了旧唯物主义哲学与唯心主义哲学后,马克思建立了新唯物主义的主要命题:第一,旧唯物主义的立脚点是原子式的抽象的"市民社会",而新唯物主义的立脚点则是整体性的现实的"人类社会"与"社会化"的"人类",是交往的实践与破除私有制的社会。第二,旧唯物主义与唯心主义哲学只是用各种不同的方式"解释世界",新唯物主义哲学是为了"改变世界",是关于历史的实践与历史的建构学说。当然,学界对《提纲》也有一些争论。例如,实践的唯物主义是否就是实践的本体论哲学。我认为,如果单用实践的本体论,未能解决自然的先在性问题,也未能否在场形而上学迷信。若用出场学视阈下的场域观念来解读《提纲》,可以提供一把解决自然先在性与实践本体性之间张力问题的钥匙,也能正确理解马克思哲学革命的思想意蕴。

用出场学场域观念来看这十一条提纲,我们发现马克思的完整的场域观念体现在他不仅重视场域内的解码过程,更重视场域内的传播与形塑过程。在形塑中解码,在解码中形塑,从而使得历史具有辩证性与动态性,具有实践性与社会性、交往性,而形塑、传播(社会化)、解码三个过程共同构成了马克思的历史构境论,所以,马克思主义出场学场域与马克思一样,认为场域不仅仅是形塑,也不仅仅是传播与解码,而是一个具有生命律动的真实的存在。它不仅仅是一个符号化过程(文本与思想形塑与解释),同时是人们活动的真实舞台的全部内容与结构。这也就是他塑造新唯物主义哲学的成功所在。我们从《提纲》十一条中所提取的有关社会历史的宏观视角的出场学场域思想分别如下(为了论述方便,暂且将第十条与第十一条合并):

其一,出场学场域是实践的、能动的唯物主义。"从前的一切唯物主义——包括费尔巴哈的唯物主义——的主要缺点是:对事物、现实、感性,只是从客体的或者直观的形式去理解,而不是把它们当作人的感性活动,当作实践去理解,不是从主观方面去理解。所以,结果竟是这样,和唯物主义相反,能动的方面却被唯心主义发展了,但只是抽象地发展了,因为唯物主义当然是不知道真正现实的、感性的活动的。……"①布尔迪厄在他的社会学场域发挥了"行动者"的"行动"思想,就其根源还是源于马克思这部天才提纲中。实践的、能动的即"行动的"思想,行动者的行动即"人的感性活动",即"实践"。马克思在此也传承了马克思在《1844年经济学哲学手稿》中对共产主义运动的生成证明,生成运动必定是一种实践的、能动的感性活动——实践活动。出场学场域与布尔迪厄在这场生成运动中所传递马克思的思想精髓是保持一致的。出场学场域与布尔迪厄不同的地方在于,布尔迪厄并没有把握新唯物主义的"新唯物"方面,而是如马克思所批判的那样从具有完全"自我意识"的"行动者"的"自主性"唯心主义方向,先发甚至从明显的主观心理"策略"作为场域的入手点,显然是有失偏颇的。出场学场域把握了马克思唯物主义的"新唯物"方面,把握实践的能动性原则和现实性原则。

其二,出场学场域把握了实践视阈下的科学"认识论"。"人的思维是否具有客观的真理性,这并不是一个理论的问题,而是一个实践的问题。"②出场学场域之所以把场域划分为理论实践场域与历史实践场域的原因也正在于此。在这里,马克思所指认的"实践"其实是具有当下性的现实性的真实的具体历史的实践,而不是理论的空想的"以头着地"的抽象的实践,如果能区分这一点,我们就能理解马克思此时所说的人的思维的客观真理性的体现,即真理不是离开真实的当下实践的改头换面的"经院哲学"内的实践,而是"在实践中证明自己思维的真理性,即自己思维的现实性和力量,亦即自己思维的此岸性"。③ 马克思主义中国化以来,我们也看到了场域的这种思想:"实践是检验真理的唯一标准"、"没有调查就没有发言权"等等,都是对这种实践以及实践视阈下的科学认识论的表征。现实客体不仅仅是思维的对象,更是实践的对象,马克思对认识论的实践改造也为出场学场域所赞同,如果没有这种实践观念和科学认识论思想,那么我们必然会走向另一种方式的"经院哲学"。

其三,出场学场域把握了人与自然相互影响的观念,人的实践可以改变现实社会以及自然,自然与社会都是人化的自然与社会。"有一种唯物主义学

---

① 马克思:《马克思恩格斯全集》[M],中央编译局译,北京:人民出版社:3。
② 同上。
③ 同上。

说,认为人是环境和教育的产物,因而认为改变了的人是另一种环境和改变了的教育的产物,——这种学说忘记了:环境正是由人来改变的,而教育者本人一定是受教育的。……环境的改变和人的活动的一致,只能被看作是并合理地理解为革命的实践。"①场域的解码是布尔迪厄社会学场域的一个含糊其辞的方面,正如海德格尔的存在论的含糊其辞一般。因为"前理解"摒弃了辩论法,没有辩证法就不需要严谨的逻辑判断以及推理论证,所以就不得不含糊其辞。布尔迪厄对场域的形塑方面所做的贡献我们不可否认,但是他对马克思思想精髓的传承途中遇到了海德格尔,从而受到存在论的唯心影响而将场域"行动者"与"客观环境"进行直接同一,或者说"客观环境"对行动者的解码具有高度的迷惑与控制权。这种解码方式显然是违反马克思唯物史观的初衷的。我认为如果考虑到马克思以后的哲学发展,场域的解码方法终究可以归纳为对立的方法论两极——辩证法与现象学方法。出场学场域则具备了多主实践辩证法,扬弃了先验的现象学,我们也可以称为一种对两者进行了取其精华与其糟粕的批判性继承由交往实践架构的广义认识论,体现了历史与符号的意义论原理。这种认识论可以指导人们获得真理的路径,照亮思想与现实的未来。所以,出场学场域的科学逻辑的认识论观念与形塑观念也正传承于此。人不仅具有理性的解码能力,而且是具有科学的认识论实践辩证法的解码能力;人更具有形塑对象化的实践能力,在这种实践能力的指导下,我们可以改变自然界与社会世界,也就是说,人的社会化的交往实践使得自然与社会成为人化的自然与社会。出场学场域还认为,没有人参与实践的场域对人来说,也就是无。

　　其四,出场学场域与马克思一样,都认为历史实践场域高于理论实践场域,理论必定来源于现实。只有具备了相应的历史和社会背景条件,才能滋生出相应的理论知识。"费尔巴哈是从宗教上的'自我异化',从世界被二重化为宗教的、想象的世界和现实的世界这一事实出发的。他致力于把宗教世界归结于它的世俗基础。他没有注意到,在做完这一工作之后,主要的事情还没有做哩。因为,世俗的基础使自己和自己的本身分离,并使自己转入云霄,成为

---

　　①　同上,4。

一个独立王国,这一事实,只能用这个世俗基础的自我分裂和自我矛盾来说明。"①"主要的事情"就是将理论与现实联系起来,而不是如费尔巴哈所做的那样,将理论与宗教联系起来,这样只会走向另一个虚假的世俗基础的思想中的独立王国。费尔巴哈既然已经将宗教的、想象的世界与现实的世界区分开来,竟然还不能迈开那关键的一步,理论中的唯物主义不是真正的唯物主义,真正的唯物主义需要在实践中使用矛盾辩证法,"然后用排除这种矛盾的方法在实践中"②与现实相结合。理论与实践结合,也是出场学场域的一个基本原则。

其五,出场学场域同样和马克思一样摒弃了"感性的直观"的反映论。"费尔巴哈不满意抽象的思维而诉诸感性的直观;但是他把感性不是看作实践的、人类感性的活动。"③感性的直观带来的只能是照镜子的直接反映,没有办法对镜子里的影像进行真伪辨别。"所见即所得"并不是理性,而要经历一系列的概念判断推理才能获得真知,最重要的是,必须和现实相联系。这也是出场学场域所反对的直接性的所见即所得模式。否则,要么就陷入了存在主义的牢笼,要么就陷入了机械的唯物主义的泥潭。

其六,出场学场域同样不把"类本质"作为终极关怀与最终追求,而是在社会关系的总和中来规约人的本质,是有关此社会关系中所有意义、价值、文化的总体系统。"人的本质并不是单个人所固有的抽象物,实际上,它是一切社会关系的总和。费尔巴哈不是对这种现实的本质进行批判,所以他不得不:(1)撇开历史的进程,孤立地观察宗教感情,并假定出一种抽象的——孤立的——人类个体。(2)所以,他只能把人的本质理解为'类',理解为一种内在的、无声的、把许多个人纯粹自然地联系起来的共同性。"④出场学场域同样反对把人类本质纳入到抽象的、孤立的个体中,而是关怀场域内的各种正在生成和运动社会交往关系,关注场域内的利益竞争关系,"类本质"不过是内在的无声的纯粹抽象的共同性罢了。将这种抽象的本质剥离后,我们就会看到现实

---

① 同上。
② 同上。
③ 同上,4~5。
④ 同上,5。

社会中各种由于关系以及关系中利益问题所带来的有关生存的意义、生命的价值与生活的文化的总体系统。它们的在场性是由于当时的社会交往实践的生成系统所生成，但它们不是一成不变的或所谓的先验的体系，而是由当下在场的社会交往实践的生成系统所构建，面对着历史的过去和未来。具有显眼互转特性和生命律动的场域关系社会关系的总和中蕴涵着有无剥削的秘密，倘若场域中的资源配置公平公正，不再有看不见的操控者，不再有为了获得关系或保持关系而扭曲规则、甚至连婚姻都讲究策略的现象，那么我们就可以说或，历史的经济、政治、道德等船只都得以顺利驶入共产主义社会的港口了。

其七，出场学场域也认为所有的个体性都属于一定的社会形式，没有社会性，就没有个体性。"所以，费尔巴哈没有看到，'宗教感情'本身是社会的产物，而他所分析的抽象的个人，实际上是属于一定的社会形式的。"①出场学场域和布尔迪厄的社会学场域其实都传承了马克思的社会性思想。没有社会性，就谈不上个体性。出场学场域将这种社会性中的场域的实践特征以交往实践来表征，因为交往在社会中发生，在社会中的实践必然是交往实践，从而在此基础上来完成场域的各个阶段。发生发展抽象世界无论如何改头换面，都是天国世界。

其八，出场学场域同样反对理论的神秘性，而将社会生活的本质规约为正在生成性的与交往的实践。"社会生活在本质上是实践的。凡是把理论导致神秘主义方面去的神秘东西，都能在人的实践中以及对这个实践的理解中得到合理的解决。"②因而，只有实践才是社会生活的真正本质。在这一条中，我们发现了马克思回答了场域的解码问题。解码依然关注实践，而不是"所见即所得"模式。例如我们对神秘主义的看法，是接纳还是抛弃？马克思认为，人的实践可以为我们提供答案的标准。实践中如果发现一种理论是对的，那么我们可以继续以这种方式加以解码和运用；如果在实践中发现理论是错的，那么可以用合理的方法加以解决错误。所以，出场学场域中的解码也是在（社会化与交往）实践中进行的，正如它的形对象化观一般。

其九，出场学场域同样摒弃单个人的直观的抽象的"市民社会"与直观的

---

① 同上。
② 同上。

唯物主义,把感性理解为实践活动感性人感性活动是充满辩证法的唯物主义。"直观的唯物主义,即不是把感性理解为实践活动的唯物主义,至多也只能做到对'市民社会'的单个人的直观。"①也就是说,出场学场域具有现实历史观念,不是各种抽象的或直观的观念总和。马克思很显然已经与费尔巴哈哲学中的固有缺陷划清了界限。历史获得了真正唯物主义特征。出场学场域在马克思的认识论中发掘的是精深的辩证法思想,不是直观的照镜子式的唯物主义思想也不是其哲学唯物主义的历史观。辩证法与科学认识论是出场学场域方法论的两大基础。

其十,出场学场域同样重视对"社会化"问题的研究,没有社会化就没有出场学,也没有充满动态的场学场域;出场学场域传承了马克思改变世界的建构社会历史世界的意旨,不再仅仅局限于解释世界。"旧唯物主义的立脚点是'市民'社会;新唯物主义的立脚点则是人类社会或社会化了的人类。哲学家们只是用不同的方式解释世界,而问题在于改变世界。"②这种旧的唯物主义的立脚点其实还是局限于资本主义的社会经济制度中,没有放眼整个人类社会的历史进程。马克思给出场学场域的启示是:历史的历时性线索与共时性线索。我们需要在整个人类社会历史的进程中寻找科学共产主义的道路,倘若放弃了社会化的人类的实践活动的社会世界对人来说,也就是"无"。因而,新唯物主义哲学的谈论不能离开"社会化"要素和历史性的总体观念。历史实践的场域,用马克思的观点来说,是综合形塑、传播(社会化)、解码三大过程的,比它们单个环节更重要的有关历史实践的建构理论,历史实践的建构也就是以改变世界为主要任务的历史构境论。所以,场域的本性,不在于其现成在场性,而在于其建构性。

---

① 同上。
② 同上,5~6。

第四节 历史实践场域的建构：唯物史观正式形成

——《德意志意识形态》

如果说《提纲》是春天的第一声惊雷，那么《德意志意识形态》（简称《形态》）则是马克思恩格斯向世人宣告春天已经正式到来。马克思与恩格斯在《形态》中正式提出了唯物史观，并进行了科学论证，是对《提纲》中所阐发的思想的进一步阐述。其实，马克思对青年黑格尔派的清算早在 1843 年的《论犹太人的问题》时业已开始，这是在宗教与政治解放的角度来看；而在《神圣家族》中，这种批判开始转向政治经济学角度，从政治经济学的角度来批判青年黑格尔派。《德意志意识形态》则与以往一切形而上学以及他自己曾经的唯心思想彻底划清了界限，在哲学上掀起了一场范式革命。他从政治经济学与哲学出发，在批判的基础上完整地科学地考虑了不同阶级的出场的差异性与在场的断裂性，创造性地提出唯物史观的科学体系，清算了一切在场的形而上学，完成了以唯物史观为基础的历史建构论。我们对《德意志意识形态》进行出场学场域的考察，应当注意以下几个问题：

第一，谁是在场者？思想还是历史？厘清了这个问题，我们也就厘清了马克思对青年黑格尔派（圣布鲁诺、圣麦克斯等）、费尔巴哈（直观唯物主义）、空想社会主义（卡尔·格律恩、赫斯等）等哲学的批判的秘密所在地。他们都是在场的形而上学的代表者，是以思想作为在场者的主要代表，而把真正在场的历史抛诸脑后。

第二，历史天然在场还是需要打开（出场）？厘清了这个问题，我们就可以回答唯物史观的真正的秘密所在地——正在生成的运动。如果历史天然在场的，那和在场的形而上学又有什么区别呢？所以马克思告诉我们，能动的实践——物质生产实践使历史成为一个在场的活物与活物的在场。历史不是先验的自动的天然的在场，因为那便是神学的改装，而是需要通过主体的能动的实践活动加以打开才能出场。历史具有由隐到显的过程，也有由显到隐的过程，只有能动的实践才能为我们打开这扇显隐之门。

第三,历史如何出场? 什么是历史建构? 厘清了这个问题,我们也就回答了"中心概念",即"物质生产"与"三大决定论"的作用是什么的问题;也就回答了历史建构的真正含义。我认为,"物质生产"与"物质生产实践"的概念内涵是相似的,都关乎于主体的能动的实践过程。"生产"本来就是一种"实践"在资本社会中"实践"才能物质生产,因而历史出场需要具有能动性的物质生产实践(如马克思在《提纲》中语)。此外,"物质生产"与"生产力"两个概念之间也是具有莫大关联的。"物质生产"本来就是一种生产能力的表现。这样,物质生产-物质生产实践-生产力-生产关系等一系列相互关联的概念就构成了唯物史观的历史出场的脉络。而且,历史的出场永远不会是思想的出场。

历史建构不是思想与文字的形塑,而是由真实的当下的实践建构的,既是处于交往实践的主体出场时的场域的客观历史情境与场域的置身性的异化结构,也是场域主观性的意义价值文化向度与场域的客体性之间的密切统一。历史建构是被形塑的符号与当下的主体的价值文化向度的统一、理论与实践的统一、场域客体性与主体性的统一,可以说,历史的建构主要指涉的是历史的正在生成。

第四,历史如何需要思想出场(起何种作用)? "深度考察思想出场对于历史语境的根本依赖性,就是要打破思想在场所谓永恒性和绝对性的虚假偶像,必须深度研究历史场域何以产生某种思想,让某种思想出场。"①唯物史观告诉我们,思想是现实的表现,社会意识是社会存在的产物,并对社会存在起着反作用。也就是说,思想与文本的形塑对历史的建构起着能动的反作用,倘若适合历史的实际发展,则会推动历史的建构与发展;反之,则阻碍历史的建构与发展。而且,无论我们如何科学建构和规划历史,那都是首先在根据自我经验的提炼在思想中完成的。所有的历史建构都是首先在思想之石中磨砺成锋,获得了真理性的思想才能付诸真实的当下的历史实践与历史建构。

第五,思想出场的逻辑(如何变成意识形态并力图一劳永逸地变成在场的形而上学?)思想的出场逻辑必须遵循历史的出场逻辑;思想的出场路径必须遵从交往实践的内部的具有差异性的逻辑与内部的具有对立性的逻辑;思想

---

① 任平:《论马克思主义出场学视阈中的历史构境》[J],南京大学学报,2010(2):14。

的出场方式必须遵从话语的行动者与出场的行动者行动的意义与方式——符号化与意识形态化;最后所导致的结果就是思想变成意识形态且妄图一劳永逸地成为在场的形而上学。"思想出场的意识形态化也是建立和完成历史规范结构的主要方式。"①

"马克思对思想的出场过程及其意识形态进行批判性考察,成为马克思历史观的结果或者说是某种完成。"②马克思认为思想是由历史来形塑的,历史是由生产来建构的,"对马克思而言,历史观的宗旨不仅在于物质生产和再生产本身去真实得阐释历史语境的生成,而且要阐释历史的差异的主体性结构(阶级结构)何以需要思想出场并变成意识形态,去为自己的利益做合法性辩护。"③在资本主义制度的历史实践场域内,思想的出场逻辑与具有私有财产与私有制的经济基础的统治阶级所利用的思想逻辑保持一致的。我们用经济学的话来说,只有当思想符合现实历史而具有了某种使用价值与交换价值后,才有用武之地。这也是思想成为意识形态的根本缘由。"一个阶级在物质上占统治地位,也必然在思想上占统治地位。'思想'出场不过是'物质'出场的表现形式和实现方式,是根本依赖于'物质'而出场的意识形态。"④作为意识形态的思想妄图一劳永逸地站在那里而不思量随着实际情况的变化而变化,正说明了统治阶级妄图一劳永逸地剥削非统治阶级本质。

带着这五个问题视阈来看待《形态》,我们会对马克思在《形态》中所表述的唯物史观、出场学、出场学场域观有更深刻的了解。或者说,这五个问题视阈是交织于《形态》中的"经",我们对马克思对各种在场的形而上学思想的批判、唯物史观理论的架构、差异性出场与断裂性在场的出路——共产主义的历史建构等三个方面的内容为"纬",在"经纬交织"中来深刻理解马克思在《形态》中的创造性的天才般的哲学革命思想。

一、反在场的形而上学(1):对青年黑格尔派的进一步清算

青年黑格尔派依然是黑格尔哲学的产物,是黑格尔唯心主义体系的进一

---

① 同上,18。
② 同上,17。
③ 同上。
④ 同上,17~18。

步繁衍,是在场的唯心的形而上学。虽然马克思早年曾经也加入了青年黑格尔派的阵营,但那也是为了反对具有压迫性质的宗教统治与德国封建专制制度,为了人类谋求福祉。马克思的这种坚定的信念与态度使他必然会与代表德国资产阶级利益的青年黑格尔派分道扬镳。尽管青年黑格尔派在当时可谓领导着"向旧世界的宗教、思想、政治开火的理论家大军"①,黑格尔的青年学生比老一辈的学生们更加具有批判、无神论与创新意识,在他们看来,"黑格尔哲学的核心不是平静,而是不安,不是静止,而是发展,不是体系,而是方法。"②然而他们对黑格尔哲学加以如此运用的原因则是为了满足资产阶级的利益与需要。马克思认为,人们总是把其他事物想的都与人们自己一样,也就是说,"为自己造出关于自己本身、关于自己是何物或应当成为何物的种种虚假观念。"③他们按照自己的主观意愿与臆想来推测神性、推测模范性,从而按照自己的意愿来建立关系,顺利使这种推测成为头脑的统治物,这样,所谓的创造者不过是屈从于自己创造物的创造者。所以,把他们从各种在场的形而上学的幻想、观念、教条与想象的存在物中解放出来就显得刻不容缓了。马克思在《德意志意识形态》中,批判了青年黑格尔派、费尔巴哈哲学以及一切先验的先知哲学。首先,马克思指出青年黑格尔派的错误主要在于:

其一,以"精神创造众生"来编织主观唯心主义的谎言,宣扬资产阶级意识形态。

青年黑格尔派是由黑格尔的青年学生发展起来的学派。他们认为,抵抗幻想的唯心主义方式就是用符合人的本质的思想来替代幻想,或用批判的否定性的辩证法来替代幻想,或在头脑中彻底抛掉这些幻想……然而,事实真的如此吗?马克思的答案是否认的,那不过是从一种在场的形而上学转移到另一种在场的形而上学而已。"这些天真的幼稚的空想构成现代青年黑格尔哲学的核心。"④却每每使得公众怀着畏惧和虔诚的心情来接受它,马克思不得

---

① 马克思:《普鲁士状况》,《马克思恩格斯全集》[M]第12卷,中央编译局译,北京:人民出版社1962:727。

② 梅林:《德国社会民主党史》[M],青载繁译,北京:三联书店1963:93。

③ 马克思、恩格斯:《德意志意识形态》,《马克思恩格斯全集》[M]第3卷,中央编译局译,北京:人民出版社1960:15。

④ 同上。

不指出这种思想的危险性与残酷性了："本书第一卷的目的在于揭露这些自称为狼、别人也把他们看作是狼的绵羊，指出他们的咩咩叫声只不过是以哲学的形式来重复德国市民的观念，而这些哲学评论家们的夸夸其谈只不过反映出德国现实的贫乏。"①马克思不得不来揭穿这种影子哲学，即同现实的影子做斗争的抽象的哲学，以及与精神萎靡的德国人趣味相投的堕落哲学。从而剥离了那种贫乏的哲学在公众心中激起的不应有的信任。

青年黑格尔派与老年黑格尔派，起初还都忠实于未加伪造的黑格尔的范畴，但后来却私自改换为世俗的"类"、"唯一者"、"人"等等来进行论争。在马克思看来，从斯特劳斯到施蒂纳的整个德国哲学其实都还是局限于宗教观念范围内的批判。虽然青年黑格尔派与老年黑格尔派都取得了一定的进步，但是他们在宗教观念、宗教意识的定义上是不同的。青年黑格尔派的进步是把想象中的一切观念都归入于宗教观念或神学观念，把政治、法律、道德意识都归入宗教意识或神学意识，总而言之，"'一般人'，则被宣布为宗教的人。"②老年黑格尔派则认为，事物只需纳入到黑格尔的逻辑中，便会明白易懂。青年黑格尔派则用批判的方法傲视一切，虽然力图用辩证法的否定性方面来引出无神论思想，然而事实上却是通过另一条途径走向有神论，他们的哲学其实到处渗透宗教的观念，无论是斯特劳斯的"客观精神"还是鲍威尔的"自我意识"，无非还是在宣布一切都是神学。两个学派之间的共同点在于：都认为是宗教的、观念的或普遍的东西在统治着现存的世界。不同的是态度，老年黑格尔派显然认为这种统治是妥当的是善的，而青年黑格尔派却认为这种统治是篡夺，并对此激烈反对。

青年黑格尔派认为，只需要同幻象进行斗争即可，他们"完全合乎逻辑地向人们提出一种道德要求，要他们用人的、批判的或利己的意识来代替他们现在的意识，从而消除他们的限制。"③难道这就真的解决问题了吗？马克思认为，这不过是最大的"保守分子"的口号而已，不论青年黑格尔们是多么地标榜自己是多么"震撼世界"。理由是："归根到底就是要求用另一种方式来解释现

---

① 　同上。
② 　同上，21。
③ 　同上，22。

存的东西。……他们只是用词句来反对这些词句,既然他们仅仅反对现存世界的词句,那么就绝不是反对现实的、现存的世界。"①事实上,这个现实的、现存的世界不是那么难发现的,现实的个人、由他们的活动和他们的物质生活条件(无论是现成的——当下在场的,还是正在创造的——正在出场的物质生活条件)其实"都可以用纯粹经验的方法来确定。"②因此,青年黑格尔派也许发掘了黑格尔辩证法的"否定性"方面,但是他们的"自我意识"不过是一种宗教形式的变体而已,他们永远也找不到现实生活之根,无法在现实的政治经济社会历史中寻找到批判方法的真正基础。

其二,反对理论与实践相结合,反对将实践活动与哲学相互联系起来。

在那场著名的以费尔巴哈为代表的唯物主义与以鲍威尔、施蒂纳等人为代表的青年黑格尔派的争论中,马克思不仅批判了费尔巴哈唯物主义的直观性、机械性,以及青年黑格尔派的"自大性"、内主观意识性,而且批判了一切与此相类似的在场的形而上学,尤其是那种先知的唯心主义哲学,受到了马克思的重点批判。这种先知的唯心主义哲学不仅仅是在场的形而上学的,而且还是内主观意识学派领域中最嚣张的。马克思特指的这位先知的唯心主义哲学家——名副其实的神学家——圣布鲁诺。

本来费尔巴哈与斯蒂纳之间的争论并不关他什么事,"人们已经把可怜的布鲁诺忘得一干二净。正因为如此,他抓住了这次论战,以便寻找借口来宣告自己和这两个敌对者的对立,来宣称自己是他们的最高的统一——圣灵。"③这一"圣灵"而今正披着"自我意识"的外衣,开始向费尔巴哈"开炮'征讨'","不消说,圣布鲁诺依旧在骑着他的老年黑格尔派的战马耀武扬威"。④ 他授予费尔巴哈以"实体"的骑士勋章,授予自己"自我意识"的国王勋章,以便满足其上帝的王国所发布最新启示录的需要。圣布鲁诺虽然表面上是青年黑格尔派,但是他的立场依然是与老年黑格尔派无异的在根本性质上是保守的抽象的思辨的思想。马克思首先认为,圣布鲁诺把费尔巴哈贴上"实体"的标签,其

---

① 同上,22～23。
② 同上,23。
③ 同上,91。
④ 同上,91～92。

用意不过是想把"实体"融化在"自我意识"的特大理论熔炉中,把理论与实践彻底的分离与对立开来,这显然是不符合费尔巴哈与黑格尔哲学彻底相脱离的本意的。

马克思为了更加清楚地说明理论之间的冲突与他对布鲁诺·鲍威尔等人的批判,马克思特意在莱比锡布置了一幕场景。好比一幕舞台剧一样,而且还是圣布鲁诺们自编自导自演的舞台剧,他们的出场秩序永远以大天世界的主宰者身份而永远优先。马克思暂时充当了速记员与编剧和场记的角色。在此场景中,宗教会议与宗教审判所隆重登场了。莱比锡宗教会议中,审判长有两位,其中一位是鲍威尔——圣布鲁诺,另一位是斯蒂纳——圣麦克斯(圣桑乔);接受审判的异教徒有四位:马克思、恩格斯、费尔巴哈、赫斯。两位审判者扮演的角色还是不同的。被称为"圣布鲁诺"的是鲍威尔,他的灵光就是"纯粹批判",他的法衣就是"自我意识",这种纯粹思想中的"自我意识"具有一种类似于上帝的能力,他无父无母却可以高高在上睥睨一切,"实体"在"自我意识"那里不过是可以被任意摆布玩弄的提线木偶。在"实体"中所包括的国家、群众、宗教现状等不过是可以被任意摧残与肆意凌辱的废墟残骸或微尘末屑。他也在进行精神上的自我修炼,不过这种修炼从不涉及到任何外界事物,而只能躲在自我的躯壳内"倾听自己,而这种自我倾听又推动他达到自我规定"①。

另一位审判长则是被马克思称为"圣麦克斯"的施蒂纳。他的神奇之处依然是可以花掉600页的篇幅来证明"自我"的不可一世,正如他在《唯一者及其所有物》中所做的那样。这种"自我"是"唯一的"、"无可名状的"、"无与伦比的",不是张三李四,而正是施蒂纳我自己!他的把理论与实践相互脱离的内主观意识性概念"自我"比起鲍威尔来说,有过之而无不及。马克思对此说道:"苦修苦练的是对无思想进行痛苦的思想,对无可怀疑进行连篇累牍的怀疑,把毫不神圣的说成是神圣的。"②

两位对费尔巴哈都采取了无知而无耻的批判态度,在不理解费尔巴哈的情况下竟然能将事实捏造到如此地步,引起了马克思的强烈不满。"关于黑格尔的'绝对精神'和费尔巴哈的'类'的观念同现存世界有着怎样的联系,他却

---

① 同上,136。
② 同上,89。

一无所知。"①由于费尔巴哈的"实体"阻碍了圣布鲁姆这位圣师的"自我意识"统摄一切的预谋,所以他不得不对这道路上的障碍进行清理,哪怕是强词夺理的那种清理:"这位圣师认为,费尔巴哈用来把握理性、爱和意志所构成的上帝的三位一体变成某种'在个人之中并统治着个人'的东西的那种异端邪说是极其丑恶的,好像现今任何天赋,任何爱好,任何要求在遭到环境妨碍而得不到满足的时候都不能确认自己是一种'在个人之中并统治着个人'的力量似的。"②马克思在此明确了费尔巴哈的"环境"意识是非常正确,尤其是在与圣师论战时表现出来的那种唯物主义态度。统治个人的不仅不能是上帝,而且必须不能是上帝,否则就不能得到应有的"确认"。马克思此处不支持费尔巴哈的地方在于,"费尔巴哈的错误不在于他说出了这一事实,而在于他以唯心主义的方式使之独立化了,没有把它看作是历史发展的一定的、暂时的阶段的产物。"③费尔巴哈不是错在唯物主义上,而是错在没有把唯物主义贯彻到底,唯物主义不存在于他的历史观中,他也没有把宗教看作是暂时的阶段性的历史产物。圣布鲁诺抓住了唯物主义者"物质"这一字眼就肆意开始了他的诽谤过程,在马克思看来,他最终不过是在对黑格尔哲学谄媚罢了。圣布鲁诺对物质是这样看待的:"物质最初是当前现实的东西,但只是自在的、隐蔽的;只有当它'积极展示自己并实现自己的多样性'的时候('当前现实的东西''实现自己'!!),它才成为自然。"马克思不得不思考这种"积极"的"自我展示"的在概念中即可自己实现自己的观念竟然与"关于具有创造力的范畴预先存在的黑格尔理论一字不差"。④

马克思是这样看待三人之间的理论混战的:圣布鲁诺为了成功驳倒他的两个对手,采用了"分而治之"的简便办法,使他的敌人之间相互对立。他使费尔巴哈所采取的"人"的概念与施蒂纳相对立,同时又使施蒂纳所采取的"唯一者"的概念与费尔巴哈相对立。当他们相互之间把对方吃得精光而只剩下两条尾巴的时候,圣布鲁诺便出来宣布自己的判词了:"它们是'实体',因而应当

---

① 同上,96。
② 同上,97。
③ 同上,97。
④ 同上,101。

永远受诅咒。"哪怕是他在把费尔巴哈与施蒂纳对立起来时,"完全重复了黑格尔关于斯宾诺莎和费希特所说的话"①也不能阻止圣布鲁诺将一切都归结到永远无法与外界客体无虞以及与实践无虞的"自我意识"中去的决心。

其三,提倡历史由英雄所创造,而反对人民群众才是创造历史的主人。

圣布鲁诺蔑视群众是不争的事实。《形态》中的《圣布鲁诺》篇中,马克思设置莱比锡宗教会议中的四个异教徒的线索与鲍威尔在《准干德季刊》第3期中批判他们四人的顺序是一致的。鲍威尔首先批判了费尔巴哈,在他的批判过程中他非常坦白了自己唯心主义的一切,例如作为王者的"自我意识"以及理论必须与实践相互脱离的新启示。随后鲍威尔批判了马克思、恩格斯,主要是就他们所发表的《神圣家族》展开激烈批判。而他对群众的蔑视以及对英雄主义情结的弘扬也主要体现在对马克思、恩格斯的批判中。随后鲍威尔批判了赫斯,其反对无产阶级专政、反对共产主义等的情绪也真实地流露了出来。

鲍威尔反对甚至咒骂群众首先体现在他对利己主义的狂暴反对中。他不仅批判了费尔巴哈的利己主义,也批判了施蒂纳的利己主义。他认为施蒂纳的利己主义具有深刻的道德缺陷的烙印,在他看来,"施蒂纳的我需要伪善、欺骗和外部暴力来维护他的利己主义。"②费尔巴哈与施蒂纳在圣布鲁诺看来都是独断主义者,鲍威尔却从来无视他人对自己的怀疑与批判,例如,"他不去深入研究施蒂纳对鲍威尔的'纯粹批判'的批判",自以为自己是批判专家的本身却不能对客观现实进行有力探索,从而只能咒骂群众是"怪味"了。

圣布鲁诺的英雄主义情结一旦与"自我意识"发生化学反应,会有怎样的结果呢? 显然将自己视作万能的神,可以完全按照自己的方式来"创造了历史"③。历史不是由人民群众创造的,而是通过万能的圣布鲁诺以批判和批判家的方式来"执掌大权"式的创造的。"圣布鲁诺竟'配而且能'向我们宣布关于摧毁国家的批判力量的最深刻启示之一,这就是:'批判和批评家是执掌大权者,因为 <好一个"因为"! >力量就在他们的意识中'。其次,这些伟大的历史制造者们'是执掌大权者',因为他们'从自身中和从批判中<这还是从自身中>吸取力量'。"

---

① 同上,102。
② 同上,102。
③ 同上,105。

马克思不禁感叹道,历史,竟是这样被创造的! 圣麦克斯更好不到哪里去,无论他是写 600 页或是更多,也无法为"思想""给予活动场所"。①

其四,提倡与封建统治阶级相互妥协的立宪制,对普鲁士王朝加以奉承。

圣麦克斯的普遍的神圣观念要求市民们来爱他们的王国与制度,却对市民们扭曲了意识形态的真正面目——资产阶级的意识形态。圣麦克斯扭曲的本意便在于向当朝政府低头谄媚,愚昧群众以达到其思想的唯一者的自由目的。"资产阶级的假仁假义的虚伪的意识形态用歪曲的形式把自己的特俗利益冒充为普遍的利益,这位具有愚公移山信念的乡下佬雅各却认为这种歪曲形式是资本主义世界的现实的世俗的基础。为什么这种意识形态的欺骗在我们的圣者那里正是获得了这种形式,我们在谈到'政治自由主义'时将会知道。"②这位"好小伙子"又在经验关系占据统治地位的地方看到了"圣物的统治",在圣物的统治下,资产阶级的任何行为都具备了如假包换的保护体系,"如果全体资产者都一下子违反资产阶级的规章,那么,他们就不成其为资产者了,——当然,这样的行为是他们所想不到的,并且也绝不是以他们的意愿为转移的。"③所谓资产者,"他们在每一个别场合只要有可能就违反这些规章,但他们却要所有其他的人遵守它们。"④

当时的历史语境与思想学术背景刚好处于法国大革命以后。18 世纪末的同在欧洲的德国的状况又如何呢? 我们可以在康德的《实践理性批判》中找到一些根据。当时,法国由于历史上最大的一次革命而把资产阶级送上统治阶级的舞台;英国资产阶级则获得了政治上的解放,并通过工业革命所获得的巨大的空前的成功而在政治上控制印度,在商业上控制世界各地,缔造了"日不落帝国";但无力的德国市民社会唯一值得骄傲就是一种被称为"善良意志"的抽象物。结果"康德只谈'善良意志',哪怕这个善良意志毫无效果他也心安理得,他把这个善良意志的实现以及它与个人的需要和欲望之间的协调都推到

---

① 同上,194。
② 同上,195。
③ 同上,195～196。
④ 同上,195。

彼岸世界。"①这一"善良意志"对德国那种软弱的市民风俗非常适用,使得"他们的小眼小孔的利益始终不能发展成为一个阶级的共同的民族的利益,因此他们经常遭到所有其他民族的资产阶级的剥削。"②在康德的思想中我们又发现以"现实的阶级利益"为基础的法国自由主义在德国所采取的特有形式。"不管是康德或德国市民,都没有觉察到资产阶级的这些理论思想是以物质利益和由物质生产关系所决定的意志为基础的。"③康德把这种理论所表达的利益与理论本身相割裂,把"具有物质动机的规定"转变为"自由"意志、"自在与自为"的意志以及具有纯粹自我规定特征的普遍人类意志。归根结底,康德把意志转变为纯粹思辨中的在场的形而上学中的道德假设与概念规定。

这种意志在德国的遭遇是这样的:"当这种强有力的资产阶级自由主义的实践以恐怖统治和无耻的资产阶级钻营的形态出现的时候,德国小资产者就在这种资产阶级自由主义的实践面前畏缩倒退了。"④此时我们的圣麦克斯出现了,他在不深入的现实的情况下将资产者、善良的市民、德国的小市民等武断地相互等同起来,他无法理解阶级的出场是有差异性的,而不是统摄于某一精神概念的同一性的出场。如果没有这种差异性视阈,就无法理解阶级断裂性在场的原因,也无法理解场域内的价值文化向度的由来。"他不理解自由主义的词句是资产阶级的现实利益的唯心的表达,反而认为资产者的最终目的是要成为完善的自由主义者,国家的公民。"⑤因而,圣麦克斯竟然得出了这样的结论:"市民地位"变为了,而且是仅仅变为了"思想";"国家"作为"一个真正的人"赋予每一位资产者以"人"的权利,使他们可以名正言顺,使他们变成神圣的自由主义者,"就像他把国家变为'圣物',把资产者对现代国家的关系变为神圣的关系、变为膜拜一样,……也就结束了他对政治自由主义的批判。"⑥这样,施蒂纳认为,对"善良的市民来说",是谁来保护他和他们的原则呢? 是专制君主或立宪君主,还是共和国等等,都是没有区别的。"圣麦克斯

① 同上,211~212。
② 同上,212。
③ 同上,213。
④ 同上,213~214。
⑤ 同上,216。
⑥ 同上,216~217。

以为：专制君主或随便什么人都会像资产阶级自己保护自己一样有效地保护资产阶级。甚至'资产阶级的原则'——使国家政权服从①这一原则并利用国家政权来达到这一目的——也会得到'专制君主'的保护！"②马克思不得不请圣麦克斯为我们举出这样的国家案例来，有发达的工商业和激烈的资本竞争，但是资产者却在让"专制君主"来保护自己的利益。或者，圣麦克斯只需要骑在他自己的马上去伦敦、曼彻斯特、纽约、巴黎交易所去亲自目睹一下那些恭顺的奴仆。也许只消一次就足够让他发现，原来德国受到的自由主义的幻想的束缚是那么深。而君主立宪制，既满足了对资产阶级的阿谀，又满足了对封建贵族的奉承，皆大欢喜。可见，圣者们对普鲁士政府的奴颜婢膝是多么为虎作伥，而使事实与目标背道而驰，越来越远！

其五，提倡对工人阶级加以"暴力制服"，反对科学社会主义与共产主义。

有关这一点，马克思也透过了经济角度来看待。在资产阶级登上历史舞台的场中，资产者其实表面也在纳税，也在给予自己的国家很多金钱，不只是他们自己，他们还通过带头的方式使得全国都向自己的国家付钱，以便可以一方面使自己的付钱数额减少，另一方面保证自己的安全。他们具体的做法是："他们通过多给钱来保证使国家的仆人成为保卫自己的力量——警察；他们心甘情愿地缴付并让全国来缴付巨额捐税，以便可能无危险地把他们所缴付的钱作为贡税（作为工资扣款）转嫁给工人。"③圣麦克斯在此竟然发现了一个经济学秘密，原来是资产阶级以宽容慈悲的心怀来付给无产阶级贡税、捐税，尽管在此问题上，其他经济学家普遍都认为无产阶级通过捐税的方式付给资产阶级贡税。

这样圣师麦克斯从"神圣的市民阶级"转到了施蒂纳式的"唯一的无产阶级"，而且还是由"骗子、罪犯、盗贼、凶手、赌棍、无正当职业的穷人和轻率的人"④组成的无产阶级，"危险的无产阶级"。最后无产阶级被归结为的名词是"流浪者"，是赤贫现象的广泛意义。圣麦克斯一如既往地喜欢运用等同的方法，"他始终如一地把无产阶级和赤贫现象等同起来，实际上赤贫现象只是破

---

① 人人为自己，人人顾自己
② 同上，218。
③ 同上，219。
④ 同上，219。

了产的无产阶级所处的状况,是已无力抵抗资产阶级压迫的无产者所沦落到的最后阶段,只有这种精疲力竭的无产者才是赤贫者。"①因此,对这种人不得不采取暴力制服的手段,并且是在圣物的光辉笼罩下的毫不留情的暴力制服的手段。马克思认为,施蒂纳对无产者的态度显然错误的,倘若赤贫者就是无产者,那么在无产者看来,施蒂纳及其伙伴眼里很像赤贫者,而不像无产者。而对无产阶级采取暴力制服,只能揭露出表面伪装为圣物的唯一者的假仁假义的血腥本质罢了。

圣麦克斯如此看待无产者,也无非是为了把话题再次引渡到共产主义中来。在这里无产阶级变成了"工人",资产者则变形为"有产者统治着"的"普通资产者"、"神圣的资产者"、"国家"等形式。圣麦克斯赋予了资产者以万能的角色。其实人们不难发现只要资本主义的生产关系和交往关系存在,那么货币与金钱总是挥之不去的真理之一,但是这一点与圣麦克斯这样的圣者是没有关系的,"因为他两眼朝天,把他世俗的臀部对着世俗的世界。"②资产阶级社会的国家并没有给予工人以任何"财产式的采邑"呢?圣麦克斯显然不能提出这个问题,否则他就不会虚构什么"神圣的市民阶级"了。国家与法,其实也都是与现实有关的生产力与生产关系的矛盾发展的产物,而不是什么一堆"唯一者"或"圣物"或"等号"的产物,而这一点,圣麦克斯是不能从"唯一者"那里得出来的。

施蒂纳甚至还知道通过资产阶级与无产阶级之间的对立来过渡到共产主义。至于如何过渡呢?这个只有圣麦克斯自己知道。圣麦克斯对共产主义的克服是通过一系列虚构来实现的,其中一部分是逻辑的虚构,另一部分的历史的虚构。这一系列的虚构的目的都是为了抹黑共产主义,污蔑无产阶级,而提倡他所谓的个人主义与无政府主义思想,并实现他在圣物的光辉下对封建贵族与资产阶级的奴颜婢膝与阿谀奉承的愿望。

第一个逻辑虚构是通过几个引号来划上几个等号。"大家"= 人、主体的社会 = 神圣的社会 = 圣物。马克思反讽到,而后圣麦克斯"用自己的怒火烧毁

① 同上,219～220。

② 同上,221。

'圣物',这样,共产主义当然就被消灭了。"①由此得出的第一个结论是,自由主义及其私有制是人的权利。马克思在这里指出了这个结论的几个错误:第一,共产主义不是黑格尔"法哲学"中"占有什么和数量多少"的公式。第二,共产主义不会考虑要给"人"东西,因为那不需要考虑。第三,施蒂纳把资产者的"需要"悄悄地投放在共产主义领域内。第四,圣麦克斯要求他能占多少就占多少,然而这种"占有"的"能力"不是取决于他圣桑乔本人,而是取决于"生活于其中的生产的和交往的关系。"②第二个结论是,个人成为社会的奴隶。这个结论在马克思看来更令圣麦克斯出丑了,因为第一,如果认为子女对父母有"天赋的平等权利",就是取消了"人的平等权利"。第二,特殊(家庭)权利与普遍的天赋的人的平等权利在"父亲打儿子"这一情节中发生了矛盾。父亲在家庭的特殊权利中被赋予打儿子的特权,而儿子却被天赋的平等权利保护着,圣麦克斯无法解决这个问题。第三个结论是,由于共有原则=共产主义,并被炉火纯青地锤炼使用,那么,共产主义=爱的国家的神光。马克思指出,圣麦克斯通过由他本人捏造出来的"爱的国家",从而把手伸向共产主义。所以圣麦克斯式的共产主义就知道利己主义,或者在"爱"、"怜悯与施舍"二中择一。除此之外,什么都没有。

第二个逻辑虚构是,被压迫者将一切过错都归结为社会,让他们提出发现真正的社会的任务。然而这个"任务"不过是合乎施蒂纳的"我"的社会,他的心意的社会,作为圣物的社会。马克思施蒂纳的错误在于:第一,施蒂纳所考虑到的只是如何让被压迫者实现"合乎他们心意的社会",他的方法就是在已有的生产力基础上来"在自身中"寻找过错。他不是为了修好机器,而是为了发现作为圣物的机器。第二,圣麦克斯发现只需要在"富人的自私自利"中寻找到心安理得的压迫者,而圣麦克斯自己正是引起赤贫现象的"过错"的始作俑者之一。第三,圣麦克斯同时也是"我们的过错"的承担者,因为他向来只在"自身中"寻找"一切过错",甚至是整个世界秩序"过错"。不过是为基督教的内省与忏悔现象披上了德国思辨形式的外衣。圣桑乔无法真正区分清楚旧人与新人,他认为那些"置于作为新人的他们自己、他们的新的生活方式之上的

---

① 同上,224。
② 同上,228。

共产主义者,依然是'旧人'"①,并且无产者只有在与圣桑乔一起"在自身中寻找过错"的时候,才依然会是"旧人"。但是无产者清楚地知道,只有改变环境,"旧人"就不会再是"旧人",所以无产者会一有机会就去改变环境,在改变环境的同时也改变自己。圣桑乔对无产者的污蔑依然来源于他的那个"圣物"世界。马克思对这种理论脱离实际的在场形而上学再次进行了批判:"只有我们的桑乔这种类型的圣者才会想到把'人们'的发展与他们生活于其中的'社会'的发展分割开来,然后在这种幻想的基础上继续幻想下去。"②

第三个逻辑虚构是,施蒂纳通过几个牵强的等式稍稍接近经验世界,彼此相互依存＝只有依靠他人而生存＝作为工人而生存＝普遍劳动的王国。③ 而事实上,圣麦克斯通过平分与雇佣劳动两种形式表现出来的私有制使共产主义带上了私有制的印记。圣麦克斯的第一个推论是,"市民的忠诚"对"竞争的国家"的忠诚。然而这种忠诚却只能以存在于"非常有才能的人"的"才能"新证明的记载之中。第二个推论是,大家幸福＝共产主义＝所有人都同样幸福……＝神圣的幸福、圣物、圣物的统治、教阶制＝宗教的暴虐统治。④ 这种观点的精华在于,在共产主义社会一边消灭食利者的"幸福",一边谈论着"所有人的幸福"。而"这种为他们的敌人所共有的、由阶级关系所决定的'幸福'是不是也要作为个人的'幸福'求得某种被愚蠢地假定出来的怜悯,他们是毫不介意的。"⑤这种毫不介意显示了圣麦克斯的伪圣面目,伪造幸福论的真实缘由在于把工人变为资产阶级的真实囚徒。第三个推论是,"操心"。施蒂纳认为,操心＝共产主义社会的劳动,一以贯之地输入他的唯一者的精神统治一切理论。马克思说道,这回伪善的施蒂纳"可打错算盘了"⑥。无产者为生存而斗争的状态应该被称为"热情",而不是如同食利者们为了如何盘剥而进行的"操心"。真正的共产主义就是一剂镇静剂,对异己的也会,非异己的也罢,都做到了非操心的心安理得。

---

① 同上,234。
② 同上,235。
③ 同上,236。
④ 同上,239。
⑤ 同上,240。
⑥ 同上,240。

其六,提倡个人主义与无政府主义,反对集体主义。

关于这一点,我将沿着上文的思路,通过马克思对斯蒂纳的四个历史虚构的指认来说明马克思对青年黑格尔派提倡个人主义与无政府主义的批判。同时继续说明马克思对施蒂纳的反共产主义的批判,因为有时候,马克思是将对施蒂纳的反共产主义批判与推行资产阶级的个人自由主义的意识形态批判是结合在一起的。

有关反科学社会主义与共产主义,提倡个人主义与无政府主义,反对集体主义方面,施蒂纳的第一个历史虚构是,被压迫阶级因为还是基督教徒,而导致了他们的忍受与对贫困的安之若素。显然,施蒂纳混淆了历史事实与历史背景。由于宗教的压制,"解放农奴的斗争伴随着反对教会封建主的最残酷的流血斗争,并且这种斗争会不顾由神甫们体现出来的基督教的埋怨和愤怒而进行到底。"①"过去的工人起义的形式都是与劳动发展的每一个阶段以及由此决定的所有制形式联系在一起的;直接或间接的共产主义起义则是与大工业联系在一起的。"②圣麦克斯根本就没有研究这种复杂的在场的历史关系,也不去研究历史出场的复杂缘由,就武断地认定"从能忍耐的被压迫阶级到不能忍耐的被压迫阶级的神圣过渡"。③ 显然,我们已经无法再要求施蒂纳来好好观察主体出场的这种"置身性"了。在圣者看来,不是"机器劳动"的实行让工人抵抗,而是"人"这一作为概念的圣物使"机器劳动"跨越历史成为斯巴达时期的奴隶制产物。

第二个历史虚构是,无产者最终还是拥护资者宣布的物质享乐的福音的。马克思对此说道:"刚才是更让人想实现'人'的概念、圣物,现在他们突然把自己的念头转到'物质享乐'、世俗的东西上去了;刚才谈的是劳动的'劳累',而现在谈的只是享乐的劳动了。"④施蒂纳的对无产者的享乐主义的指认的做法,同时鞭打了物质的历史与神圣的历史两大方面。根据施蒂纳的解释,资产阶级在物质的历史中第一次用世俗的享乐的福音代替了福音的享乐;而

---

① 同上,242。
② 同上,242。
③ 同上,242。
④ 同上,242。

这个资产阶级竟是从以前辛辛苦苦劳动的无产阶级走过来的,无产阶级转变为了资产阶级并且履行着与资产阶级同样的历史使命。神圣的历史也成为资产阶级所满足的关于圣物的寻找的历史,现存的客体统统都是观念的产物,所有的统治都是思想在世界上的统治,所有的阶级也是由思想所统治的世界的阶级,历史的阶段也是由思想所统治的历史的阶段。

第三个历史虚构是,关于历史的剩余物＝幸运和幸运儿。资产阶级解放了封建的专横,是多么伟大的一件事情,伟大到可以使得资产阶级的专横只不过是成为历史的偶然物与剩余物。马克思为施蒂纳的这种言论指认为"胡说"的范本,从胡说的"简单形式",到胡说的"复杂形式",再到胡说的"加倍复杂"的形式,施蒂纳都给我们做好了表率。施蒂纳竟然可以堂而皇之地从这种胡说中引证出无政府主义的合理性。马克思批判了施蒂纳的几个错误:第一,圣麦克斯以无比的高度的信任来对待资产者,因为他们也是受过水深火热的别人的专横统治的。只需要有这个经历,那么在圣物的指引下,资产者也一定会把整个社会与群众从自我的专横统治中解放出来。用出场学场域的主体性来看,立场,在施蒂纳的"唯一者"那里就是同一的,哪怕是分明具有利益冲突的双方,也是可以在圣物面前保持同一的。这可能吗? 第二,资产者的解放不是从"个别的专横"中解放出来的,而是从同业工会、行会、等级统治等解放出来的,以便使自己可以作为现实的个别的资产者而对工人进行专横统治。也就是说,资产者的统治意味着历史的最高端形式,是历史的长足进步的表现。这可能吗? 第三,资产者的本质本来就是粗陋的具有物质形式的专横,而不是封建主的教会思想那样具有典型的唯心主义气质。所以施蒂纳仅仅是做了一件事情,"就是消灭了驾于个别的资产者的命令和专横之上的命令和专横。"①施蒂纳就此认为资产阶级掌握了历史的趋向与脉搏,是主宰历史的大英雄,这可能吗?

接下来,圣麦克斯竟然也意识到了场域中的关系性原理,在对各种关系和情势进行分析时,他把随着资产阶级的统治所确立下来的情势演变为另外的一些关系与另外的一种情势,仅仅保留它的范畴,而取消了共产主义的现实基

---

① 同上,244。

础——"资产阶级等级制度下的特定的各种关系的情势"①。施蒂纳在这种虚构的悬空的共产主义面前，把政治自由主义所推崇的消灭主仆之间不平等状况的情势演变为了"无主人的状态"、"无政府的状态"。在这个演变的途中，施蒂纳又定制了几个等式：怪影的统治＝（教阶制）＝无主人状态＝"万能的"资产者的权力。马克思认为，既然这种"怪影的统治"就是许多现实中的主人的统治，那么共产主义也可以被认为是摆脱这种统治而设定的。圣桑乔此时的马脚就露了出来，他不能把共产主义指认为是这种摆脱统治的设定，因为"这样一来，他对共产主义的逻辑虚构以及他对'自由者'的全部虚构就会垮台。"②导致的结果就是圣者的唯一的结论也好，唯一的历史事实也罢，把他自己的所有的洞察与结论都推翻了，所以他的无政府主义只能倒在了他的唯一者面前。

　　第四个历史的虚构是，"圣桑乔直接从农奴制的废除引申出共产主义"。③马克思认为，施蒂纳，第一，创造了新的剥削理论：是工厂的工人与工人之间相互剥削，好像工人把自己做成的产品交到别人手里工厂主就不会盘剥工人了。马克思不禁感慨道，就连施蒂纳这样的圣人都来讨论与圣物相比是贱物的工人之类的东西，足见共产主义在德国理论家那里是处于何等可悲的境地了："现在他们也不得不研究如别针工厂之类的贱物，即他们要像真正的野蛮人，像印第安－阿吉布洼人和新西兰人一样来对待的这些贱物。"④第二，圣桑乔把"日常劳动的思想"加给共产主义者，使得共产主义者在这里既显得是"人"，同时也显得是"工人"。当他把共产主义者加于人的双重使命规约为物质获得与精神获得的双重获得时，他把官僚制度也导入了共产主义，并因此而达到共产主义的最终目的。他的漏洞依然逃不开马克思的火眼金睛，既然人或工人都是"唯一者"，怎么可能具有"双重使命"呢？他刚好为这种二元论找到藏身之所——共产主义，并预先使这种二元论合法化，而最终导向具有合法性的资产阶级手中。无论圣桑乔以怎样的方式来责难共产主义，责难集体主义，都不

①　同上，244～245。
②　同上，245。
③　同上，245。
④　同上，247。

过是"拿自己的意见作为资本来反对共产主义,其实他仍然不过是运用最陈腐庸俗的资产阶级的责难来反对共产主义"①而已。

鲍威尔在提倡个人的虚幻的抽象的个性的方面也不甘落后。鲍威尔代表了资产阶级的立场来宣扬自我意识与个性哲学,当然,施蒂纳同样也是站在了资产阶级的立场上,为资产阶级的意识形态的描摹美化和普遍化作不懈努力,但是两个人之间充满了矛盾与内讧。例如,从一幅漫画中所暴露出来的分裂:谁都想把对方兜入属于自己的思想篮子中。了不起的圣布鲁诺还为自己画了一幅漫画,偷运来了"个性","以便能够和施蒂纳一起把单个的人描绘成他'自己的制品',而把施蒂纳描绘成布鲁诺的制品"。② 马克思为人们还原了这幅漫画的原样。圣布鲁诺所使用的概念包括:"一般个性"、"概念"、"普遍本质"、"对自己加以限制,然后又消除这种限制"、"内在的自我区别"……而这是多么巨大的"结果",巨大到只能使"个性"这个概念从它的"概念"中来包括"对自己加以限制"的内涵与外延。这分明是同义反复的全部伟大的结果,而且是驰名已久的黑格尔式的戏法与人的自我的区别的结果,而不得不来提醒圣布鲁诺:"个性"活动倘若要超越那些已经陈腐的逻辑跳跃,就不得不加以重新思考才能运用。马克思认为布鲁诺的漫画中已经无意识地包含了自己坦白的招供,正如污蔑别人的罪犯最终不过是把自己的卑劣行径展露无遗罢了:"鲍威尔的'个性'本质就是概念的概念,抽象的抽象。"③他比那些添油加醋的人好的地方在于,他对黑格尔哲学的那种无比的依赖与不停地抄袭。即便不是逐字逐句重复,也是没有新意的观点重复。

其七,蔑视工人阶级,更无视工人阶级的主体性意识。

在批判斯蒂纳在《唯一及其所有物》中的"我"的概念的时候,马克思阐明了一件很有意思的事情。万物由"我"而生,由"我"而死,"我"决定过去现状与未来,"我"呼风唤雨,"我"万事之主,顺"我"者昌,逆"我"者亡:"我"就是"圣物"。而作为非黑格尔主义者的无产阶级被"我"这一概念称为"无教养者",马克思就不得不说,所谓的"有教养者"不过也是仅仅与"精神"、纯粹的

①　同上,251。
②　同上,94。
③　同上,95。

思想等打交道的形而上学者,这种在场的形而上学的教养其实就是黑格尔主义者的教养。既然"无教养者"是非黑格尔主义者,那么黑格尔无疑就是最有教养的黑格尔主义者,使得有教养者所渴慕的一切事物都可以在最有教养者那里得到。"'有教养者'和'无教养者'在自己内部彼此相碰,而且在每一个人中'有教养者'和'无教养者''相碰'。"①有教养者必须让现实符合观念,实在性符合概念,否则就不再是有教养者。"最有教养者"黑格尔对事物,即对构成"无教养者"的命运的渴慕是如此明显地表达出来,使得"最有教养者"同时也成为"最无教养者"。那么马克思认为,按照同样的逻辑,我们也可以推断出,无产阶级作为非黑格尔主义而成为"无教养者"的意思其实同时也意味着无产阶级才是真正的"有教养者"。

施蒂纳设想了现实的关系要顺应人自身以及人自身的观念的关系,也就是逻辑规定关系,而后就把人们关于他自身的历史意识等同于人们关于现实的历史基础,将意识、观念、圣物、固定观念的历史转变成为"人"的历史,并用这种历史的概念来偷换历史的现实,使人的主体性意识转逆为现实的抽象概念。然而圣麦克斯比他的前辈们都高明,他的高明之处在于:"他对这些观念,甚至在它们同它们所由产生的现实生活任意脱离的情况下,也毫无所知;⋯⋯他抄袭了黑格尔的思想体系,但对他所抄袭的东西毫无所知。由此可以看出,他是如何把具有唯一者形态的现实个人的历史同他关于人的历史的幻想对立起来的。"②既然他可以偷抄体系,偷换概念,说明他也可以将"工人阶级"及其"主体性意识"同样置于"唯一者"的形态或变形体之下,与逃离现实的所有唯心主义哲学所犯下的错误几乎都是同样的,他们必然会无视无产阶级及其主体性意识。

至此,我们终于看透了青年黑格尔派对共产主义、集体主义、无产阶级、工人阶级反对的真实本质了:这些反对意见终究不过是他那"自我一致"的利己主义的"预先的、隐蔽的合法化"而已。马克思对其指认道:"'所有的人在同一环境中都感到同样的幸福'复活为一种要求,要'我们在摆脱中感到自由自在'。'操心'复活为对自己保证把自己的我作为所有物那种唯一的'操心';

---

① 同上,198。
② 同上,200。

但'随着时间的推移'又产生一种'操心,即如何'达到统一,达到创造者和创造物的统一。最后又出现了人道主义,它表现为真正的利己主义者,作为不能达到的理想出现在经验的个人的面前。"①也许,青年黑格尔派只需要做的是:"为了胜过批判的批判,我们这位圣者至少需要达到摆脱的摆脱,因为否则摆脱就会成为他摆脱不掉的、使他成为奴隶的一种利益。摆脱已经不再为他的所有物,而他为摆脱的所有物了。"②只有这样,圣者们才会理解他们原来穿着一件与他们所批判的在场的形而上学同样的衣服。

二、反在场的形而上学(2):对费尔巴哈哲学的进一步清算

沿着《提纲》的思路,马克思在《形态》中清算费尔巴哈的失误之处,主要有四:其一,对实践本质的理解错误,使得实践无法成为能动的、感性的活动;其二,对直观唯物主义的推崇,使得认识成为直观照镜子式的反映;其三,对"类本质"的抽取,依然还是一种隐蔽的黑格尔式的神学研究,使他在历史观上陷入唯心主义。其四,最重要的一条,由于以上三点的失误,导致费尔巴哈从"一种直接的、外在的、客体的在场,先天地为'主客二元分裂'以及在场客体的绝对性、永恒性和先天性提供了直接论据"③。所以费尔巴哈的哲学依然是一种在场的形而上学。

当然,在批判的同时,我们也发现了费尔巴哈对青年黑格尔派的不可忽视的伟大超越:其一,将抽象的自我意识拉回现实的大地;其二,批判黑格尔与青年黑格尔派哲学的神学本质,他们的哲学是神学最后的避难所;其三,将宗教的本质理解为是人的本质,以人是人的最高本质的哲学宣言来破除了迷信。其四,最主要的一条,费尔巴哈站在了一种完全不同的哲学立场上来批判黑格尔与青年黑格尔派,这便是开始脱离具有强大思辨引力的黑格尔唯心主义哲学体系的费尔巴哈的唯物主义哲学。"黑格尔把宗教与哲学视为同一的东西,我则强调它们的特殊的差别;黑格尔只是在思想中考察宗教,我则在它的现实存在中考察;……黑格尔是把主观客观化,我则把客观主观化;黑格尔把宗教

---

① 同上,293。
② 同上,291。
③ 任平:《论马克思主义出场学视阈中的历史构境》[J],南京大学学报,2010(2)。

描述为另一个自我意识,我则认为宗教是人的自我本质的意识;黑格尔因此把宗教的本质归结为信仰,而我则归之为爱。"①

对于费尔巴哈的功绩与过失,马克思都进行了一一的梳理。所以,虽然马克思在《形态》序言中首先把矛头对准了青年黑格尔派与费尔巴哈的争论。因为费尔巴哈哲学依然没有把握实践的本质,依然是在场的形而上学,虽然他站在了唯物主义的角度,但依然掩盖不了那种懒惰的只会躺在床上的虽然四肢健全却无法下地行走的直观唯物论中的缺陷。所以,马克思首先分析了唯物主义观点与唯心主义观点的那一场著名争论,即来自费尔巴哈和斯特劳斯、鲍威尔之间的争论。当时的学术背景便是黑格尔体系分裂为二,它的解体却变为席卷一切的"过去的力量"的"世界性骚动"。强大的国家在普遍的混乱中产生又瞬间消失,如同那些英雄一样转瞬即逝。法国大革命和它相比反而成了儿戏。德国思想的勇士之间的战争甚至在短短三年中比过去三个世纪都要彻底得多,瞬息间原则更替。而且据说都是发生在纯粹思想领域中的。"我们碰到的是一个有意义的事件:绝对精神的瓦解过程。当它的生命的最后一个火星熄灭时,这个 caputmortuum 的各个组成部分就分解了,它们重新化合,构成新的物质。"②从而得以哺育那些以"绝对精神"及其变体为营生的哲人们,并能使他们有精力来非常热心地兜售自己的那一份思想。为了唤醒德国市民心中唤起的令人百般愉悦的民族感情的哲学骗局,就不得不与这些自我标榜的所谓英雄们进行对话甚至争论了。而此时,费尔巴哈拿起了勇气,终于多多少少向前迈进了几步。

所以,费尔巴哈不再站在了那种黑格尔哲学的体系内部进行批判,他不再使用某一局部的黑格尔来反对另一局部的黑格尔。但是依然没有摆脱在场的形而上学的命运,他的哲学虽然把目光投向了现实大地,却无法对现实大地进行适切性的剖析。所以他的哲学依然是静止的、不动的、没有过去未来的,缺乏对差异性出场与断裂性在场的原因与现象的分析:"诚然费尔巴哈比'纯粹

---

① 李毓章:《人:宗教的太阳——费尔巴哈宗教哲学研究》[M],台北:远流出版事业股份有限公司 1995(民 84):355~356。

② 马克思、恩格斯:《德意志意识形态》,《马克思恩格斯全集》[M]第 3 卷,中央编译局译,北京:人民出版社 1960:19。

的'唯物主义者有巨大的优越性:他也承认人是'感性的对象'。但是,毋庸讳言,他把人只看作是'感性的对象',而不是'感性的活动',因为他在这里也仍然停留在理论的领域内,而没有从人们现有的社会联系,从那些使人们成为现在这种样子的周围生活条件来观察人们";"他没有批判现存的生活关系,因而他没有把感性世界理解为构成这一世界的个人的共同的、活生生的、感性的活动,……正是在共产主义的唯物主义者看到改造工业和社会制度的必要性和条件的地方,他却重新陷入唯心主义。"①因而,这些缺陷决定了费尔巴哈的唯物主义只能是一种在场的哲学,无法解释生产在场的原因,也无法谋划在场向后的道路,所以,他也许"达到理论家一般可能达到的地步,但他还是一位理论家和哲学家"②,他的唯物主义仅仅体现在自然观上,而没有体现在历史观上。在历史观上陷入唯心主义的费尔巴哈的所谓的唯物主义终究成为一朵不结果实的花。而马克思对费尔巴哈的批判在《提纲》中已经详尽的罗列出来,前文也做了细致地探讨,此处不再赘述。

三、正在生成的差异性出场:唯物史观的真正秘密所在地

马克思建构唯物史观,是对历史发展规律的把握,是具有完整的体系的哲学的范式的创新。马克思唯物史观的范式体系应当包括一个中心概念与三大决定论。但一个中心概念与三大决定论并非构成机械的历史决定论系统,秘密就是"正在生成"。一个中心概念:"物质生产",既然是生产的,也必然是生成的;三大决定论:即社会存在决定社会意识、生产力决定生产关系、经济基础决定上层建筑。无论是这个中心概念还是三大决定论,其中都包括"正在生成"的韵律,既是显与隐的互动,也把马克思的唯物史观与以往所有的在场的形而上学思想区分开来的主要原因。马克思的唯物史观的体系如下:

其一,马克思对"物质生产"概念进行了科学的分析,并把"物质生产实践"作为所有理论的核心命题。马克思从"物质生产"概念出发,厘清了"生产方式"、"交往方式"、由社会经济组织和结构所决定的"市民社会"、在物质基础上发生发展的理论、文化价值观念与"意识形态"的概念,最后将包括生活资料

---

① 同上,82。
② 同上,40。

生产、再生产、人口生产、社会关系生产在内的"历史发展四要素"呈现于世人面前,从而也厘清了自然关系与包括家庭关系在内的社会关系。

马克思认为,青年黑格尔派并没有使哲学成功地从天国降到人间,而是以一个天国来代替另一个天国。那么哲学该如何从天国降到人间呢?马克思的唯物史观在批判青年黑格尔派的基础上呼之欲出了。于是,马克思提出了与以往一切形而上学相决绝的"物质生产"概念,并对面对未来具有强烈的历史建构意识的"物质生产"概念的本质进行了科学分析,把历史从过去拉向未来,从头脑拉回现实。

第一,"物质生产"是一切历史社会与现实生活的发生发展的前提与出发点。它不是教条,不是在想象中加以证实便可肆意在头脑中使用的前提。当然,我们无法否认的人类历史的第一个前提是"有生命的个人的存在",①但这并不是我们需要确定的第一个具体事实。马克思认为,第一个被确认的具体事实是个人的"肉体组织"与"受肉体组织制约的他们"与"自然界"的关系。这种观点为以后的人类学家提供了研究的素材来源,导致很多人类学家另辟蹊径从人类的生理特征和各种自然文化条件入手来研究权力与剥削的运作密钥。在马克思看来,即便人们不能研究自己的生理特征和包括地理条件、地质条件、气候条件与其他条件在内的各种自然条件,历史的叙述与叙述的历史也应该从这些自然的基础出发,来研究社会历史中由于人们的活动给这些自然基础所带来的各种变动。

第二,"物质生产"是人与动物相区分的标志。费尔巴哈或青年黑格尔派所做的根据意识、宗教或其他来区别人和动物的方式是为马克思所不能接受的:"一当人们自己开始生产他们所必需的生活资料的时候(这一步是由他们的肉体组织所决定的),他们就开始把自己和动物区别开来。"②能把人与动物区分开来的标志就是具有正在生成特性的人们的物质生产。物质生产直接地生产他们所必需的各种生活资料,同时也在间接地生产他们的物质生活本身。

第三,人的生活方式与生存方式也是由物质生产的性质决定的。"人们用以生产自己必需的生活资料的方式,首先取决于他们得到的现成的和需要再

①　同上,24。
②　同上,24。

生产的生活资料本身的特性。"①这种特性作为一种生产方式不仅仅是从人的肉体存在加以考虑的，而是在更大的程度上表现他们的特定的生活方式。也就是说，生产方式决定了生活方式。"个人怎样表现自己的生活，他们自己也就怎样。"②马克思在此体现出的与一切在场的形而上学相决绝的哲学范式转变为海德格尔的存在论建立也提供了思想素材。生活方式本来就是一种存在的思想，生产永远都是为了生活，而不仅仅是"政治的婢女"。

第四，物质生产方式决定了人们的交往形式。交往在一定程度上是人们进行生产的前提，但是物质生产却本身就是具有交往性的，交往的形式也是由物质生产来决定的。《形态》中的"交往形式"其实就是"生产关系"，这样，生产力决定生产关系的结论也就得到了论证。例如各民族之间的相互关系，同时透视出各个国家之间的相互关系，其民族内部的生产力、分工与内部交往的发展程度是这种相互关系的决定性事物。甚至连一个民族的内部结构也取决于它的生产力发展水平以及内外交往的发展程度。而最明显的体现一个民族的生产力发展水平的，就是"分工"。

用出场学场域的观念来看，马克思的"物质生产"概念一方面形塑了人类自身的社会空间结构，另一方面塑造了造成主体出场的"置身性"客观场景的对象化或异化结构。因此，"物质生产"决定了场域的客观性的两大方面，同时也决定了场域的主观性。时间空间的形塑过程、物质生产（交往实践）所决定的"置身性"、主体的价值尺度与文化观念，三者综合就是历史建构。"他们是什么样的，这同他们的生产是一致的——既和他们生产什么一致，又和他们怎样生产一致。因而，个人是什么样的，这取决于他们进行生产的物质条件。"③倘若这种物质生产在一种异化的结构中被对象化，那么主体所置身的历史时空也必然是具有差异性的历史时空，主体的意义价值与文化也必然会随之而发生变化，而这一切，都是由"物质生产"及其性质决定的。

其二，首次论证了"社会存在"决定"社会意识"的观念，即人们的物质关系是社会意识的来源。从场域的敏感性角度来分析，马克思对物质关系的社会

① 同上，24。
② 同上，24。
③ 同上，24。

存在的分析也即将出场时的差异性原因加以深入分析,社会意识即由此差异性而出场的场域的主体性的意义论、价值观念与文化意识等差异也体现了出来,从而将具有差异性的场域的客观性的空间方位与对象化客体与具有差异性的场域的主观性的意义价值文化观念之间的关系得到了厘清。通过这一点的论证,马克思与恩格斯还首次论证了"经济基础"决定"上层建筑"观念。也就是说,上层建筑是由市民社会及其物质生活决定的,由于与"社会存在"决定"社会意识"发生原理一致,因此一起论述。

我们可以清晰地看到,以一定的方式进行的生产活动决定了场域的客体性不应当带有任何神秘和思辨的色彩,无论发生怎样的社会关系和政治关系,"经验的观察在任何情况下都应当根据经验来揭示社会结构和政治结构同生产的联系,而不应当带有任何神秘和思辨的色彩"①。所谓场域客体性中所主要指认的"置身性",马克思也有原文注明:"社会结构和国家经常是从一定个人的生活过程中产生的。但这里所说的个人不是他们自己或别人想象中的那种个人,而是现实中的个人,也就是说,这些个人是从事活动的,进行物质生产的,因而是在一定的物质的、不受他们任意支配的界限、前提和条件下能动地表现自己的。"②首先,置身性是现实的客观的置身性;其次,置身性是人们"从事活动","进行物质生产"时"能动地表现自己的";最后,社会结构和国家还不是通常意义上的置身性,真正的出场学场域的置身性是"从生活过程中产生的",不是当下在场的,而是对象化或异化的过程为其提供来源。"置身性"不得不与生产活动与生活活动联系起来。

马克思的场域的主观性思想也在对客观性思想进行剖析后顺理成章地提了出来。场域的主观性关乎于主体内部的文化价值观,于个体而言是意义,于共体而言是文化,于哲学政治经济学而言是意识形态。但它们不是凭空产生的,它们与"物质生产"、"物质活动"、"物质交往"有着莫大的关联,是它们的决定物。所以场域的主体性是由场域的客体性决定的。是人类历史进程状态决定的"思想、观念、意识的生产最初是直接与人们的物质活动,与人们的物质交往,与现实生活的语言交织在一起的。观念、思维、人们的精神交往在这里

---

① 同上,29。
② 同上,29。

还是人们物质关系的直接产物。表现在某一民族的政治、法律、道德、宗教、形而上学等的语言中的精神生产也是这样"。① 如果我们认为人们是自己的观念或思想等等的生产者,那么这里的人们必定是"现实的"、"从事活动的"的人们,他们受着"自己的生产力"的发展水平的制约以及与其相适应的交往形式的制约。

第一,社会存在的性质、发展对社会意识的性质、发展具有决定作用。也就是说,场域的主观性是由场域的客观性决定的,而且它们最终都是由物质生产及其发展水平所决定。同理,经济基础的性质、发展也决定着上层建筑的性质、发展。"意识在任何时候都只能是被意识到了的存在,而人们的存在就是他们的实际生活过程。"②马克思说,我们的出发点是实际活动的人,不是永恒千年不变的主体式实体,是有生命一代一代活动着的人,以及他在前人积淀的生产力水平上具有创造力物质生产实践活动。并从中揭示出这一生活过程在意识形态层面的"反射"和"回声"。马克思把哲学从天国降回到了人间,在人间的基础上又把经济基础与意识形态的关系整理为"从地上升到天上"。倘若没有地上的基础,也就没有天上的事物,天上的事物是地上的基础的"必然升华物",即"物质生活过程"的必然升华物。

第二,物质生产活动的变化决定了人们意识的变化。即场域的客观性质若变化,那么也将决定主观性质的变化。也就是说,社会存在的变化决定了社会意识的变化,经济基础的变化决定了上层建筑的变化。"那些发展着自己的物质生产和物质交往的人们,在改变自己的这个现实的同时也改变着自己的思维和思维的产物。"③只有客观环境或历史背景发生变化了,人们才能随着这种变化而改变自己的思想。"思辨终止的地方,即在现实生活面前,正是描述人们的实践活动将销声匿迹,它们一定为真正的知识所代替。"④这种真正的知识也是随着人们对在场的形而上学的迷信的破除而建立的,是能动的出场,动态的在场,具有合理性的论证模式。

---

① 同上,29。
② 同上,29。黑体字为笔者所加。
③ 同上,30。
④ 同上,30~31。

第三,社会意识的发展变化对社会存在的发展变化具有能动的反作用。上层建筑对经济基础也有反作用。马克思明确指出了意识形态的现实基础是:(1)交往和生产力;(2)国家和法同所有制的关系;(3)自然产生的和由文明创造的生产工具与所有制形式。倘若社会的意识与这些现实基础相互匹配相互适应,就会促进生产力的发展,反之,则会阻碍生产力的发展。生产力愈是往前发展,就愈要注意社会存在与社会意识之间的关系,历史经验告诉我们,如果无视不相适应的情况而任由其发生发展,那么对社会存在本身也会带来巨大的伤害,例如,一旦社会稳定受到影响,那么崔古拉朽就不是思想中的思辨了,而是切实地使社会经历百孔千疮。所以,主体的置身性在场与纯粹空间性在场都要注意意识的这种能动的反作用力。

其三,首次论证了"生产力"决定"生产关系",即生产力是人们社会化的交往关系的决定性要素。马克思通恩格斯过对历史中已经出场的、在场的、退场的所有制的四个阶段的分析来发掘这一规律性认识:部落所有制、封建的或等级的所有制、古典古代公社所有制和国家所有制、资本主义所有制。这里我们需要注意的问题就是私有制的产生、发展与灭亡过程与分工与阶级之间的相对应关系。此处可以与下文对"分工"概念的分析结合起来看。所谓分工发展的不同阶段,就是各种不同形式的生产资料所有制。此外,生产力发展水平决定了分工的发展水平,由此推理,我们就得出了生产力决定生产资料所有制,生产资料所有制就是生产关系的主要方面,所以,"生产力"对"生产关系"具有决定作用,"生产关系"对"生产资料所有制"结构具有决定作用。此外,生产关系的其他两个要素,即产品的分配方式与人与人之间的关系也是由生产力来最终决定的。分工可以作为对这一关系的研究的切入点:"这就是说,分工的每一个阶段还根据个人与劳动的材料、工具和产品的关系决定他们相互之间的关系。"①马克思一共举证了人类社会的四种所有制形式,分别了对应了社会分工的不发达、萌芽、发展、发达阶段。分工与生产力、私有制发展、阶级的产生变化等存在密切的关联。就让我们看看生产力、私有制、分工、阶级的发生发展过程及其相互影响与联系是什么,从而透视不同的历史时期场域出场

① 同上。

的原因,也即世世代代有生命的人类。物质生产实践活动造就。有历史积淀、历史场域,并透视如何在这一历史场域条件下通过出场活动造就新场域化。

第一种是部落所有制,对应了生产的不发达阶段。此时,分工尚不发达,社会结构尚未出现阶级,而只局限于家庭的扩大。由于私有制尚未产生,所以尽管分工已经在场,但它还不是最主要的要素之一。也由于私有制尚未产生,所以阶级则处在沉睡状态,尚未出场。

第二种是古代公社所有制和国家所有制。这种所有制已经与国家和城市相伴而生,其中部落之间有契约,也有战争式的暴力征服,或几个部落相互联合为城市。在此阶段,公有制与私有制一开始处于并存状态,并且私有制是从属于公有制的。"除公社所有者以外,动产的私有制以及后来不动产的私有制已经开始发展起来,但它们是作为一种反常的、从属于公社所有者的形式发展起来的。公民仅仅共同占有自己的那些做工的奴隶,因此就被公社所有者的形式联系在一起。这是积极公民的一种共同私有制。他们在奴隶面前不得不保存这种自发产生的联合形式。"①作为私有制出现的阶级,奴隶,是被公民共同占有的,奴隶多数来源于犯了法律规则或道德错误的人以及俘虏。然而这只是一开始的现象。生产力愈是发展,分工愈来愈发达,那么私有制发展的势头就愈发迅猛,逐渐使公有制沦为私有制的附庸,甚至最后完全失去了地位。"因此,建筑在这个基础上的整个社会结构,以及与之相联系的人民权力,随着不动产私有制的发展而逐渐趋向衰落。"②在私有制开始发展盛行的地方,我们看到了分工的发达与阶级的产生。当然他们背后的推动力都是生产力的发展。是生产力的发展与分工的发展引起了阶级对立,阶级对立意味着不同利益阶层的人之间,城乡之间、国家之间等等的对立。城市内部有工业贸易与海外贸易之间的对立,而有些国家代表城市利益,另一些则代表乡村利益。"公民与奴隶之间的阶级关系已经充分发展"③,随着私有制的发展,"第一次"确立了我们在自由竞争资本主义的私有制中遇到的那种关系,生产力发展－分工－私有制－阶层分化－阶级－阶级对立－阶级斗争,这条线索图谱马克思

---

① 同上,25~26。
② 同上,26。
③ 同上。

为我们非常清晰地描绘出来。那种关系其实就是由私有制大发展所必然带来的阶层分化，即一方面代表了私有财产的集中的阶层，另一方面代表了大多数平民或小农向无产阶级转化的阶层。于是，"阶级"正式登上历史舞台。此时，在我看来，还没有引起阶级斗争的地步，也就是说，无产阶级还没有登上历史舞台。因为无产阶级虽然具备了一定的阶级来源的基础，但是没有获得独立的发展，其原因是他们依然"处于有产者公民和奴隶之间的中间地位"①，我们可以认为无产阶级尚未处于社会底端，而是那个时代的中间阶层，本身并没有意识到蕴藏在自身内部的历史价值。

第三种形式是封建的所有制或等级（森严）的所有制。就西方社会而言，狭小的城市领地是古代社会的起点，中世纪的起点则是以第三种所有制形式为基础的转移到了乡村的所有制形式。"因此，与希腊和罗马相反，封建制度的发展是在一个宽广得多的地盘上开始的，而这个地盘是由罗马的征服以及起初与此有关的农业的普及所准备好了的。"②生产力在蛮族对古罗马帝国征服的过程中遭到了极大的破坏，工业一蹶不振，农业衰落了，商业停顿了，居民减少了。日耳曼人的军事制度推动了现存的关系发展为封建所有制的进程。令人惊奇的是，"这种所有制与部落所有制和公社所有制一样，也是以某种共同体为基础的。"③占据社会底层的阶级从奴隶转变为小农奴。封建制度越是发展，就越是意味着农业地位的提高，这样此消彼长，产生了农村与城市相对立的格局。土地占有的等级结构、武装制度所带来的结果是：贵族成为掌握支配农奴权力的人，从而代替奴隶主成为新的统治阶级。这种结构与第二种所有制有何其惊人的相似，它们都是一种"对付被统治的生产阶级"的联合，所不同的是由于出现了不同生产条件而体现出来的不同的联合的形式。私有制随着等级制度的发展愈发明显，分工虽然不太发达，但也足够使农村与城市进一步分化对立，阶级与阶级日益分化，"虽然等级结构表现得非常鲜明，但是除了在乡村里有王公、贵族、僧侣和农民的划分，在城市里有师傅、帮工、学徒以及

---

① 同上，27。
② 同上。
③ 同上。

后来的平民－短工的划分之外,就再也没有什么大的分工了。"①与第二种所有制不同的是农村占据了强势的地位,阶级分化为地主与农奴;城市处于弱势地位。与这种封建土地占有制度相适应的是"行会所有制",它在城市中产生了与农村等级制度相似的等级制。这样,封建时代的农村与城市的共同的所有制的主要形式便是"一方面是地产和束缚于地产上的农奴劳动,另一方面是拥有少量资本并支配着帮工劳动的劳动自身"②。显然,这两种所有制的结构都是由原始的土地耕作制和手工业的工业制此类狭隘的生产关系决定的。这种所有制结构的性质使得人们在生产过程中将置身性场域的客体也生产出来,并且是异化地生产出来。这种异化的生产劳动,使得"领导统治阶级组织即贵族组织的到处都是君主"③。

第四种所有制形式就是资本主义所有制:现代私有制。关于这一点,我们虽然在《形态》中没有看到与前三种所有制方式那样有提纲罗列式的表述,但是马克思恩格斯的现实之根便是这种现代私有制的所有制关系,要寻找到其中的奥秘并不难。资本主义的到来必然使得社会化大生产普遍进行,从而使得社会分工进一步精细化,使得我们发现,分工越是精细化,盘剥也就越是严重。正如卓别林在《摩登城市》中所表现的拧螺丝的动作一般,工厂中的工人现在只需要做好一件事情便可,而且是只需要年复一年、日复一日做好相同的动作便可。在这种社会化大生产与社会分工进一步细化的情况下,"机器"与"工厂"成为一切秘密的发生之地。我们说出场学场域的客体性的空间特质便体现在这种无生命的事物中,这种无生命的东西却能成为凌驾于有生命的事物之上的新统治者。虽然它们只是一种中介,但并不是真正能够凌驾于有生命物之上的东西,马克思指出,其实我们只需要改变一下背后的那种所有制方式,就能改变这一切,使机器与工厂不再充满那种血腥的本味,改之以一种宁静祥和的气氛。资本家不再靠着强征式的农田租金或掠夺式的实物租金来交代这种剥削关系,所以他们比奴隶主和封建贵族都高明。他们是靠着盘剥工人工资,并用一种"养活工人"的美好借口来掩饰着这一剥削关系。工人应该感谢资本家给予他们只需要完成一种

①　同上。
②　同上,28。
③　同上。

劳动的"清闲工作",感谢资本家把他们从中世纪的那种黑暗的赤裸裸的压榨剥削制度中解救出来,感谢资本家发工资养活了他们全家。事实真的如同表面上这样吗?有关这一剥削关系的秘密的科学论证,马克思是在《资本论》中完成的,"剩余价值"的发现使得资产阶级的美丽谎言瞬间破灭。可见,在分工发达的时候,私有制水平、阶级与阶级斗争程度、生产力发展速度都会相应提高。到一定的程度工人阶级与无产阶级都会随着分工的越来越精细化、生产力的越来越发达而规模越来越庞大,从而获取登上历史舞台的通行证。此时,无产阶级的阶级意识也已经具备,阶级斗争必然会在资本主义制度的社会愈演愈烈。只有在生产力发展到极高阶段而产生的共产主义社会,当所有制中的公有制重新回归时,分工、阶级、阶级斗争、国家等一系列随着私有制产生出来的东西走到它们生命的尽头,那就是消亡。

　　透过资产阶级的私有制与其剥削本性,我们还可以得知资产阶级不得不造就一种自己的意识形态,把自己的意识形态说成是某种为了共同利益而产生的意识形态,目的是为了同时困住工人的躯体和灵魂,使他们心甘情愿地为自己劳动,让自己获取更多的剩余价值:"事情是这样的,每一个企图代替旧统治阶级的地位的新阶级,就是为了达到自己的目的而不得不把自己的利益说成是社会全体成员的共同利益,抽象地讲,就是赋予自己的思想以普遍性的形式,把它们描绘成唯一合理的、有普遍意义的思想。"①所以马克思必须提出这样的思想,我们在考察一种思想时,必须考虑这些思想的使用者。我认为可以用经济学是术语来表达马克思的这个意思,即考虑这些思想的使用价值与交换价值。如果一种思想没有使用价值或交换价值,那么它也未必会被保存在上层建筑的高层书架中。因而,马克思在批判现代私有制时,也把一种场域理论烘托出来。思想是现实的产物,生命的"律动性"来自客观"置身性",正如四种所有制中所体现出来的出场的差异性与在场的断裂性在形式上各不相同一样,我们需要在现实大地上来定位思想坐标:"在考察历史运动时,如果把统治阶级的思想和统治阶级本身分割开来,使这些思想独立化,如果不顾生产这些思想的条件和它们的生产者而硬说该时代占统治地位的是这些或那些思想,

---

① 同上,54。

也就是说,如果完全不考虑这些思想的基础——个人和历史环境"①,那么,我们就无法获得正确的历史观。

四、断裂性在场以及出路:走向共产主义

其一,断裂性在场的原因:由社会分工引起的私有制关系与差异性关系。

当马克思在分析一个民族内部的生产力发展水平时,引出了一个概念,用以说明人们断裂性在场的重要原因,这个概念便是"分工"。生产力的发展水平决定了社会分工的分化水平,而分工的发展进一步确立了私有制关系与具有阶级特征的差异性关系。正如布尔迪厄所言,场域在经历了前期的混沌化后,就开始了自主分化的过程,我认为,布尔迪厄的社会学场域的自主分化理论正式来源于马克思的"分工"概念,而场域分化的最终结果即达到高度自主化阶段,也就是马克思所说的分工的精细化阶段。这还不是全部,无论是马克思的唯物史观中的"分工",抑或布尔迪厄社会学场域论中的"分化",还是出场学场域论中的"分置"("置身性"),都代表了一种差异性(出场)的缘由与来源。正是这种差异性的出场,才能带来断裂性的在场。马克思对这种断裂性在场的描述与论证便集中在"阶级"与"阶级斗争"概念中。所以,布尔迪厄所说的那种竞争式的场域其实也是由马克思的思想发展而来的,其实竞争式场域也就是阶级场域的变体,不过是把阶级从政治经济学搬到了社会学中。虽然布尔迪厄避免再次使用"阶级"的概念,但是场域的自主性所带来的后果便是社会各阶层的分化,即分层,这种社会分层在人类学研究中甚至可以用婚姻策略观来加以审视,难道这不是与马克思相承一脉的吗?

差异性出场的原因与断裂性在场的现象之间的关系又是什么呢? 也许我们可以透过劳动"分工"与"阶级"两大概念来看待。差异性出场的原因最终归结起来还是因为生产力的发展水平导致了在场的社会分工与资源配置的差异,断裂性在场的原因则归结于生产力与生产关系之间的不适应关系,也就是说,只要生产力的发展水平还没有到共产主义阶段,断裂性就必然在场。不仅如此,阶级斗争会在所有的以私有制为主体的社会中存在。马克

---

① 同上,53。

思依然以某一民族内部的分工为例。他首先讨论了分工的作用,"首先引起工商业劳动和农业劳动的分离,从而也引起城乡的分离和城乡利益的对立。分工的进一步发展导致商业劳动和工业劳动的分离。"①由于这些愈来愈细致的分工,也个人与个人之间的分工愈来愈明确。细致的分工与相互之间的交往关系不是由劳动着的个人自主决定的,而是由农业劳动、工业劳动、商业劳动的经营方式,如奴隶制、父权制、等级、阶级等决定的。与其说阶级是分工的产物,不如说阶级带来了分工间的相互关系。分工本来就是由生产力发展水平决定的,那么阶级也是由生产力发展水平决定的。阶级的产生原因正是由于生产力的发展带来的私有制盛行,从而为分工之间的相互关系起到了决定性的影响作用。所以,马克思随后分析了分工发展的不同阶段,通过分工发展的不同阶段来说明分工与阶级之间的历史关系。因在上文中业已分析,此处不再赘述。

其二,断裂性在场的表现:阶级关系与阶级斗争。

马克思由对历史观的发挥中得到了一系列的结论,其中包括了阶级关系与阶级斗争产生的秘密。也就是说,阶级与阶级斗争的产生不是必然的,它需要具备一定的条件才能出场,也会在一定的条件下消失。

第一,阶级与阶级斗争产生的根本原因,是生产力的发展如果达到一定的阶段,而与现存的生产关系不再相匹配时,"在这个阶段上产生出来的生产力和交往手段在现存关系下只能带来灾难,这种生产力已经不是生产的力量,而是破坏的力量"②时,就会引起激烈的阶级斗争。不止如此,一个必须担负社会重负的阶级同时也产生了。它"不能享受社会的福利,由于它被排斥于社会之外,因而必然与其余一切阶级发生最激烈的对立。"③由于生产力发展所带来的社会分工,以及由这种社会分工所带来的具有差异性出场的这一阶级,而今断裂地在场了。不是一个两个断裂地在场,而是作为"社会成员中大多数"都断裂地在场,那么,容易引起社会变动的"群体性事件"的发生也会电闪雷鸣般地急促而来。我们知道,个人与阶级之间的关系是前者从属于后者,而在资本主义制度社会,阶

① 同上,25。
② 同上,77。
③ 同上,77~78。

级这个群体已经具备了形成的条件,同时也呼号了一种必须实行根本变革的集体性意识。"某一阶级的个人所结成的、受他们反对另一阶级的那种共同利益所制约的社会关系,总是构成这样一种集体,而个人只是作为普通的个人隶属于这个集体,只是由于他们还处在本阶级的生存条件下才隶属于这个集体;他们不是作为个人而是作为阶级的成员处于这种社会关系中的。"①在马克思看来,这种社会关系所具备的集体性意识就是解决断裂性在场的最终途径的意识——共产主义意识。阶级必然是群体性的,所以阶级意识也必然是群体性的意识。马克思认为,具有共产主义意识的阶级,不一定就是无产阶级,只要条件成熟,阶级出场时的环境土壤空气温度湿度类似,那么这种意识也可能在其他阶级中产生,"只要它们认识到这个阶级的状况"②。

第二,阶级与阶级斗争之所以真实地发生,是因为具备了有条件联合起来的个人。例如各种社会遭遇,不公正的资源配置方式,不公正的利益分配方式,不公正的竞争环境等,都会在刚刚经过法国大革命所提倡的"自由、平等、博爱"的口号的洗礼下显得尤为扎眼,从而被马克思深入探索其内部生成机制与未来发展走向。"那些使一定的生产力能够得到利用的条件,是一定的社会阶级实行统治的条件,这个阶级的由其财产状况产生的社会权力,每一次都在相应的国家形式中获得实践的观念的表现,因此一切革命斗争的锋芒都是指向在此以前实行统治的阶级的。"③因此,阶级斗争的双方取决于统治与非统治之间的阶级断裂,而不是属于同一统治阶级层面的两种不同阶级,或是属于非统治层面的两种不同阶级之间。社会学场域中曾有"配置"一说,布尔迪厄的"配置"其实也是由马克思的阶级概念而来,场域中的利益分配与资源配置的公正程度决定了阶级之间的对立程度。

第三,阶级与阶级斗争最终消失的条件是共产主义社会的实现。马克思认为,共产主义触及了以往始终没有触及的那种东西——有关活动的性质,只有共产主义才会反对旧有的活动性质,消灭劳动,消灭阶级统治,消灭阶级本身。所以当阶级消失的时候,也就是共产主义实现的时候,也就是差异性与断裂性彻底

---

① 同上,85。
② 同上,78。
③ 同上,78。

消失的时候。这不是一种理想的乌托邦,而是真实的行动目标。阶级的本质此时也发生了彻底的变化:"它在社会上已经不算是一个阶级,它已经不被承认是一个阶级,它已经成为现今社会的一切阶级、民族等等的解放的表现。"①

第四,阶级与阶级斗争的本性在于一种"实际运动"。马克思认为,被统治阶级只有这样才能"抛掉自己身上的一切陈旧的肮脏东西,才能建立社会的新基础。"②我们不得不考虑马克思的思想的力量对即将到来的1848年席卷欧洲的革命风暴起了怎样的影响,对毛泽东的革命思想以及当代中国的发展道路思想都起了怎样的影响,然而,马克思虽然在哲学革命问题上有所建树,却没有完成这个革命,因为马克思是不可能作为千年不变永生主体。方法论的科学不能替代历史的真实前进的步伐。倘若不是那种各种阶级与矛盾的社会,不是在从中世纪过来刚刚睡醒的欧洲,也没有必要如此生灵涂炭的实际活动。例如当前的历史社会背景,全球化浪潮席卷,我们更加需要的实际活动,以及场域的未来导向是和平。

其三,断裂性在场的消失:共产主义社会的实现。

马恩对共产主义的论证依然是紧贴着社会的政治经济现实而进行的,而他对青年黑格尔派、费尔巴哈、空想社会主义的批判也是基于同样的道理,并走向同样的道路。当时的社会主义几乎都是空想的,而不关注于场域的生产活动:"大多数法国共产主义者是世界观都具有政治色彩,这是事实;与此相反,很多法国社会主义者完全离开了政治,这也是事实。"③也就是说,法国社会主义是空想的社会主义,依然是在"在场的形而上学"基础上架构的。要破除这个迷信,就要用唯物史观的视阈来看待共产主义社会的历史建构。

第一、共产主义的建立与私有制的灭亡的关系是首先需要我们考虑的事情。马克思反对把共产主义和私有世界进行简单而粗暴的对立,因为这样只会得出拥有财产与没收财产之间的对立。共产主义所有制的建立并不意味着消灭所有的财产,这种简单粗暴的对立只会把消灭看成是对立双方的你死我活的争斗,如果把它"看作是消灭财产,其结果是普遍没有财产或贫困;或者看

---

① 同上,78。
② 同上,78。
③ 同上,552~553。

作是建立真正的所有制以消灭没有财产的状况。"①因此,马克思对共产主义的构想从来都不是为了摧毁一切现存的事物而出发的,相反,他认为要保存好现存的事物,才能在改变所有制形式的基础上到达共产主义社会。因为共产主义社会需要良好的经济基础,资本主义社会所生产出来的财产是这个良好经济基础的保障。

第二、也就是说,生产力与生产关系之间的矛盾与张力,与真正的当下的实践,是共产主义得以完成的真正原因。空想社会主义者并不清楚为什么劳动并不从来就是它应该成为的那种东西,为什么会变成现在的这种东西,或为什么直到现在还没有成为由理论所科学论证出来的那种东西。如果用空想社会主义的那一套,那么人的本质与人和自然界之间的对立关系与解决方式都不会得到解释。只有生产力与生产关系之间的矛盾才能产生共产主义。除此之外,一切有关共产主义的论证都不过是有关历史的编纂学而已。马克思恩格斯以卡尔·格律恩的所谓的"真正的社会主义"的历史编纂学为例进行了批判。"格律恩先生装备有对德国哲学如费尔巴哈所说的那些结果的坚定信念,即深信'人','纯粹的、真正的人'似乎是世界历史的最终目的,宗教是异化了的人的本质,人的本质是人的本质和万物的尺度;格律恩先生还装备有德国社会主义的其他真理由"物质生产"决定,……和一切'真正的社会主义者'一样,没有忘记把关于法国人如何肤浅的陈词滥调重新献给我们。"②用出场学场域来看,这种有关社会主义的历史编纂学不过是连"零度的写作"都谈不上的符号场域的一种实践而已,与真正的历史实践无关。那些"陈词滥调"不过依然围困于在场的形而上学的那些词汇家族系统,所以他只能利用自己过去的"写作实践"③,"毫不客气地……强迫各种社会主义的、民主主义的、共产主义的政党代表服从自己,他预先从各方面把他们嗅了一遍,然后以'真正的社会主义'的使徒的角色在他们面前出现。"④格律恩的原创能力看来和青年黑格尔派一样不佳。他的理论不过是把赫斯的东西拼凑在一起;而"赫斯把法国社会

---

① 同上,553。
② 同上,576～578。
③ 同上,578。
④ 同上,578～579。

主义的发展和德国哲学的发展综合在一起,也就是说,把圣西门和谢林、傅立叶和黑格尔、蒲鲁东和费尔巴哈综合在一起。……正式赫斯所提供的那种公式主义构成了格律恩著作的全部内在联系。区别只在于,格律恩先生没有忘记给赫斯的论点涂上一层美文学色彩。他甚至十分忠实地抄录了赫斯的明显的错误。"①马克思恩格斯对这种一个错个个错的学术场景感到无奈而痛心。即便赫斯为我们做了成套的包容万象的公式,也不能据此就认为历史就是数学模型,难道它会按照公式的精准定位而准确无误地走下去吗? 就此看来,西方结构主义马克思主义把马克思的唯物史观理解为是一种机械的历史决定论,显然是错误的。马克思批判的正是这种决定论,因为真正的唯物史观是一种关于现实的正在生成的运动的科学的规律建构,它同时也包括生命的律动,而马克思从来没有说过要把历史放到公式的空洞的壳子中去。

第三、所以,我们还需要注意的问题是,所有制形式都不是在头脑中发生的,而是一种现实的生成活动——能动的交往实践活动。我们也可以称其为物质生产实践活动。如果不以一种正在生成的运动观点来看待历史,还是与马克思恩格斯在《形态》中花了极大篇幅所批判的在场的形而上学无异。法国空想社会主义正是在这一点上令马克思恩格斯感到无比失望:"和现在的、'以外界的强制为基础'的社会相反,'真正的社会主义者'标榜一种'以对内在人类本性的意识即理性为基础'的理想的真正社会。"②这种社会依然还是以意识的意识、思维的思维为基础架构的,与马克思的反形而上学的思想完全是道路的两边,尽管他们都赞同科学社会主义与共产主义的康庄大道,也不得不一个走道路的左边,一个走道路的右边。"真正的社会主义者"最后甚至连表达方式都和其他哲学家没有区别。"他忘记了:不管是人们的'内在本性',或者是人们对这种本性的'意识','即'他们的'理性',向来都是历史的产物。"③

所谓历史的产物,现在应该很清楚了,即通过社会存在决定社会意识、生产力决定生产关系、经济基础决定上层建筑的唯物史观视阈来看待历史的建

---

① 同上,580。

② 同上,567。

③ 同上,567。

构才是马克思主义出场学场域的科学的世界观与方法论,不再是任何抽象的唯心的文字体系内部的转换与消耗。用唯物史观来看待历史的建构才是真正的科学建构,不再是任何改头换面的思想决定客观存在以及其他。尽管在马克思主义思想史的发展过程中,出现了这样那样的学派,但其实都逃不开《形态》为我们所提供的唯物历史观秘密。第二国际的"经济决定论"把历史理解为客体中心,也就是说,只关涉场域的纯粹客体方面,虽然考虑到了作为客体的中介系统,却把历史看成为是现成在场的、既成在场的事物,把主体的能动性放置一边;西马先驱者与法兰克福学派却走上了另外一个极端。他们注意到了主体的能动方面,却忽视了场域客体的中介系统作用,忽视了主体与主体之间的"交往关系"多种底板生动主体的实践关系,而仅仅在单一的主客体视阈下谈论历史建构。虽然他们注意到了马克思的历史建构论注重的是正在生成的状况,却将马克思的思想一劳永逸地重新关入黑格尔哲学的大门之中,显然也是偏颇的。哈贝马斯和广松涉虽然在超越单一理性、单一主客体模式上起了作用,注重了马克思在《形态》中所构架的交往理论,但对主体置身性的异化构造的客观结构与真实的客体空间予以漠视,摆到一边,不能理解场域的主客与统一原理,从而要么以走向唯心主义语言学作为唯物史观的最终解读,要么走向呆板的交往结构主义而作为唯物史观的新解释。其实,用出场学的一句话概括即可说明问题:"历史构建起步于物质生产和物质交往,……历史本质上是交往实践,即多元主体际为了改造共同的客体而结成交往关系的物质活动。"①也许所有的一切,我们只需要注意马克思的几个概念,即历史在"多元主体的物质生产"和"交往实践"下所建构的"在客体决定主体的基础上""主客体相统一"的"能动的""正在生成"的"构成性运动",就可以明白这些马克思之后的各种理论依据是在哪里了。

而关于共产主义的所有原理,马克思和恩格斯在随后的《共产党宣言》中为我们完整地呈现出来,可以说,有了《形态》中唯物史观的铺垫,《宣言》才会水到渠成般的完成,而通过《形态》、《宣言》等一系列著作的形塑,历史与共产主义运动才得以被合理地和被广泛地建构起来(历史建构)。

---

① 任平:《论马克思主义出场学视阈中的历史构境》[J],南京大学学报,2010(2)。

第二章

社会学场域十论

这里关键的问题是个人如何与他所起的社会作用发生关系。①

——利科

布尔迪厄的社会学场域理论充满了马克思的哲学革命的意味,甚至可以看作是马克思哲学革命在新时代的继承与发扬,它是从微观社会化视角在微观社会历史的社会学场域中对马克思的宏观社会历史领域的场域论进行的一种补充。虽然在对宏观的政治经济学的批判与场域重建中,马克思给我们展现了作为共同的联合体的无产阶级作为场域主体的价值投射,但在微观社会学场域论中,我们会发现作为更为细微单个个体的场域主体的价值投射对场域(同样包括宏观的国家场域)的发展所发生的作用。此外,布尔迪厄还关注了各学科之间的刻意隔绝与壁垒等思想符号场域方面的问题,可以说,布尔迪厄在两大场域上也都加重了自己的重视程度。所以,出场学场域不仅继承了马克思的从思想符号上升到宏观社会历史的交往实践的场域论,也吸收了布尔迪厄的倾向于更为微观的生活世界的社会学场域论的优点。

那么,究竟从布尔迪厄的哪个角度切入才不显得社会学"场域"的突兀造作?我认为还是从为人熟知的"社会科学"的概念谈起较为妥当。在布尔迪厄看来,社会科学会出现错误的主要根源在于社会科学与社会科学的研究对象之间的不加控制的关系,而且社会科学还会把这种关系投射到社会对象中来。所以布尔迪厄的关注点不是在社会科学的对象化或客观化的规律,而是在在各种关系的形塑过程研究之中的规律摸索。令他苦恼万分的是这些社会科学家的职业就是

---

① 利科:《哲学的主要趋向》[M],李幼蒸、徐奕春译,商务印书馆 1998:225。

对社会世界进行客观化,却很少将他们自身作为客观的研究对象,布尔迪厄认为:"他们表面上用科学话语所谈及的,并非对象,而是他们与对象的关系。"①除了对自身的反思缺乏,在实用性方面,较自然科学的即时有效实用性而言,社会科学的处境也令人担忧:"至于社会科学,根据我们的想象,由于不能提供直接有用的,也就是说即时商业效应的产品,这类科学无疑总是较少得到社会的追捧。"②所以布尔迪厄构架社会学场域概念的任务是相当繁重的,既要指明社会科学的反思性的缺乏,又不能使社会科学失去其科学地位而被自然科学所吞噬,也就是说,在批判社会科学的自大症的前提下保护社会科学的必要地位,这确实是一个非常难的话题。对布尔迪厄来说,揭示出社会科学之中哪怕一点点真理性的东西那都是值得的。布尔迪厄反对刻意地把社会科学一项一项地拆分开来进行研究分析,也许他在研究过程中会拆分为历史学或社会学等等,但反而是为了指明了这种误区:社会科学的强制分工必定带来灾难性的后果;他更不是要把科学认识与历史进行简单挂钩而把它局限在特定的界域中:这样只能带来相对化的理解。他的目的是要让人们更好地理解社会运行机制对科学实践的一种导向作用,从而在对"自然"探究的"结果"和在"历史"的"生成"方面都成为"主人和拥有者"。前者是笛卡尔以来的希冀,后者却不是那么容易就能办到的,也是布尔迪厄场域的研究由来。

第一节　反思的社会科学与反思

从社会对象化的研究转向社会关系自身的研究,可谓是一个范式的转换。布尔迪厄的社会学观点其实就是一种关于社会的哲学研究。这种研究是关于历史和反思的,是关于时间性的在场途中,而不是对已然在场的线思想解剖。布尔迪厄认为,当我们在表述社会学家是囿于一定的历史环境和历史时空中的时候,我们不过是表述了一件事情,他们就是资产阶级的社会学家。不管把哪个文化生产者作为研究对象,所要求的都是他的"种族"和阶级地位、阶级背

---

① 布尔迪厄:《实践与反思——反思社会学导引》,李猛译,中央编译出版社 1998:100。
② 布尔迪厄:《科学之科学与反观性》,陈圣生等译,广西师范大学出版社 2006:3。

景,或者他的性别而不予深究下去,这不免令人扼腕叹息。除了历史的时间因素之外,空间也是社会学研究的重心所在。所谓"短路谬误"的错误就是两个相距甚远的术语之间所建立的一种直接的联系忽略了文化生产场域这个相对自主的空间在两者之间"所提供的具有决定意义的中介关联"。① 文化生产场域作为一个子空间具有一个自身独特逻辑的社会空间,每个社会空间中都有围着某种利害关系的特殊事物使得该场域内的行动者你争我夺。但是倘若仅仅停留于此,那么布尔迪厄认为依然还有许多最为基本的社会学家的偏见没有被指出来。这些偏见的基本原则,既不在于文化生产者的社会阶级定位,也不在于社会学家在文化生产场域的特定位置,而是出于同样的原因,也与社会学家在空间中的各种可能的存在理论、实质内容和方法论方面的不同姿态所构成的位置无关。真正起到作用的是思想立场本身的内在的一些不被察觉的决定因素。正如海德格尔和伽达默尔对偏见的指认一样,布尔迪厄也认为需要在对社会世界的感知中引进一种不可察觉的偏见。布尔迪厄也采用阿尔都塞的观点,把理论实践和真实实践做出了区分,但他更为关注的是一种隐蔽的神力。因此,布尔迪厄认为我们现在所建构的关于社会与世界的理论,实质上是一种以理论为出发点的关注方式及其产物,是一种"凝神冥想"的产物,这种唯理论的偏见,在于其只是一种观点,而不是将上述事实纳入。布尔迪厄认为社会科学必须做到反思自身,以此来反对这种"认识论中心主义"或科学家群体的"自我中心主义"——一种来自于将行动者自身的实际处境置之于对象之外,而非对象之中,在高高在上和居高临下的观注中灌输着各种各样的偏执并以自身之崇高与伟大来忽略这些妄执与偏见。

在布尔迪厄看来,他要为这种"自我中心主义"寻找到一种实践的实用主义根源。例如,一个人类学家试图构建的是一个家谱体系的"亲属关系",但在这个家族中,头领现在要解决的却是替自己的儿子找个合适的对象;又例如,研究美国学校体制的社会学家对学校的"用法"与要为自己的女儿挑个好学校的家长的"用法"也是不同的。所以我们能说,这些社会学家是在做放之四海而皆准的道理吗?他们的做的工作都是完完全全有用的吗? 布尔迪厄借此引

---

① 布尔迪厄:《实践与反思——反思社会学导引》,李猛译,中央编译出版社 1998:101。

证出知识的范围是有局限性的,不是大一统的无边无际的普适性。所以他也仿效了马克思,吸收的仅仅是黑格尔的辩证法的合理内核,而不是大一统的绝对观念。同时,布尔迪厄也阐明了这些科学的局限范围以及它的来源——"生产理论知识的条件并非就是产生实践的条件"。①

因此,在一门适当的社会科学所建构的理论中,必须能够阐明理论(思)与实践(史)之间的距离与鸿沟。这个理论也需要一种模型来加以形式化,布尔迪厄前期思想是无法逃脱结构主义的。一边要逃离普适性的大一统,一边也在建构在局部地区的大一统。无可置否。这一模型与一般不会考虑这个模型的行动者的实践经验之间的距离,"所思非所写"以及"所写非所思"都是可以用来表述这一观点的,当然,布尔迪厄更多关注了前者,罗兰·巴特更多关注了后者,但他们都是对无意识的思想形塑功效的论证和揭露的功臣。至于这个模型的实际状态又是如何呢?布尔迪厄认为,这个模型(即结构)能使它所描述的社会机制在行动者不知不觉的"默契合作"下发挥作用。但凡场所必有争斗,布尔迪厄用非常简捷的话语来说,社会世界是在界定何为社会世界时发生的,同时也是连绵不断的斗争的场所。黑格尔的辩证法在场域这里得到了深刻的体现,鉴于此前的存在主义者们无视辩证法而使辩证法陷入潜在的危机,我想这里使用辩证法的复兴更为准确——时时刻刻有矛盾,处处有斗争。场域中无时无处不是充满了斗争的力量。这也是法兰克福学派一以贯之的传统。当然,法兰西斗士布尔迪厄并不是法兰克福的传统谋士,至少表面上不是,不过他们对待辩证法的态度是一致的。不幸的是,学术世界也拥有了其特殊性——它的表态和定论属于社会中最有权力的行列中,因此在学术界中,他们争斗不止,目的就是为了确定究竟谁是主导和权威。所以至少这些哲学社会科学家们都受到了一种诱惑,几乎每一个人都要声称自己能起到公允的仲裁人的角色作用而自以为自己是明辨是非的或有裁断力的。那么,在这个世界中,"认同在很大程度上是通过符号策略来实现的,而且归根结底,这种认同是基于集体信念的,因此最微不足道的一条信息也不得不利用不同来源的材料来分别独立地加以验证。"②

---

① 同上,102。
② 同上,104。

　　所以布尔迪厄坚定地相信他所倡导的反思性从根本上来说是反自恋症的。① 他在进行他的理论之前就界定了他自己的理论是自相背反的,这也是布尔迪厄的令人钦佩之处。布尔迪厄又指出了自己的社会科学的性质——反思的社会科学。但是,布尔迪厄认为他自己的反思社会学那种自鸣得意并以诉诸内心的方式转而分析个人事务和那种努力寻找知识分子的时代精神的情况是没有什么共通之处的。此外,布尔迪厄还指认了另外一种目的性的反思性,并与之划清界限。这种新形式的目的的反思性来自于美国的人类学家,它是自我陶醉地式地著作和情感自身进行挖掘,而不是以实地研究为研究对象。布尔迪厄认为如果将那种文化人类学的著作不分青红皂白地斥责为"诗学加政治学",只会使得虚无主义和相对主义盛行,却与真正的反思性社会科学大相径庭。真正的反思性的社会科学研究的是行动者与其实践之间存在的实践关系,而不是观察者与其对象之间的学究关系,以满足反思性的要求。布尔迪厄承认在其反思的社会科学理论中不乏胡塞尔的影子,这是一种直接的信念关系,认定了世界具有一种事实性,从而使我们将先在世界视为理所当然。这是描述性的出类拔萃,但布尔迪厄并不满足于这种描述,而是要超越它,把这种直接的信念经验的可能性条件作为一个研究对象。由于一种客观性的外结构和身体的内结构的吻合,虽然只是与世界的关系的一个特例,但是现象学却把它营造成一种自发性的理解错觉。

　　所以文化人类学就发挥了它的巨大价值,它可以使我们直截了当地意识到这种条件不是普遍实现的,从而剥离了现象学这种放任四海而皆准的条件。现象学在不知不觉中将这种对现象学家与自身社会的与生俱来的关系进行的反思普遍化,然而现象学家并没有认识到,这种关系却不过是一个特例而已。这种常人的方法学接受了一种预先构建的具象,但并没有把对它加以诠释的原则包含进去。举例而言,大夫、实习生和护士之间的互动是以一套完整的等级关系为基底的,这种权力的等级关系只以直接观察的互动出现,往往不是显而易见的,却不得不是应该加以分析与诠释的原则。狭隘的现象学和常人方法学的分析就是忽视了这种主客观结构的直接吻合关系的历史因素,忘却了它的背景与根基,从

----

① 同上,105。

而抹杀了这一关系的政治意涵,使这一对直接吻合的关系"去政治化"了。

这一点与保罗·利科是一致的,虽然利科在社会科学领域中更多的观注的是前对象化的历史状态,布尔迪厄更多关注的是对象化的历史生成过程,但利科并没有对其他阶段置之不理,也没有把现象学丢在一边,他的解释学理论也关注到对象化的生成与运动,但是在社会科学层面,利科确实更多地把客观性建立在交互主体性经验的前客观化层面之上,并且努力揭示社会学所探讨的那些客体对象在前对象化领域中所获得的自主性,这也是其解释的社会科学的任务所在。显然,我们在华康德对此二人的评述中并没有看到华康德对利科解释学的意志哲学方面进行剖析。利科的意志之歌唱响了海德格尔,他对前对象性领域的关照也是因为出于对"本真"的诉求。利科的思想中既有海德格尔对场的谋划、伽达默尔对场的形塑、更有实践过程中在场的生成过程的本身与反思。所以,华康德简单批判利科不顾现象学是不妥的。① 利科的反思哲学同样地贯穿于四个阶段②的始终,而不是仅仅在生成的当下性的实践,所以必定会比布尔迪厄更加气势恢宏荡气回肠。这一点与马克思主义出场学之间也是契合的。布尔迪厄更为深受的是梅洛-庞蒂的知觉现象学思想的影响,他也是梅洛-庞蒂在现象学社会学领域中的继承者,他超越了主观主义的现象学对实践感的直接性的内化理解,探讨了实践的客观结构和社会的生成条件。"实践感",先于认知。它可以从现有的状况中解读场域的各种未来可能。由于过去、现在和将来三条脉络在习惯的实践中彼此交织、互相渗透,所以惯习是一种虚拟的"积淀状态",它寄居于人的身体之中,听候人们将它重新激发出来。

第二节 正在生成:时间的普遍性结构及其对二元论的超越

布尔迪厄的场域概念立志于一种对传统以来的"二元论"的超越。我认

---

① 同上,71。
② 四个阶段即形塑、传播、解码、反思。因反思是不可忽视的思维方式,在此特意将其抽取出来,与三大阶段平行对待。经历反思才能再形塑、再传播、再解码、再反思,以此循环、螺旋递升。

为,他的超越不在于一种努力调和,而在于不再选择。因为所有努力的调和最后还是会被其他哲学家所分裂,最终这种分裂导致的结果还是重新选择,例如主体立场或客体立场,或唯心或唯物,或递升辩证法或递降辩证法,或有辩证法或无辩证法,或历时性或共时性,或运动或静止等等。布尔迪厄的超越在于剖析一种生成的过程,以使人们可以重新审视所有事物的生成过程中的社会关系和力量,而不是抉择于非此或彼。我们也许可以通过一个比较来更好的理解这种思想,布尔迪厄在立足于社会客观现实方面与马克思是一致的,马克思政治经济学讨论的是自由资本主义条件(场域)下的生产与现实,布尔迪厄社会学则关心对这种生产话语背景之下的"私有关系"的来源与揭露。其初衷实质与马克思是一致的,不过是一个侧重于实际的历史规律分析,一个侧重于背后的权力话语的规律分析。布尔迪厄认为,所谓的普遍性与独特性的对立,也带来所谓的法规性分析与针对性描述间的对立,但这些实际上都是虚假的对立。场域概念提供的是某些关系性和类推性的推理方式。巴什拉所说的"所有可能情况的一个特例"的意思也在于此,从普遍性中把握特殊性,又在特殊性里体察普遍性。布尔迪厄刚好现成的取了一个例子:"法国学术场域具有某些独一无二的历史特性,它的集中化程度和制度一体化程度都很高,又具有森严的进入壁垒,是一个十分合适的研究区域,可以揭示出某些以一定倾向调控着各个场域的运作的普遍法则。"① 布尔迪厄借助了美国的体系,认为美国的体系比法国更有利于摆脱各种社会力量的影响,从而获得科学自主性。布尔迪厄认为他的理论是某种实践的应用,不是理论性论战。对研究纲领进行批驳或是推广,都应通过实践的应用来确定,并分辨出它们各自宣扬的普遍性是否属实。胡塞尔曾经说过,必须通过亲身投入特殊性,才能发现其中的恒定性。而场域的分析目的之一就是揭示这种得以跨越历史的恒定因素,揭示那些在一个明确限定(界限)的相关长度的历史时期内被保存下来的恒定结构(传统中提取出来的恒常性)间的一系列的关系。这种恒常性的资料完全可以来源于200多年前的康德,他早向我们说明了一种直接依傍当权者的学科和另一种完全自我自足的学科之间的对立。双方的权威来源不同,前者来自某

---

① 同上,110。

个社会的委托,后者完全以科学性为依据。显然,马克思是属于后者的。

布尔迪厄的场域看似静态,实则包含了动态、非封闭,对历史敞开的"抵抗"和"变迁",尤其是对1968年五月风暴这一事件的社会意义进行了分析。社会意义与政治意义的分离也是布尔迪厄的关注点,他表达了自己的学说的动态性,借此力图消解生产和转型之间、结构史和事件史之间的虚假对立。政治上,布尔迪厄也不是一个政治保守主义者和一个精英论分子,他也不是要把审美的东西笼统地斥之为阶级标志或炫耀性消费。他的非政治保守主义观点体现在他驳斥了悲观的功能主义和刻板的结构主义的立场的非历史化做法,因为无法从中提取出那种支配关系,无论是物质上的支配关系还是符号上的支配关系,如果没有抵抗与变迁,就失去了否定性辩证法的灵魂,怎么可能将物质或符号继续运作下去?这种无论在哪个社会世界中的被支配者所行使的某种确定的力量,意味着人民群众在此范围内发挥作用。就这方面而言,布尔迪厄不可能被归入政治保守主义及精英论一类。然而,外界对他的保守主义质疑主要来自于他的"惯习"概念。"惯习"是各种性情在面对具体位置时做出的调试,这种调试逻辑有助于我们理解到一种顺从。但布尔迪厄不是支持这种顺从,而是将其从无意识中挖掘出来,从而找到抵抗的根本缘由:"社会学的任务之一,恰恰就是要考察在什么样的情况下,这些性情倾向在社会之中被建构,被有效地调动,被赋予政治效力。"[①]然而,抵抗理论也无法逃脱处于支配地位的二律背反或对立关系。也就是说,倘若一个英国工人阶级的小青年通过逃学胡闹直至违反法律来与学校制度抗争,实际上并没有达到抵抗的效果,而是将他自己永远被固定在了被支配的境遇。反过来,一味地奉承被学校制度所同化,那么也是没有抵抗性质的,只会被学校的制度所笼络。被支配者的命运和结局就是注定会陷入这种困境,并在这两条出路中做出抉择,布尔迪厄站在一个反观历史的高度,得出结论,认为这两条出路无论被支配者选择哪一条,都是糟糕的。倘若从历史角度来更为宽泛地看待这个问题,文化中的两难选择也同样存在,一是面对大众文化的尊崇而导致的无产者崇拜,使得工人阶级很好的满足于眼前的历史处境;另一方面则是由各种改良措施带来的平民

---

① 同上,115。

文化,它使得处于支配地位的文化商品的享有同样可以提供给被支配者,从而把工人阶级转变为小资产阶级,使得文化得以获得廉价的翻版。其实这种工人阶级与资产阶级之间的文化差异不应当被神圣化,因为这样只能导致资产阶级文化优越性的正当化。例如布尔迪厄就认为韦伯对价值判断所做的区分,等于把价值关联与价值判断混为一谈,其实前者是客观与主观的或隐或显的关联所在,后者是科学家研究客观现实时所必须带有的东西。

所以社会科学研究话语中最大的困境显现了出来:社会科学家所要谈论的不是他们考察的现实,例如国家、宗教、学校是什么的问题,而是这些现实的价值优劣和人们的价值取向。这里我感受到了新康德主义对布尔迪厄的影响,尽管布尔迪厄批判了马克思·韦伯,但是他的主要理论脉搏确实随着新康德主义的灵魂而跳动。布尔迪厄将社会科学的研究领域从"是转"为"应当",使得社会科学更具有伦理学色彩和政治学色彩。他对新康德主义的超越在下文历史学与社会学的关系探讨环节中我会加以详细说明。在这里,布尔迪厄正视了他人对他的双重批判,一方面批判他是支配性文化的拥护者,一方面批判他是大众生活方式的美化者。然而,布尔迪厄却并非是两者的支持者,同样不是反对者。我们理解布尔迪厄不能把他归结于非此即彼的境地,同样他也不是相对主义的论调。正如马克思主义出场学所谈论的"场域",它具有一个界限和一个规则,这是不能否认的前提,差异既存在也可以相互转化,同一既存在也可以被破坏,只有理解了辩证法,才能真正地理解布尔迪厄,理解他的思想的真实情况。

虽然各种误解对布尔迪厄的后资本主义思想进行了支离破碎的解读,但我反而看到了他的思想的灵活性、包容性、全面性。在布尔迪厄看来,现实中的高雅文化和大众文化确实存在差异与分离,但是不能认为在自己叙述过程中将其抹去就可以使它消失,信奉这种观点的人才是在真正信奉一种魔力,至少这是一种乌托邦的幻想或幼稚的道德论者。杜威是后者的典型代表,他所处的时代和美国这个特定的社会背景,也助长了他的这种天真。布尔迪厄一再强调,他反对二元分裂,他揭示的就是一种形形色色到处存在的等级制度与权力系统,他更为反对的是在每一个人都知晓这些主观性因素的情况下,却通过自身的帮助而完成了这种等级化。把二元对立抹杀,不是张张嘴动动笔的学院作风,否则就是把某种道德态度错认为是某种政治行为。只有在现实中,把现实的状况显现为最普遍共有的东西的获得条件也真正的予以普遍化,这是一个动态的过程,关注的是先在获得的条件和正在生成的过程。对先在的获得条件布尔迪厄给予就是揭露,他不关心它的生成,因为它的生成由伽达默尔很有力度的关注过了,布尔迪厄关注的是这个先在的获得条件对此正在发生的生成过程的影响。

有些人用"场域结构产生惯习,惯习决定实践,实践再生产场域结构"(詹金斯 Jenkins、戈德 Gorder、格鲁茨 Giroux 等)这样的公式来归纳布尔迪厄的学说特征,对此,布尔迪厄感到了烦恶。因为布尔迪厄反对决定论,在与某个既定位置相联系的决定因素中,"性情倾向"通过社会空间里的这一位置结构才能对行动者的社会轨迹和个人的阅历轨迹产生影响。布尔迪厄的"性情倾向"是"惯习观念"的起始,他的"惯习"观念的设想就是为了克服这种循环论证的模式。布尔迪厄与海德格尔一样反对循环论证,却对正确地进入循环的迷惑性予以了揭示。揭示这一循环的迷惑性的正是人类具有的理性。所以布尔迪厄与利科一样重视一种白色的"先入之见",这种先在性的观念并不一定就是成见。我们需要做的是反思,思考这种"先入之见"也好,意识形态也罢,它的正确性与色彩性,是零度的中性的,还是就如马克思在《德意志意识形态》所指认的那种思想的进程。"惯习"概念揭示的正是社会行动者"既不是受外在因素决定的一个个物质粒子,也不是只受内在理性引导的一些微小的单子,实施某种遵照完满理性设想的内在行动纲领。"①社会行动者是整个社会场域的历史产物,也是特定的子场域中某个具体的社会生活中积累的历史经验。例如,在想知道在特定局势中,或者日常学术境遇中,甲教授或乙教授会有这样的做法,我们就不仅要知道他在学术空间的位置占据情况,而且还要知道他是从社会空间的哪个原点出发而得以获得今天的这个位置的,这一切都结合和铭刻在他的惯习之中。行动者为了获取一种对自己更加有益的由社会和历史建构的感知与评价范畴系统,会去积极主动地决定践行着的获得那个决定他们的情境的决定权的规定。只有当社会行动者是自我决定的时候,他才是同时被

---

① 同上,181。

决定的。这种自我决定的一种来自于各种感知与评价范畴,同时也决定于它们的建构过程的社会条件和经济条件。

布尔迪厄逃离对二元对立的选择其实从本质上说来是一种中庸之道,在意义论方面其介意的是一种过程的本体论,"场域"包括了符号的形塑、传播与解码的一系列过程,尽管其解码方式被限定为非理性的惯习,并进而放弃了对符号的解码进行认识论、方法论的考究。布尔迪厄的理论不缺乏认识论,但是这种认识论是被拆分的认识论,它仅仅在形塑和传播过程中起作用,在解码过程中失效。这种意义论是新型的现象学,也是新型的存在主义。是具有环节性差异的现象学,也是反对各种各样的内主观意识的主观主义的意义论,同样反对各种各样的客观主义的意义论。本来这种具有调和倾向的观点是不会在共时性与历时性的结构之间采取选择的,选择共时性结构模型的普遍性,是索绪尔;选择历时性的结构模型的普遍性的,是列维·斯特劳斯;在历时性模型的断裂中重组共时性模型的是罗兰·巴特;使意义与结构具有双重流动性的是福柯。布尔迪厄对"流动的所指"或"意义的剩余"的系统的整体反思为意义建立了新的更为广阔的模型,从而涵盖了这种流动的所指和意义的剩余。这是一种在共时性和历时性上同时具有普遍性,既一致又不完全平行的模型。

第三节　刻意的社会科学分工所带来的灾难性

尼采在《偶像的黄昏》中,对文化和教育进行了电闪雷鸣般的痛斥,但这在布尔迪厄看来,却不过是一种熟练地掌握了通过艺术来创造偶像和破坏偶像的技巧。但是对于艺术实践和知识体验的发展来说,确实是其虚无主义和否定神学的首要前提,即使它能够改头换面,也是用另一种方式把对艺术之神的顶礼膜拜加以神化。所以不管尼采的抨击是多么能够引导人走向意志解放,却从不具有时空普遍性,也就是说,它依然局限在尼采自身所处的社会环境与空间中。具体说来这种社会空间也可以看成是一种学术空间的占位,从中折射出史对思的关系。如果真的有可能把艺术和文化建构为一种研究对象,那么必要的前提是,与一种天真的信念一刀两断。这种虔诚者或伪善者充其量是或真或假的卫道士,而不是思想解放、无拘无束的真正的高贵艺术者,更不是敢于四处出击、正义直言的先锋艺术家。布尔迪厄认为,他如果真的碰巧与这类先锋艺术家之间产生了亲切感,也不是出于为了在艺术场域表明一种立场,或者仅仅是出于彼此位置上的切合。我在这里看到布尔迪厄作为一个当代学者是非常超凡脱俗的,因为如此超凡脱俗的尼采居然被他批判为是卫道士,像妙玉批判黛玉大俗人一般。所以,布尔迪厄这里的艺术场域的内涵很容易获得承认,那就是一种由各种位置的空间描绘出的一种生产现代性崇拜的场域,这种现代性崇拜的总和就是各种各样的艺术品,所以,"艺术场域是一个客观上以生产体现在艺术作品中的信仰为取向的世界。"①如果你不能从艺术品中嗅出信仰的意味,那么你就是庸才或卫道士,而不是一个真正的能够欣赏艺术的人。

人们能把握的不是当下在场的自己的信仰,而是在作品生产过程中所有的有意识或无意识的信仰。或者说,是一种"当下"与"当时"之间的互动,但布尔迪厄似乎在此并没有谈论当时的场域中生产者的信仰如何影响当下场域中消费者的信仰。布尔迪厄考虑更多的是主体与客体的一种对应关系。他认为应该采取哪一种立场——包括偏好和品味、风格等要素——与客观位置的对应关系密切。"对于生产者来说,位置就是他们在生产场域里所占据的,而对消费者来说呢,则是他们在社会空间里所占据的。"②他借此说明了对于各种艺术信念的盲目虔信或伪善的诚心,即便可以像尼采那般摆脱各种形式上的文化仪式主义,那也是虚假的。

布尔迪厄显然被由尼采开辟的后现代主义的思想影响到了,而且进行的更为彻底。而后在这片被瓦解的废墟上,重新把理性问题审视了一遍。与利科一样,他的思想也包括着非理性与理性的融合。虽然用鲍德里亚的观点来看,"场域"也不过是一种符号。布尔迪厄虽然可以把自己的类似于一种过程本体论的观点充斥于"场域"概念的内部,使其在"直面事实"的指引下充满调和的张力,但是若按照东方佛学的观点来看,场域不如"无"的本体论那么难以琢磨,反而是比西方"有"的本体论充满虚"无",比东方"无"的本体论充满

---

① 同上,121。
② 同上,121~122。

"有",是形而上学的失忆,是不变的实体论的失语。布尔迪厄于是也自然而然地引出一个问题:不同的空间场域的人的置身性问题。具体说来,是创造艺术的作者的不同位置所组成的空间,与其对应的艺术作品的空间之间的关系又是如何? 这里就呼应了之前的"场域"、"惯习"的概念。

在历史与社会学的关系方面,布尔迪厄依然坚持反对二元分裂,并认为"将社会学和历史学分离开来,是一种灾难性的分工,在认识论上完全缺乏根据。"①社会学离不开历史学,历史学也同样离不开社会学。所以布尔迪厄认为所有的社会学都是历史的,所有的历史学都是社会的,他的场域理论的提出就是要消除这种人为划界所造成的对立系统。上文业已指出,任何对立都是布尔迪厄所不想看到的,他不愿意再在生产与转型、结构与历史、社会静力学与社会动力学等等之间做出抉择。布尔迪厄在《文学的法则》中就是采取这种目光对福楼拜的写作进行了剖析,如果场域之结构生成是缺乏共时性而只有历时性的,那么人们也就无法把握该场域的动力机制;同样,在一个场域与另一个场域之间的关系(无论是共时性的各种场域还是历时性的各种场域)讨论中,如果不对结构的生成中的各种位置间的张力、场域之间的各种相互关系,尤其是权力场域对其他场域的张力或位置进行一种历史的分析,也是无法把握场域的结构。这种历史的分析,就是关于场域的"生成性分析"②。思想与历史的打开的秘密就在"生成性分析"之中,这个"生成性分析"也是出场学场域的关键词所在。所以布尔迪厄的这个观点是十分正确的,出色的历史学家同时也是出色的社会学家,同样,在我看来,出色的哲学家同时也是出色的历史学家、社会学家、政治学家,正向布尔迪厄的场域理论提出的一般,这些不同学科的不同场域之间存在共通性;我们所需要关注的就是他们背后的权力场域的张力和作用。

布尔迪厄认为,历史学与社会学之间的人为性的区分越是到了学科的高水平阶段就越是明显。历史学家和社会学家之所以可以共存,原因有二。其一,历史学家不像社会学家那么束手束脚,在一套公式下建构概念与模型,而是通过润物细无声的精致叙述学之下,不动声色地将两个学科的微妙关系协

---

①　同上,126。
②　同上,127。

调好;其二,现阶段的社会科学场域中,许多社会学家都在探讨理性化、科层化、现代化之类的进程,其间运用了一种半遮半掩的"宏大历史",使得社会哲学找到了最后的避难所。所以布尔迪厄认为人们而今所需要的,不再是宏观历史理性主义,而是前无古人的结构性的具体历史学,它致力于寻找一种转型的原则,而这种原则不是代表分裂或质变,代表的是构成这个结构的力量之间的各种矛盾、张力和关联。这种社会场域的"力",用弗洛伊德的传统来看,就是将个人身上的潜意识中的"力比多"发挥到社会场域中来,而结构,我们知道,在辩证法的灵魂浇筑下它并不是一成不变的固定物。结构相继的各个阶段也为我们提供了寻找到转型原则的钥匙,确定以往得以维持以及转变这种结构的斗争的力量和结果。所以,各个因果系列之间的相互独立是需要重新加以构建的。只有这样,我们才能理解1968年五月风暴或任何其他巨大的历史突变,纯粹的突发的历史事件的侵入,在所谓"各种相互独立的因果系列"的复合关系下,是对历史偶因性的规律性探索,也是每个不同领域里被掺和到一起的各自独立乃至相对自主的历史关联,所以这种偶因性的历史事件其实都是由彼此之间的对立冲突这一规律性事件而导致的,同样也决定了历史事件的独特性。所以在历史规律论和历史偶因论两个学派之间的争论不休的历史上,布尔迪厄打算起到一个"终结者"的作用。所有的历史规律或历史偶因,若在结构的关注下,那么就会得到同一个结构性的结果——对立统一与矛盾斗争。所以,布尔迪厄看似简单的历史观点其实包含着深刻的辩证思想。这种辩证思想不再现实与乌托邦之间进行抉择,而是在矛盾预设体系下的各个场域的历史放开,是观注于历史的生成和结构转型的生成问题。所以在这里,我认为布尔迪厄在历史观点上超越了新康德主义在"是"与"应当"之间做出的区分与抉择,尽管此前他在政治学层面还在谈论如何把"是"转向"应当",如何教育人们在实践中获得一种正确的价值取向,但是我们不要忘记,这种价值取向是融合在交往实践过程之中的,也就是说,在一种场域的生成过程中的"正在发生"的价值取向,所以其重点依然是"生成",依然在于揭露这种生成时的有关价值取向的真相。它是"是"与"应当"在生成过程中的结合,是对在场的形而上学的摒弃。他深刻的把场域以及它的结构性的转型问题的生成放在了历史的首要地位,这是在社会交往实践的观点照应下所得出的正确结论。所以布尔迪厄在《学术人》的最后一章中隐含了他所要建立与发展的符号革命理论的最初萌芽,这个萌芽就隐藏在最后一章对1968年的五月风暴所做的分析中。

这样,社会学与历史学之间的亲和关系不再是一个不能说的秘密。布尔迪厄的场域理论与很多历史学家在心智结构、文化结构、社会结构方面具有共同的关注,例如行为、情感、评价、表达、集体行动形式与社会集团形式等。但不代表布尔迪厄的核心思想是和他们一致的,这些只隶属于理论的保护圈地带。这里,布尔迪厄毫不客气地批评了马克思主义(主要是西方马克思主义)及其论辩对手,包括各种形式的结构-功能主义,发展主义、历史主义等等,因为布尔迪厄在那里发现了大量有关宏观的法则与在场的思维模式,这种专业性的习惯思维方式太容易导致规范判断或目的论推理,并用描述来代替解释。

政治学的研究也同样存在着同样的问题。在布尔迪厄看来,如果我们和一些历史学家那样,只热衷于"政治哲学",而不探索社会政治场域之生成过程,不去询问是什么样的社会生成过程把政治哲学当作超历史之物来加以永恒化,那么,其结果将导致历史学和政治哲学最终走向谬误。这种谬误通常也体现在"民主"和"公共意见"这样的概念里。具有讽刺意味的是,历史学家在考察过往的社会时,他们的用法和方法却往往是非历史的,或"去历史化"的,从而犯下不分时空的错误。所以布尔迪厄的方法是辩证法的,却和马克思一样,同样摒弃了黑格尔的大一统理念,严格说来,布尔迪厄还是继续着马克思所开辟的哲学革命道路,至少在这一点上是成立的。所以那些历史学家的错误在于,他们所营建的概念以及被他们所捕捉的那些历史现实,不过是被历史建构出的产物。按照鲍德里亚的概念解构法,这种历史概念和历史事实是虚假的不存在的,唯一存在的是隐去的话语。事实证明,在历史学家为历史创造各种概念时,这个历史过程却早已为人所淡忘了。

布尔迪厄对语言的分析也并非是偶然地入侵语言学领域,而是将以往对其他文化产物的分析所使用的方法自然而然地拓展到一个崭新的经验领域,以此考察语言或言语方面的更为一般的话语实践,并使之与各种任意分割的学科疆界的想法做斗争。在布尔迪厄看来,他一辈子就是在与这种任意分割各种学科的情况做斗争,无论是在社会学和人类学之间,在社会学与历史学之间;还是在社会学与语言学之间,在艺术社会学与教育社会学之间抑或在体育社会学和政治社会学之间等等。这些学科之间的疆界纯粹是学院式的再生产的产物,缺乏辩证法依据。尽管布尔迪厄一再宣扬辩证法,但是我认为他的惯习理论与辩证法的理性有了冲突。因为惯习是场域结构的内置,它的认识论即便得到认可也无法使主体自身具有改变惯习的能力。所以布尔迪厄的实践观念虽然与法兰克福的社会批判理论保持了步调,但是"惯习"理论最终还是非理性的产物。

此外,出场学场域赞同布尔迪厄把语言实践放在各种实践共存的完整世界中的做法,也赞同"阶级惯习贯"穿于人们在艺术、体育、家具、衣着、政治事务等诸多方面的品位与价值,把"语言惯习"看成阶级惯习的一个方面。布尔迪厄的这种观点同样值得推崇:一门充分恰当的语言社会学,必须既是结构性的,又同时是生成性的。但是在我看来,结构性与生成性显然是一对矛盾共同体而无法同时存在的,无论是在时间上点上还是在空间阈限内,结构性的固定性与生成性的偶然性即便宁愿在辩证法中互相影响,也不愿意放弃质量互变规律。作为唯物主义者并不会谈论任何假定和不证自明,不是胡塞尔式的"悬置",而是一种因缘模式。在这种因缘模式下,任何假定都是虚伪的故布疑阵。布尔迪厄认为在这门语言社会学中必须要预先假定在理论中被发现并在经验中被予以复原的事物——所谓整体存在的人类实践,及作为其一个侧面的语言实践。他认为这种假定导致语言社会学把一种将结构形塑出来的语言差异系统与同样将结构形塑出来的社会差异系统相结合的关系来作为它的研究对象。我想实践固然是一个中心议题,甚至可以作为一个本体论来研究,但是我在这里借用一下海德格尔的观点:"我在"故"我思",如果"我不在",那么作为显性在场的人类"实践"又如何作为前提? 我的"死亡"可以把我带入"本真",但也足够令我远离"实践"。马克思的观点其实就是海德格尔的前奏,不过马克思不会说的那么反辩证法化,马克思所有的理论也是在人类社会生活和社会交往实践的基础上展开的。但是社会生活(生存)是社会交往实践的基底,这一点也是毋庸置疑的。"人们为了能够'创造历史',必须能够生活。"或者可以这样认为,布尔迪厄曲解了马克思的实践观念,马克思是实践绝非是作为一个前提假设而存在的,它恰恰是为了反对任何形而上学式的前提假设而提出的,它不是一个自明性的概念实践动态而多元化的,随着社会历史条件的变化而变化,同时也随着内主观意识的变化而变化。因此,在出场学场域看来,没有假设,只有因缘。

第四节　竞争与规则:场域的逻辑与资本的游戏类比

在布尔迪厄的社会学场域中,中心概念有三个:场域、惯习、资本。他研究了形形色色的场域,包括艺术家、知识分子、阶级生活方式、科学、宗教,也涉及了权力场域、法律场域、建筑场域等等。那么,场域其基本内涵和逻辑是什么呢? 布尔迪厄认为场域概念也好,资本、惯习概念也罢,皆不是一个孤立的封闭性的可界定物。这些概念是开放式的,尽管这是一种拒斥实证主义的老生常谈以及避免概念帝国主义的方式,但只有将其纳入一个社会系统之中,以系统的方式让它们在经验研究中发挥作用,才能获得准确的理解。要理解场域概念,就是要从关系的角度来进行思考。布尔迪厄甚至在对这一点的说明中改变了黑格尔的那句著名公理:"现实的就是合理的",将其转变为"现实的就是关系的"①。这句名言的改变证实了布尔迪厄对马克思的继承:人的本质在其现实性上"是一切社会关系的总和"。布尔迪厄还借用了马克思的另一句代表其灵魂的思想:"独立于个人意识和个人意志"存在的交往实践与客观关系才是社会世界中的真实存在——不是所谓的行动者之间的,或个体与个体之间各自独立的内主观意识。这种内主观意识的认识,来自于偏狭的结构主义思维方式,而且我认为,同样也来自于人类"类本质"的目的论的思维方式。卡西尔在《实体概念与功能概念》一书中表明:区分近代科学与古典科学的标志就是关系(的思维方式)。卡西尔为很多人作了一个社会关系科学的索引,包括俄国形式主义者泰恩亚诺夫,出生在德国的社会学家埃利亚斯,以及人类学、语言学、历史学等相关领域研究中的结构主义者萨皮尔、雅各布森、杜梅泽尔和列维－斯特劳斯。若从分析的角度来看,一个场域可以被定义为一个客观关系的网络或构型,它们在各种位置的相互关系之间。首先,这些位置是真实存在的;其次,这些位置的出现是以一种强加的方式出来的,它们强加于某

----

①　同上,133。

种占据特定的位置的行动者或者机构之上,这样的一种决定性的因素使得这些特殊的位置获取客观界定而非主观界定。

位置是不同类型权力的集结,占有了权力也就占有了把持这一场域中的利害关系和利润的得益权的位置。所以这些位置就是在分配的结构中潜在的和实际的处境、它与其他客观的位置之间的支配、屈从以及结构上的对应关系等等。社会越是发展其分化度也越高,在一个高度分化的社会里,大量具有相对自主性的小世界构成社会大世界。这些社会小世界与社会大世界之间的逻辑和必然性是不同的,这些小世界自身的特有逻辑和必然性也不可化约来支配其他场域的运作。因为能够起到支配作用的只有一种场域——权力场域。例如艺术场域正是通过拒绝或否定物质利益的法则而构成其场域;在经济场域中,友情与爱情这种关系在原则上也是被摒弃在外的。

场域之游戏类比理论也是布尔迪厄理论的一大特色。这是为了人们更好地以直观形式来把握他的场域理论。把场域比作游戏是通过非常小心的步骤来使用的,因为场域与游戏之间确实存在很多不同:游戏的规则是明白无疑并编撰成文的,是深思熟虑的创造行为的产物。布尔迪厄发现了一笔游戏投资,在参加游戏之前就具有了一种"幻象",游戏的结果就是社会游戏者之间的竞争产物,并且与参与游戏的人自身有着切身的利害关系。在卷入游戏的游戏者中,其实早就知道站在相互敌对的立场上,但他们至少达成对胜负关系的规则的共识,这些共识是毋庸置疑的。此外,在实用主义层面来看,游戏者至少还需要同意这个结果是值得他们参加的,是划得来的;这种共识并不是一种契约。契约是在差异中的共识,但这里并没有对规则的异议,所以共识就是游戏本身。社会世界场域和游戏的类似点在于它们都有一张"王牌"或一个"主将":正如随着游戏的变化而变化的不同战斗力,不同种类资本之间的等级次序也随着场域的不同而不同,如经济资本、社会资本、文化资本、符号资本等。它们可以在各个场域都发挥自身效能,但其能否作为一种王牌,及其作为王牌的相对价值的大小,是由每个具体的场域决定的;甚至在同一个场域内的这种价值关系,也可以由场域内的前后不同阶段所决定。正如罗兰·巴特对古典文学和资产阶级文学所做的区分一样,我们同样可以布尔迪厄的场域理论中看到这种区分,这里的意思也正在于此。例如,在文学场域中,古典文学中起到王牌作用的是文学资本,而在资产阶级文学中,起到王牌作用的就是经济资本。所以,"一种资本的价值取决于某种游戏的存在,某种使这项技能得以发挥作用的场域的存在"。① 布尔迪厄认为,在经验研究时,究竟如何来确定一个场域,如何给场域划定一个边界等问题其实和哪种资本在其中发挥作用,这种资本的效力界限又在哪里等的问题是一样的。我们在此看到资本概念和场域概念是如何紧密相连。这一点,也是值得借鉴的。

场域的结构与游戏者之间的关系是什么? 这是一个非常必要的问题,其实正是游戏者之间的力量关系的情况决定了某个场域之结构。首先,"参加游戏"的游戏者拥有自己的特定资本,于是对应了她在游戏中的相对力量、位置、对游戏所采取的策略性取向。其次,游戏者在游戏中所采取的每一步行动,都取决于她所拥有的资本的数量和结构。比如说,拥有资本总量相同的两个人,可能在他们的位置和立场上相去甚远,决定这种相去甚远的就是资本数量和结构的不同,前者拥有经济资本而缺乏文化资本,后者拥有文化资本而缺乏经济资本。最后,游戏者参与游戏与其资本考察不得不考虑时间因素,也可以通过在时间因素的指导下反观决策来看待由资本数量与结构来确定一系列的函数。如果要加以一种类似科学的准确定位,那么我们可以这样认为,决定游戏者采取各种策略,以及决定他是否来参加游戏的各种因素,既是在特定的所考察的时刻他所拥有的资本数量与结构的函数,也是由此因素为他提供和保证的游戏机会的函数,更是由此因素随时间演进的函数。随时间而演进的函数就是游戏者的社会轨迹的函数,也就是游戏者与客观机会的分配关系中长久以来构成的性情倾向(即惯习)的函数。

如果我们知道布尔迪厄和马克思的政治经济学之间的关系,那么我们就不难发现,布尔迪厄对场域的游戏指认远不止这样。资本在游戏场中作为一种符号标志,其数量如果得以使得游戏者来再生产游戏规则乃至部分或彻底地改变游戏规则,那么他们将得到一种类似于滚雪球式的数量增殖。尽管游戏者在参与游戏的当初是多么的墨守游戏规则。马克思的经典名言(哲学家)"不再是解释世界,而是改变世界"被布尔迪厄创造性的改造为(资本家)"不

---

① 同上,136。

再是遵守规则,而是改变规则"。这种改变规则的原因就在于场域内的竞争,拥有这样资本的游戏者通过运用各种策略,极力贬低作为他们竞争对手的那种资本形式。这是资本结构不同带来的改变,当然,资本数量的不同也会带来规则的改变。也就是说,即使是在同一种资本形式下,拥有资本数量多的也会极力贬低拥有资本数量少的,以阻止更多的资本向数量少的一方流动或某种资本优势在游戏中发生结构性的转变,保护和维持他们自己优先拥有的资本结构种类与数量。笔者愿意举例而言,经济场域中,大鱼吃小鱼屡见不鲜;文化场域中,拥有文化资本少的也受制于拥有文化资本多的一方;但是如果在经济场域中以文化资本为主导,或者在文化场域中,以经济资本为主导,那么这样的场域内部的张力与斗争就会更加激烈显著。我认为,马克思所说的资本的本质,也就是这个意思,既是资本的循环流通与增值,又是资本的斗争与支配者话语的支配。布尔迪厄在此尽管有创造性的思想,但显然是有所偏激的。正如他所赞同的历史偶因论,即便场域内部真的存在这种类似于"人性本恶"的斗争与激烈厮杀,但不代表没有平和的和平共处,每一个人的资本即便不同,善良意志却可以战胜资本本质。布尔迪厄不能一再声称要超越主客时,却只看到了客观社会世界,或某种游戏小世界,而不把游戏的参与者确定为一个拥有自主性的"善"的生成。

把场域与游戏作类比分析,布尔迪厄非常直观的使人们看到了场域的逻辑必然性以及与它的核心概念之间的关系。那么我们如何来确定一个场域是否存在?它的存在的界域又是什么?在布尔迪厄看来,场域的界限问题是一个非常难以把握的问题。因为即便这是一个有关场域自身内部的关键问题,也不容许有任何先验的回答。刚才我说到,布尔迪厄似乎抱有一种"人性本恶"论,但是他也看到了参与者的另一种状态:趋利避害。每一个场域中的参与者,无论是哪种游戏角色,例如经济学家、高级时装师或小说家、画家等等,都会努力不走"寻常路",使自己与他们的对手区分开来,一来减少竞争,二来建立自己的场域制高权而确立对某个特定局部的垄断。布尔迪厄的这种看法导致一种看似人为的差异性,从而使他饱受了目的论倾向的非议。有的人将布尔迪厄对文化实践的分析置于一种前提之下,这种前提就是文化实践者是有意寻求区分的。但是实际上,布尔迪厄不是这么认为的,即便真实地存在一种导致差异的生产，这种生产也不是有意寻找的差异的产物。而是有许多行动者在特定场域中为了使自己卓尔不群来减免竞争的激烈程度，他们不得不在场域中以创造差异来维护自己的地位，如果他们的存在、行事在场域中无法做到独树一帜，那么也许在一开始进入场域中就已经被排除在外。所以这种不经意的经意差异使得场域的界限也只能通过经验研究而加以确定。也许我们把场域设想为一个空间，而且无论是哪种场域都具备一定的空间观念，那么在这个空间内，场域的效果才得以发挥出来，而且与这个场域空间有关联的对象正是由于这种效果的存在而使得其内在性质的研究成为一种苍白。所以场域的边界就在场域效果失去效力的地方。每一个人都必须努力运用各种手段来估量效果开始下降的关键点。在以经验为对象的研究中，场域的构建并不通过一种行为的强加，而是对效果的估量来实现。布尔迪厄举了一些集合体的例子——业余合唱团、戏迷会、读书俱乐部等等，他认为这类不具有传播性质或场域效果的真实性的集合行为并不代表就形成一种场域。真正的场域反而与一种传播性强，场域效果明显，声望好，即便是不具有真实性的集合行为或形式的"客观性"的观念有关。例如新闻业中的这种客观性的观念就体现在"报纸"中，发展到后现代社会，也体现在"网络"等传媒工具中，当然这种传媒工具必定是要具有良好的声望的。否则就是庸俗小报的"奇闻轶事"，而不是具有良好声望的"新闻"。只有这样对每一个世界来进行经验分析和研究，你才能估量出他们的具体构成方式是什么，效用限度在哪里，哪些人卷入这个场域世界，哪些人没有，最重要的是，这些状态够形成一个场域吗？

　　既然对场域边界的确定有了大概的方法，那么场域的运作和转变的原动力又是什么？只要我们是熟知辩证法，这个问题想来不是非常困难。在布尔迪厄看来，场域的动力学原则，源于它的结构形式，同时也根源于场域中互相对立的各种特殊力量的不对称关系。因为这些特殊的力量造成了场域中的关键性差异：特定的资本（的数量与结构）："只有在与一个场域的关系中，一种资本才得以存在并且发挥作用。"①因为场域的权力的获得就是某种特定的资本的赋予。特定的资本赋予场域以权力的特征：支配那些体现在物质上或身体

①　同上，139。

上的生产与再生产的,其分配形式能够作为构成场域结构本身的工具的权力,赋予支配场域日常运作的规则的权力,以及从这种规则中获得利润的权力。所以,场域就是一个包含各种隐而未发的潜在力量和正在活动的力量的权力空间,在潜在未发的隐力和正在活动的显力之间的张力作用下,场域同时也是一个争夺的空间。争夺的方式就是一方要继续维持这种力量结构,对立的另一方则要改变这种力量结构。场域中的集体或个人都是各种力量和位置的占据者,同时这些力量与位置之间也具备着客观关系的结构,集体与个人在其中寻找策略使用的根本基础和引导力量,从而用这些策略来保证或改善他们的力量与位置,不仅仅是一种有关权力的斗争,同时加强了对他们自身生产产物最为有利的等级化原则。是什么决定了行动者该采取何种策略呢? 其一,是他们各自在场域中的位置,这种位置又是特定资本的分配所决定的;其二,取决于他们所具有的对场域的认知,这种认知也同样依赖于他们对场域所采取的站在某种位置点的立场所采纳的视角。这种对立面或者等级化原则之间的张力带来了场域的自主分化。场域从一个未分化的状态分化成为一个一个的特色鲜明的场域,传统社会是未分化的场域,但是现代自由竞争资本主义中,场域是自主分化的,而在后现代的垄断资本主义社会中,场域又程序出逆分化状态,一个场域可以渗透融入另一个场域中。在布尔迪厄看来,科学场域、艺术场域、法律场域、政治场域,其自主性程度递降。我认为出场学场域不必把场域无限分化,因为其弊端是如同柏拉图理念的无限分有所带来的尴尬。我采用了利科在《历史与真理》中的做法,以及阿尔都塞对实践的区分,出场学场域主要为历史的真实实践场域与文本的理论实践场域两种,即可全面说明问题而不显累赘。

第五节 中介与步骤:场域与机器论、系统论的区别

场域虽然是具有结构和规则的,但场域不是一个机器,也不是一种系统。它们之间的一个最根本的区别就是:斗争,以及由斗争而产生的历史性! 布尔迪厄对有的人把场域理解为机器的做法深恶痛绝,在他看来,这就是"'悲观功

能主义'的特洛伊木马",它不分时间地点场合,只按照某种预先设置的程序按部就班地完成某个特定的目标,这种观点和场域是背道而驰的。我认为,虽然布尔迪厄在此前批判尼采时强调了场域的时空普遍性,但是这种时空普遍性是在方法论的一般性层面上而言的。布尔迪厄既要摆脱形而上学带来的普遍性套词(例如,不分时间地点场合,就是一种形而上学的做法),又要建立一种生成性的普遍性的方法,这确实"二律背反"。我并不是在用一种后现代的目光来审视布尔迪厄的场域观念,但是这种貌似逻辑背反的观念确实是一个沉重的包袱,加在了场域的肩膀上。其实,每一个理论都是有裂缝的,我在此不愿意对这些固有的理论裂缝作修修补补,只在于提取它的理论精华。国家、教会、学校、政党等等都不是什么机器,而是场域。场域中的规格和结构都是为斗争而生的,尽管在同一个场域内部行动者会对规则本身争斗不休,但行动者还是根据构成游戏的规则以不同强度和不同成功概率来不断地争来斗去,旨在保护那些作为游戏关键的特定的生产产物。我们也了解到在机器中不可能发生的那些在场域中占有支配地位的行动者有能力让场域以一种对其有利的方式来运作的情形,尽管他们必须不断地应付以"政治"方式或其他方式出现的被支配者的"行为反抗、权力诉求和言语争辩"。① 布尔迪厄正视了支配者的手段和被支配者的权益,并且义无反顾地摒弃了历史决定论,给场域以一个动态的发展面目。

　　所以布尔迪厄在这里的对场域与机器的区分是相当有见地的。因为它深刻体现了历史辩证法,即一种作为辩证法的历史和历史的辩证法的相互结合。这与马克思的历史观点,尤其是后来法兰克福学派中的马尔库塞对历史辩证法所做的指认是一脉相承的。但布尔迪厄避免了在历史目的论和历史决定论之间进行抉择的境地,因为无论是哪种抉择要么落入黑格尔的绝对观念中,要么落入机器论理论中,既然都是历史唯心主义,为何不另辟蹊径? 所以,布尔迪厄的历史观在场域与游戏所做的比较中,深刻的表现了立足于行动者的实践和社会现实场域基础之上的历史唯物主义观点。我们再来看看历史唯物主义的场域表述。布尔迪厄认为在一定的历史条件下,也许一个场域会暂时地

――――――――――

① 同上,140。

以一种机器的方式开始运作,支配者得以成功压制、平定被支配者的反抗和敌对。但这仅仅是暂时的,因为一旦将这种机器加以夸大,使得整个社会都以一种自上而下的方式进行时,支配的效果就会加强,这就使得辩证法失去依托,使得场域中的斗争和变化就停止作用。布尔迪厄认为,人们的历史就是反抗和行动造就的。总体性制度只会把历史带向末路。所以"机器"是场域的病态状态,是一种极端的情况,而且在现实社会世界中,这种极端状态也是不可能存在的。"机器"不仅仅简单表现为历史决定论,同样也深含着把权力意指作为合法性依据的前提,所以布尔迪厄不得不对此加以揭示和放弃。把机器作为场域的病态状态,同时是布尔迪厄向法兰克福学派与精神分析学派相结合的马尔库塞、弗洛姆等人的"病态社会"理论的致敬。

场域与系统理论的区别也是存有天壤之别的。因为其一,场域理论排除了一切功能主义和有机论。一个既定的场域的产物也许可能是系统性的,但并不能说它是一个系统的产物,更不是一个以功能共有、内在统合和自我调控为特征的系统的产物,因为场域作为一个自主性的生成过程,拒绝功能共有、内在统合和自我调控等一系列具有先在设定性的基本假定。由于布尔迪厄提倡"自主性"观念,使得人们草率地将系统的"自我指涉性"或"自组织"概念与"自主性"等同起来。诚然,系统理论与场域理论中分化与自主化的过程都发挥了至关重要的作用,但是他们不能相等同的原因就在于一种先在设定的基本假定在场域中是被拒绝的,但是在系统中却是不可或缺的。如果在文学场域或艺术场域中,人们可以把各种立场以及由各种立场构成的某个可能性的空间来看作一个系统,那么它们也形成了一个差异系统,一个各自不同相互轻视的禀赋系统,然而这只是意义关系的差异。场域是力量关系与综合,不仅仅是意义关系。旨在改变场域的斗争关系的地方也正是无休止变革的地方。倘若按照系统论来看待意义上相互轻视的禀赋系统,那么这些禀赋的发展也仅仅出自它们自身的内部运动,而不是生产场域之中的内在冲突,场域的自主性恰好就包括一种内在冲突在内,这与系统的自我指涉性的原则所暗含的观念是正好相反的。系统过于强调客观的按部就班,场域却强调一种肇始于冲突和竞争,它的在某个既定状态下可以被察觉的协调统合或表面上的对权力场域的结构再生产的"共同功能"的取向都出于此,而并非结构内在的固有的自我发展的结果。其二,任何一个场域都不具备组成部分和要素,尽管它拥有自身逻辑、规则与常规。每一个子场域从场域递降下来的每一个阶段都是一种质的跃变,例如从文学场域递降到戏剧场域,其界域则是一些动态的界域,但这种跃变和界限本身就是场域内斗争的关键。用游戏观来衡量,场域是一个没有创造者的游戏,因为它的变动不居与复杂莫测使得任何人都无法设计它的规则。所以,只有通过具体研究,通过它们在生成过程中所产生的经验对象来比较才能充分洞察场域与系统的差别。

布尔迪厄认为,研究场域有三个必不可少并且内在关联的步骤。其一,与权力场域相对的场域位置分析。其二,行动者、机构所占据的位置之间的客观关系结构分析。其三,行动者的惯习,即千差万别的性情倾向系统分析。就第一点而言,我们需要发掘的是权力场域中占据支配地位与占据被支配地位的区分。例如,艺术家和作家所占有的文学场域在权力场域中占据的是一个被支配的地位,尤其是在资本主义制度中表现得更为明显,在那种奉行"商品拜物教"与"资本拜物教"的权力场域中,经济资本占据明显的支配地位。知识分子等都是"支配阶级中的被支配集体"。关于第二点,我们获取了一种客观关系结构,因为在场域中占据这些位置的机构或行动者为了控制场域中特有的合法形式的权威而相互竞争,从而形成了各种各样的关系。第三个不可或缺的环节,是行动者的内在性情倾向的获得与分析,在此要注意的是一定类型的社会条件和经济条件是如何通过内在化的方式而使其在行动者身上得以内在化的,我们也同样可以捕捉到促使惯习与性情倾向系统成为事实的有利机会。在方法论上,布尔迪厄认为我们应该采取斯宾诺莎所说的"同一句子的两种译法"方法:不管是客观上的位置空间还是主观上的立场空间,都应该放在一起分析。因为位置场域与立场场域是不可分离的。也就是说,基于客观位置的主观态度与客观位置之间的关系正如行动者的实践和由表达所构成的受结构形塑影响的系统之间的关系一般,都是密不可分的。然而,方法论上也不可忽视这样一种事实:"位置的空间仍然倾向于对立场的空间起到支配的作用"①。这与我一再强调的布尔迪厄的唯物主义观点是切合的,如果我们把历史社会背景看作位置的空间,对个人的主观意志

---

① 同上,143。

看作立场的空间,那么历史背景对于个人选择的支配性也是比较明显而正确的。这也与海德格尔、伽达默尔、利科等人尊重客观历史优先性的历史视阈一致。布尔迪厄也运用了这种历史观来考察相关历史事件变革。他首先举的例子是艺术场域中的革命,他认为之所以艺术革命会发生,就是因为一部分处于被支配地位的生产者在作品过程中有意识或无意识地呈现出来的颠覆意图迎合了一部分受众者的期望,并因此改变了知识分子场域与处于支配地位的权力场域之间的关系。这种在艺术场域中发生的革命其实也适用于其他场域。例如在 1968 年五月风暴前夕,学术场域中很多嗅觉灵敏的人就已经开始与对此事件的采取拥护态度的政治场域中的拥护者保持步调一致、采取"切合"立场。再例如在经济场域中,银行采取的广告策略和人事管理策略的与它们的客观位置之间同样存在"适配"关系,诸如此类。

　　这些例证又自然而然引出了另一个问题:场域是否可以作为参与到场域活动中来的社会行动者的实践与周围社会经济环节之间的关键性的中介？在这里不打算在这里将此命题研究扩展开来,例如将行动者的实践意寓于符号的创造与形塑,将场域之时间地点场合意寓于价值渗透之路的符号传播,正如鲍德里亚所做的那般。但是布尔迪厄的中介场域理论的确构成了与鲍德里亚遥相辉映乃至是互补性的理论,一个在宏观视阈与方法论层面,一个是相对微观并注重于世界观形塑,但是他们都是(与马克思)灵魂一致的,都是一种由客观历史环境起到绝对的支配作用的本质上是历史唯物主义的理论更新与说明。

　　回到布尔迪厄对这种关键性的中介环节所做的分析上来,他对场域的中介作用作了三个方面的分析。其一,外在的决定因素不能直接作用于一定场域中的行动者,只有通过场域的特有形式和力量预先经历一次重新形塑的过程,才能对行动者产生影响。因此,场域在这种重新形塑的过程中扮演了中介环节的角色。在布尔迪厄看来,一个场域越是具有自主性,就越是能够加强它自身的特有逻辑,加强它所产生的特定的历史积累的沉积物,我认为,这就是海德格尔所指认的理解的"前结构"和伽达默尔所指认的"传统","传统"与"前理解"在其本质上也就是一种外在因素施加于个人立场的中介场,也就是布尔迪厄的"场域"中通过自身逻辑而得以加强的历史沉积物。其二,各种场域与社会空间的主导结构之间都存在全面的对应关系,例如政治场域、哲学场域、文学场域等,它们的组成结构和运作过程都与社会空间结构都具有"可通约性",这种可通约的"对应关系"体现在:(1)它们都具有支配者与被支配者;(2)它们都之中褫夺控制权、和排挤他人的争斗,都存在自身的内部的再生产机制。但是,在这种"对应关系"的另一个层面,也有各个场域之间各具特色不可彼此规约的体现形式。所以这种对应关系在本质上是可通约的,但在形式和表现方式上是差异性的,所以对应关系可以规定为在差异中所反映的相似性。关于这一点其实并不难理解。举例而言,只要稍有哲学功底的人都知道阿尔都塞的"多元决定论",这种多元决定论就是对差异的相似性的最好表述:即便是包含在权力场域中的进行的哲学场域内部的争斗,即使倾向于双重逻辑运作,也是与这样那样的政治集团与社会集团之间具有客观的位置上的对应关系,使得在哲学场域的争斗也同时产生了政治多元化的对应关系,从而在哲学内发挥了政治(或权力)的作用。其三,由于各种场域都是关系系统,但是这些关系系统又独立于这些关系所确定的人群,那么从某种意义上说,个人就是场域作用的产物。场域的观念提醒着人们在建构一个场域时不能不借助于个体,尽管社会科学的真正研究对象并不是个体,也社会科学所必须进行的统计分析所必需的信息却一般都与个体或机构相联系。场域是基本性的,所以场域才是研究操作的聚焦。然而,我们不能借此发挥而把个人看作是"梦幻泡影"或者把个人看成不存在的事物。布尔迪厄对个体的地位持有充分的肯定态度,在他看来,个人是存在的,而且是以行动者的方式存在,而不是生物性的个体、行为人或主体。我们知道生物性个体是直观唯物主义的作风,行为人是存在主义的作风,主体是传统的主客二分的作风,布尔迪厄对此三者所做的否定指认足见其理论功底之深厚。行动者在场域的理论结构中也是一个不可或缺的因素。在当代社会理论中,行动者(agent)是一个很常见的术语,除了布尔迪厄对它进行了高度分析之外,吉登斯和众新马克思主义者也广泛使用这一概念。使用的目的是为了排除与"主体"观念有着千丝万缕联系的意识哲学,和排除以存在主义哲学为代表的行动人(actor)概念中的"主体"投影以及与此投影相应的唯意志论色彩。"行动者"概念除了排除这两个方面之外,还往往强调结构与关系的重要性,尽管在从海德格尔缘起的排除"主客体"与"主客观意识"时,"行动者"与"行动人"之间具有互相通用的功效,例如吉登斯就经常交替使用这两个概念。场域是被各种社会因素或力量所构成的积极而有作为的,这种构成影响体现在:行动者在场域中才能发挥效用;将行动者置身于场域中并琢磨其在场域中形成的知识,才能使我们能够更好地把握行动者特立独行的根源,把握他们的观念和在一个场域中所占据的位置的根源。他们对世界以及场域本身的独特见解也是从这种观念或位置中构建出来的。

所以布尔迪厄认为,不论在什么时候,每个场域都要强征一笔类似于"入场费"之类的东西,这类东西就是能够确定谁更适合参加这一场域(的游戏),从而对行动者进行优胜劣汰的遴选。当然,这笔入场费未必真的就是金钱,或者金钱所能够办到的。例如在学术场域中,有钱或许可以买到很多东西,但是真正的知识是不得不通过勤学苦练才能得来的。拳不离手曲不离口,知识获得积累的深度厚度仅仅与勤奋有关,而这些是场域中的行动者无法用金钱购买而来的。他们可以买到文章、买到出版权、但是不能买来货真价实的学问,否则将会在答辩时露出马脚。同样,起到入场作用的,还可以是女性身体、道德良知等非实在物(尤其是在男性主权的社会场域中),但是它们依然无法买到知识,只能买到沽名钓誉,买到后世之人的慷慨耻笑,这里完全可以运用鲍德里亚的象征交换的观点看来,布尔迪厄的场域的资本概念也是宽泛的。而且这一切都发生在垄断资本主义的特定时代场域或背景之中。然而,在进入场域的过程中,只要人们拥有某种确定的禀赋构型,在他们被遴选出来的同时,就已经被赋予了合法性。所以我们就不得不来研究这些能够发挥作用的禀赋、这些有效的特性和这些特有的资本形式。布尔迪厄在这里也同样构建了一种解释学的循环(当然是新型的):"要想构建场域,就必须辨别出在场域中运作的各种特有的资本形式;而要构建特有的资本的形式,就必须知晓场域的特定逻辑。"[1]正是这种类似于解释学的循环往复的运动[2],使得这类研究费

---

[1]　同上,147。

[2]　"解释学循环"在解释学中是处于一个核心地位的概念。传统解释学把文本中的部分与整体之间的循环往复看作是对理解的重要支撑。在海德格尔那里,"解释学循环"的观念又进一步,成为将文本的发展上升至对"此在"的理解的生存本体论的特征。请参见海德格尔《存在与时间》第 181 页及后,陈嘉映、王庆节译,三联书店 1987 年版。

时而艰苦。所以在布尔迪厄看来,场域的结构是由场域中灵验有效的特定资本形式的分配结构所决定的。如果我们能够"分辨"出是哪一种资本在该场域中发挥作用,那么该场域中的很多东西就能够分辨出来了。例如,知识分子界中的一种无力分辨的行动者之间的差异是存在的,但不能因为无力分辨而将其忽视。正如日常直觉很难被确保以一种自觉而又合理的方式被引入科学分析中一样,很多社会科学家却往往在无意识地使用日常直觉。所以面对场域中的矛盾与斗争力量,我们的直觉经常会提出这样的问题:"这种差别是从哪里来的呢?"不难理解,古尔纳德根据知识分子对制度的态度、职业的投入、外在与内在的性情取向,而将知识分子分为"地方性"的知识分子、"困兽一隅"的知识分子和"世界主义"的知识分子的做法就是为了区别出这种差异性,后两者也是福柯用来相对于"具体特定的"知识分子。在布尔迪厄看来,社会行动者不是在物理学中完全是一种机械而被动的被推来扯去的"粒子",它们作为资本承载者而存在于场域之中。而且,他们的轨迹和他们利用自身的资本数量与结构在场域中占据位置而采取的行事倾向,目的是要么竭力维持现有的资本分配格局,要么颠覆。这一点,在上文中已有详细叙述。布尔迪厄认为尽管这不等于说所有小资本都是造反革命的,所有大资本都是因循守旧的,但依然具有一定的适用性。我认为,如果再进一步挖掘这资本数量与结构背后的生存与利益关系,整个叙述就会更加明了。

第六节 国家场域理论

在而今的发达社会也就是垄断资本主义社会中,社会世界是由极多的业已分化的场域组成的。这些场域具有恒定性与变化性共存的特性,所以对它们的进行生成性分析和比较性研究是十分必要的。恒定性研究是以一般性的场域理论的设想为现实根据,特殊性与变化性则是以各个场域的特有逻辑和千变万化的历史所形成的特征。那么,这些形形色色的场域之间又是如何关联的?它们相互关联的性质为何?它们分别所具有的权重的性质又如何开启?布尔迪厄在此也不得不发出感慨:不同场域之间的相互关联是一个极其复杂的问题。这是布尔迪厄平时不大愿意处理或回答的问题,倘若非要对其进行回答,那么就不得不冒点危险,或者用"层面"或"联系"之类的概念方式进行分析。西方马克思主义者中的结构主义者阿尔都塞用"层面"概念来反对恩格斯的"经济的前提和条件归根结底是决定性的"这一论断,他认为经济基础和上层建筑、国家机器和意识形态之间是隶属于不同层面的,"层面"概念也与他的"多元决定"观念存在密切关联,所以阿尔都塞给出的"层面"论并没有给予实质性的解答,只有通过经验分析才能解决。布尔迪厄相信并"不存在超越历史因素影响的场域之间关系的法则,对于每一种具体的历史情况,我们都要分别进行考察。"①现在能够确定的是,在发达的垄断资本主义社会中,如果说经济场域不能发挥它的权力主导作用,是很难令人信服的。但是是否可以承认归根结底经济就具有普适性的决定性? 如果我们对艺术场域进行一番历史研究就会发觉这个问题是多么纠结。启蒙运动的发展,使得艺术场域在社会世界中的地位一下子被抬高,并在十九世纪似乎获得了它真正的自主性,不再听命于资助人的庇护。也许这个过程无法逆转、不可阻挡,而且艺术和艺术家仿佛一劳永逸地摆脱外力,实现自由。但是当今天我们再反过来看,还能看到当初的意气风发吗? 没有! 所谓反思的社会科学,不得不对过去发生的事情进行重新思考。今天我们看十九世纪的艺术家,他们的做法不过是一种庇护主义的重新抬头,一种直接的依附关系的复归。说到底,这不过是一种突然重新施展开来的一种线性的和不确定的自主化的进程。这个艺术场域的历史分析提醒了我们场域之间的关系不是一劳永逸永远确定的,正如西方马克思主义者中的持有结构定型论的阿尔都塞,例如持有"唯理主义倾向"各种宏大普适性概念,乃至声称可以解释所有问题等功能主义论调,都与场域观念截然不同的。尽管在与结构主义争论不休的过程中,人道主义者也为自主性创造了契机,但是人道主义者多数还是犯了黑格尔式的宏大普适性的毛病。布尔迪厄认为,场域的主要价值不是结构的固定型构,也不是大而一统的理论塑造,而是促进和发扬一种建构对象的方式。这就是布尔迪厄的场域之间关系的一个关键或一把钥匙,作为构建对象的方式使得人们得以避免陷入实证主义或

---

① 同上,150。

经验主义的理论真空,也避免堕入唯理主义的经验真空。这两种理论真空一旦形成就会使得各种对真理的构建也成为真空而被普遍蒸发。虽然布尔迪厄超越各种"二元"对立的苦心经营带来了一定的成效,但是他的理论最终还是模糊不清,不能像实证主义或结构主义那般精准,也不像唯理主义那般能动。除了他最初的构想之外。

接下来的一个问题,就要上升到一个敏感而又绕不过的话题。在场域理论中,能否把国家视为一种"元场域"?布尔迪厄在对场域的诸要素进行分析后,顺理成章地着手来概要性地建立一种国家理论,并对国家政策的产生(生成)进行了分析。他的案例是"住宅经济"问题,在这个案例中,布尔迪厄揭示了国家政策如何直接参与市场运作的决策过程。布尔迪厄在理论国家之余,也不忘先讥讽一下那些把自己关在书斋深院的学者们,尤其是那些脱离实际的马克思主义者和只知道玄想的构造玄乎理论的社会学家。我们可以地惊喜地发现布尔迪厄的在此的观念与马克思以及出场学的贴近现实的观念是如此的切合,他们都对关于国家的学究式的研究弃之敝屣、嗤之以鼻。他们只会用一些准形而上学的观念来天马行空般地讨论国家大事。实际上胡塞尔开辟现象学,也是为了破除这些类似迷信的观念,从而"面对事实本身",我们知道现象学是生活世界的现象学,而不是书本世界或深宅世界的。国家在被当成研究对象的时候,我们发现,它便已经预设了一个命题:"国家是清晰明确、界限分明的统一实体,它与那些也同样可以清晰确定和明确辨认的外在力量毫无交织,互不相容,二者间只存在一种纯粹的外部关系。"①国家是一个统一实体,这是一个自明性的前提,这样在把国家当成一种"元场域"的时候,在里面进行斗争的行动者就不是经济资本作为权力主导了。当我们的经验现实和具体分析告诉我们,国家场域所遇到的是各种行政管理或科层体制场域的聚合体和来自政府方面和非政府方面的行动者和各类行动者群体你争我夺以谋求权力时,我们对权威形式的构成因素就获得一个大概的样貌:立法、行政管理措施、许可、补贴、限制等,这些措施被置于国家政策名目之下,深刻地打上了国家的烙印。住宅的生产与消费就在国家元场域中被各种力量争来夺去。如

① 同上,152。

果要用这种眼光来看待国家,那么国家就成为各种场域的"聚合体",也为各种斗争提供了场所,斗争的关键性的目标就是——垄断具有合法性的符号暴力。我总是不自觉在布尔迪厄的理论中(尤其是关于政治经济学批判与符号学批判方面)发现鲍德里亚的影子,例如"具有合法性的符号暴力",难道不是与鲍德里亚的符号政治经济学批判和象征交换理论相互映照吗?他们都发现了隐藏在符号背后的强大的权力话语系。而后布尔迪厄将其定位于在特定的时间地点场合"民族"内,也就是在一定的领土界限之中。在此定位后布尔迪厄指认出符号暴力确立和强加了"一套无人能够幸免的强制性规范,并将其视之为普遍一致的和普遍适用的。"①即便是鲍氏与布氏有所不同,那也是在理论的外围地带。我认为鲍氏与布氏的"中心命题"是相同的,所以无法赞成库恩的"不可通约论",布氏与鲍氏之间是能够具有可通约性的。可同约性是马克思主义出场学的包容性主张的体现,这也是布尔迪厄的理论的包容性的体现,布尔迪厄本来就认为各场域之间的结构是可以相互通融。当然,鲍德里亚更为专注于解构,他们之间的细微差别在于:或许鲍德里亚关注的是符号在传播中的意识形态控制,侧重于符号批判的普遍效应和解构效应;布尔迪厄将其人类学思想与符号学批判思想相结合起来,将符号批判的普遍性定位于特殊的地理历史政治民族等环境"场域"之中。

布尔迪厄在1970年至1980年间,花了整整十年的时间来研究国家住宅政策,并将有关学术成果发表在《社会科学研究探索》1990年3月号上。他认为,只有将"国家"是通俗易懂的权宜性的标签,并将其贴在形成权力位置的客观关系的各种空间之上,国家才会实现其意义与价值:这些空间可能采取各种具有一定的稳定性的网络形式,同时又是现象各异的互动形式,前者包括联盟、协作、固定的主顾、相互的服务等,后者包括从公开冲突到隐蔽勾结,国家在这些形式中展现自身时获得自身意义。在对各种各样的相互竞争的"民间"代理人或民间组织的行动采取、政策指引、机构互动等行为的考察中,我们发现有的银行为了促进一种住宅假设的贷款面的扩大而愿意自觉自愿地接受政府的某种管制,并使得各种经济活动领域和文化活动领域内使国家政策发挥出指

---

① 同上,153。

挥棒的作用,甚至在教育改革中,布尔迪厄认为,也可以观察到同样的过程。在这些发现之后,总该把自己的主观臆测放在一边了吧,所以布尔迪厄在这里指出他的论述也是为了使得那些"脱离实际"的假马克思主义者和那些不顾经验材料的唯物主义者能够抛开自己的学究式做法,深入到社会交往的现实的实践中,就国家而言,尤其要深入到政策的生成以及传达执行中去。布尔迪厄不会赞同学究式理论对社会世界所做的"特写镜头",例如作为基础的纯粹哲学只能助长近视,无视客观结构、不能直接感知到场域的力量及力量间的关系,布尔迪厄同样对沉迷于日常实践的细枝末节而无法自拔的学者进行了批判,他们同样是高高在上而懒得屈尊俯视的。国家,在布尔迪厄看来是一系列相互交织叠加的场域。他把韦伯的思想加以发展,在国家的结构和互动、结构关系和实际效用关系之间做出了区别。结构与互动的关系被认为是以一种永恒不变而且不可察觉的方式来运作,结构关系与实际效用关系则是以交换关系为载体并通过这种交换关系而实现。国家的场域结构与那种持久不变的场域结构是不同的,科学的任务就是揭示各种资本的分配结构,由于分配结构可以限定利益和性情倾向,从而使这些分配结构成为决定个体或集体所采取立场的关键。网络的特性则相对固定持久,场域中的权力竞夺和资本分配的权重发现了网络的存在以及各种网络创建的过程,这也是布尔迪厄与传播学思想与理论交叉的地方之一。在对网络的分析中,权力和资本等结构分析虽然使得网络得以被发现,但是它们却不得不让位于特定联系和"流",特定的联系联结了各种行动者和机构,各种流则包括信息、资源与服务等软项目。特定的联系和各种的流使网络的本质展现出来,原因就是要揭示这种结构要求人们在研究中运用一种"关系的思维模式",它只能"借助对应因素的分析技术,不然无法转化为一种适用于定量和形式化的数据分析的研究方法"①。布尔迪厄仿造马克思对国家的组织形式和资本运行方式进行了追溯,但布尔迪厄用一种简化了的方式指了出来:自从封建王朝国家或资本科层国家建立后,历史的演变证实了一个长期的不同种类的权力或资本的集中化的过程。从而,布尔迪厄发现了国家的历史规律:国家的建构与权力场域的建构相伴而生。也

---

① 同上,156。

许这种权力场域可以被看成为游戏空间,在这一空间之中不同形式的资本拥有者彼此争斗,争斗目的就是为了对游戏中的被中央集权的资本进行控制,而这种资本控制能够赋予不同种类的资本生产与再生产的支配权,而学校系统在这种资本生产与再生产中所起到的被支配作用表现得尤为突出。布尔迪厄分析了国家对资本的集权作用并不是一开始就生成的,经历了从私人垄断到国家控制的相应发展过程。在初始阶段,场域资本集中在具有公共权威的私人手中,也就是国王垄断,国王垄断的公共权威是外在于并且优越于所有其他领域的私人权威,例如地主、市民等阶层的权威都不如国王的权威。与一些不同的资本集中化过程相应而生的就是与其对应的不同场域的生成、兴起、发展和巩固。这些不同的资本的种类多元,包括主要来自于征税的经济资本、军事资本、文化资本、司法资本以及更加具有一般性的符号资本,资本的集中化与场域的巩固化的结果便是产生出一种特定资本——中央集权资本,也称元资本。这种资本之所以特殊就是因为它通过它的积累可以使国家这个元场域对不同场域和在其中流通的不同形式的资本展开其权力的支配作用。所以这种元资本也同样能够对其他资本之间的相互兑换比率施行资本所有者之间的权力平衡,并施加它作为元资本的支配权,所以说,元资本确定了国家的特有权力。布尔迪厄用资本主义国家的运行模式来分析封建主义国家,极具创造性,并且鞭辟入里入木三分。然而,我却不得不说,封建主义国家即便有文化资本、艺术资本等,但作为其关键性支配资本的经济资本却并不构成形成条件。封建经济诚然是以地租为主的,但地租仅仅在土地所有者和土地使用者之间进行局部集中,在整体上全然不能构成资本主义经济的那种资本生产、分配、交换、消费等一系列循环流通环节,所以布尔迪厄在此的国家场域观或者在资本主义国家的资本主义经济中具有适用性,但个人认为不能置于封建主义国家和经济中,无论布尔迪厄是对"中央集权资本"这个概念是多么含糊其辞,却不把它具体到某一个具体的资本形式中。

第七节　惯习·理性·利益

布尔迪厄的场域与资本概念已经得到了详细地阐述,还有第三个核心范畴——"惯习"。布尔迪厄将惯习与场域、资本相互联系起来的方法是:他指认一种场域"机制","推动"资本来使得行动者确定这样或那样的策略,或者起而颠覆反抗抵抗,或者退而维持漠然视之。布尔迪厄还可以通过"惯习"概念将资本、市场、利益等等一系列似乎类属于经济学的观念重新组织思考,建立一套与传统经济学不同的行动模式。布尔迪厄的"惯习"显然沿袭着胡塞尔"意向性"、海德格尔"前结构"、弗洛伊德"无意识"、伽达默尔"传统"等理论概念,虽然他们得出的结论是不尽相同的,但是其前提却是出于一脉。我一直很难对胡塞尔下定论,他是理性主义的还是非理性主义的,因为他的现象学中的逻辑学精细严密是相当的理性,但其现象学的核心概念"意向性"概念却又具有相当的非理性意味。甚至可以说,布尔迪厄的"惯习"概念的直接来源就是"意向性"。我在这里没有必要再对这一脉的理论逐字逐句的来加以重复,而是传达布尔迪厄在这里的理论宗旨:摆脱唯理智主义和理性中心论的行动哲学。这也是布尔迪厄和他们的不同之处,尽管拥有相似的理论前提,但是结论和宗旨有所区别。在唯理智主义等这种行动哲学的指引下的经济学只会把人看作是理性行动者的经济人。布尔迪厄把实践看作是一种实实在在的逻辑,是一种自我矛盾的"逆喻表达法",使得实践活动成为"实践感"的产物,以及成为在社会中建构"游戏感"的产物。似乎只有"合乎逻辑"的才是实践的标志,但除了"合乎逻辑"之外,实践它具有某种"自身的逻辑",这种"自身的逻辑"不把一般意义上的逻辑当成它自己的行动准则。"自身的逻辑"逃离了客观主义与主观主义的双重缺陷,这一点依然是沿袭着胡塞尔和海德格尔开创的现象学与存在主义。胡塞尔的意向性的现象学就是对一种实践的逻辑的重新构造,不再使用千篇一律的辩证法,或者演绎法或者归纳法,或者实证主义或者神正论等;海德格尔的存在主义也是对实践逻辑的拨正,不再在主体客体的牢笼中反复争论,也不再讨论主观至上还是客观至上。布尔迪厄在对这里的实践逻辑的说明也同时在表达着对这些前辈的尊敬,他超越了主观主义的把行动看成某种自觉意图和刻意盘算,自由地谋划自己的目标而获得效用最大化;他也摆脱了客观主义把实践行动只描绘成"没有行动者"的机械反应。布尔迪厄逃离这两种主流思想的原因在于他想说明的是在最平凡、最细微的形式中体现出来的实践活动的模型,例如各种仪式、婚姻选取、日常生活的经济等等。他对自己的目的说明同样深具胡塞尔、海德格尔的"日常生活"的精神。

"惯习"与实践是如影随形的,最主要的是,惯习确定了一种立场或科学惯习。它就是一种得以明确建构和明确理解的具有其特定"逻辑"——即使是暂时性的"逻辑"——的实践活动的方法。刚才对实践逻辑的分析,完全可以折射出惯习对主观主义和客观主义对立的超越,此外,惯习的另一个超越在于实证主义的唯物论和唯理智主义的唯心论之间的对立。它们之间的对立同样危害巨大。尽管布尔迪厄反对阿尔都塞的多元历史观和结构主义论调,但是他还是采取阿尔都塞的"理论实践"与"真实实践"相区别的做法,他的实践观即使在理论上也是被当作实践来看待的,知识的对象是被建构的,而非被动的复制,这就是对实证主义经验至上论的克制;惯习观提醒人们,对象的建构原则不在于任何单个孤立的形式主体,而在于由社会建构出的性情倾向。这些性情倾向滋生出的惯习有两个必要点:其一,它不得不在实践中获得,而又持续不断地把实践的作用发挥出来;其二,它不断地得以被构成形塑,不断地处于结构的生成过程中。

其实在这个环节的讨论伊始,布尔迪厄首先对一种用单纯幼稚的方式来理解人的行为的哲学人类学的做法进行了批判。正是"利益"的观念,才使得布尔迪厄得以摆脱这种遭遇某种自以为是误解的哲学人类学。利益概念的重要性在布尔迪厄的学术观点中占据重要的位置,并且他也有必要对一种"唯经济主义"进行澄清。布尔迪厄依然引用马克思·韦伯的观点,遵守规则与否取决于一种有关利益的预期效应,也就是说,当遵守规则所带来的利益效应如果小于不遵守规则所带来的利益效应时,社会行动者就会选择后者,反之,就会选择前者。韦伯的这种地地道道的实用主义原则提醒人们:与其对人们据以行事的规则进行分析,不如首先对那些使规则发挥效用的东西进行探索。韦伯的启示是有益的,他曾经使用一种宗教游戏中盛行的经济的模型来指明这背后的利益效应,布尔迪厄在此基础上有所发展,他"在分析文化生产者时引入了利益观",以此对"自由漂移的知识分子"这一意识形态提出质疑,用以对抗知识界的普遍流行做法。我认为,在海德格尔隐秘地恢复了主体之根的地位之后,客观性的思想就一度被收敛起来,所以知识分子的主观性得到了诸多加强和引导,从而成为自由漂乃至移漫无目的之物。知识分子真的是在自由漂移吗？布尔迪厄在此的观点用一句中国古话来概括，就是"天下熙熙，皆为利来；天下攘攘，皆为利往"。所以布尔迪厄不得不总是在这个环节上来不停地讨论特定利益，因为经常可以在探讨由历史来决定场域的运作时被预设和生产出来的利益，这种利益更像是一种"幻像"。鲍德里亚经由"符号"把政治经济学批判引入到文化批判领域中，布尔迪厄经由"利益"把唯物主义引入文化领域。然而，这种思维方式从历史上看，在文化生产场域获得自主性后就特别不受此场域欢迎，并被视为异己排除在外。布尔迪厄在对"利益"观念的解释中运行了海德格尔的存在主义观点，既然规则无法改变，那么如何使自己获得良好的心境？如果要真实地理解"利益"观念，就必须认识到，与它相对的是所谓的超功利性，以及"漠然"概念。我们所说的漠然，就是不为游戏所动，也就是不为一些利益分配或奖励的机制所动。漠然是一种价值的取向，是伦理学上的不偏不倚，也是一种知识态度和气度："众人注目之事，我却无力辨别"。这不是一种无能，而是一种气定神闲、超然洒脱。"幻像"就是气定神闲的极端对立面。所以，幻像中的人被游戏场域中的规则牵着鼻子走，从而失去自我。如果行动者对某种社会游戏产生兴趣，有切身利害感，那么这个社会游戏就对此行动者的内在过程关系重大。在这一游戏中，人们争夺的目标才是兴趣的终极所在，才是需要去实现的，所以行动者不得不努力去应付这一游戏。布尔迪厄对"利益"概念的解释是一种场域的存在主义论，是海德格尔、老庄思想与场域理论的结合，所以他的解释完全不同于功利主义。因为在功利主义那里，"利益"就是简单的超历史的普遍适用的。这种利益是顺应资本主义经济制度需要而产生的，并成为被无意识地方式被普遍化了的形式，它是历史的任意武断性的，而不具有恒定性，尤其是在人类学意义上的恒定性。资本主义经济制度下的"利益"其实是一种在历史境遇下的建构，只能通过历史分析和经验观察的事后总结与反思才能体会。所以有关利益的普遍性的所有考察和论述都是虚幻的类似于关于"人"的类哲学般的概念进行先验推断而得出来的，使得这两个概念同时陷入了"人类中心主义"的误区。

布尔迪厄借助这种对利益的先验性和普遍性的否定，得出有多少场域，就有多少种"利益"。每一个场域都拥有各自不同的利益形式和特定的关于利益的"幻像"。这种幻像就是行动者对游戏中彼此争夺的目标与价值的心照不宣的认可,和对规则的实际把握。参与游戏的人对特定利益的认可与接受是不言而喻的,而实际上,由于每个人在游戏中由于资本数量与结构不同而导致场域中所占据的位置不同,会使他们处于支配与被支配、正统与异端的境地。由于行动者们获得这一位置的轨迹不尽相同,那么利益差别也不尽相同。即便我们用人类学和比较历史学的观点来看,我们也会发现只要社会巫术恰当地被使用,就能把各种不同的事件构都建成一种"利益",建构成一种经济学和精神分析学双重含义上的"投入",这种切实可行为行动者画了一个饼,在功成之时客观上就可以获得由某种特定的"经济"给予的犒赏。

如果说有什么东西可以同时预设和产生某种特定的利益形式的话,那么这就是具有某种特定形式的场域,尽管具有与其他由交换媒介形式的场域通约的可能,但是完全可通约性是根本不可能的。国家这个"科层场域"在市场的建构中发挥着关键作用,市场就是一种社会政治建构,折射各方的索求和需要。各方的社会行动者与经济行动者有着各自不同的权利索求和利益需要,但是如果他们的利益如果要得到统筹安排,机会和能力却互不相同。从中布尔迪厄与丹尼尔·贝克的"人类行为的经济分析"的差别也可获得端倪。其实,在布尔迪厄看来,他与所谓的正统经济学(例如丹尼尔·贝克)之间的共同之处也就仅仅在于一些用词上。经济学本来就是一个高度分化的场域,即使是主流思潮也包含着许多不同的流派。例如"投入"概念,首先指其行为的倾向,它来源于一个场域和性情倾向之间的关系,将根据场域引发的游戏而不断做出调整。其次,它是游戏感和利害感,这种感觉隐含游戏参与的趋向和能力。行为的倾向与实践感都不是普遍适用的,也不是预先给定的,而是在社会与历史的共同影响下建构而成的。有关各种场域的经济制度的一般性理论其实都是通过不断抽象而概括出来的,这是归纳法的表演。只有把资本、投入、利益等一般性的抽象概念在特定的场域中所采取的特定形式,才能做出描述和分辨,从而避免各种唯经济主义。这种唯经济主义只看到物质利益,只会处处心积虑地追求货币利润最大化。这种思路是狭隘的。布尔迪厄与唯经济主义的最大区别是他建构的是一种有关实践经济的总体科学,而不是局限于人为的在社会上被所谓公认的经济的实践形式。实践经济是必须把站在各种不同形式的资本之上,以一种俯视的眼光来把握这种"社会物理学的能量",揭示各种不同资本之间相互兑换的法则,所以布尔迪厄一共确立了三种根本类型的资本——经济资本、文化资本、社会资本。以及另一种类型的符号资本。行动者根据各种感知范畴来确认三种形式的资本与其各自特定逻辑,如果这些资本的占有和积累的任意性被误识而被行动者把握,那么符号资本就获得了它的形式。经济资本在资本主义社会中地位重要,前文也有论述,文化资本的独特性却在于它具有普遍性,也许把它称为信息资本更为妥当。文化资本具有三种存在形式:身体化、客观化和制度化的形式。社会资本或指个人或指群体,是交互主体际凭借较为稳定的、在一定程度上制度化的、彼此相互熟识的关系网而积累起来的资源总和,而不论这个"资源总和"是实际的真实的还是徒有其表的。所以要对社会中各种纷繁多样的结构和动力做出解释,就不得不承认资本所能采取的不同形式。布尔迪厄举了两个典型的国家模式来说明这一点:瑞典和苏联。如果要解释它其中的社会空间的形塑,就要考虑社会资本的作用与其独特形式:它由政治资本构成,通过"集体资源"来实行某种"家长式统治",在瑞典通过各种工会和工党来实现家长统治,在苏联则是完全通过政党来实现家长统治,从而产生可观的利润和可观的特权。资本主义制度国家则是经济资本在社会场域里发挥作用,所以从本质上说,国家或社会都是由一种支配性的资本占据主导作用的情况下运行的。

布尔迪厄还把实践与经济相结合,树立"实践经济"理性的理论。实践与经济形塑的关系十分密切。在传统的或正统的经济学看来,人类的实践活动要么完全受到呆板的因素的驱使,要么就是一种完全自觉自愿的意图,从而来努力使实践行为获得效用最大化,克服经济规律论模型的桎梏。但是布尔迪厄认为实践活动还可以有其他准则:是实践形塑经济,它遵循着某种固着的但不仅仅局限于经济的理性。"实践经济"涉及了广泛而又多样的目的与职能,丰富多彩的行动实践又岂能只归结为机械的反应或明确的目的,而不是出于有根有据的意图,所以实践的合情合理问题才是更加重要的。布尔迪厄的理论绝不是对经济学的移形换影。他要证明的是经济学理论,以及他的社会学派生物——理性行动理论——绝不是一成不变的样板或模型。经济学理论是场域理论的附属,受历史和情境的双重限制。

此前,我曾经讨论了布尔迪厄的"惯习"对胡塞尔、海德格尔、伽达默尔、梅洛－庞蒂、后期维特根斯坦等人的各式各样的本质上的现象学主义①的一脉承袭，然而要仔细看待布尔迪厄的基因图谱，还不得不考虑掀开哲学革命的先驱者马克思对他的影响。马克思把哲学深入扎根到社会现实之中，剥离了主体理性中心论的神秘面纱。"遵循马克思在《关于费尔巴哈的提纲》中提出的方案，惯习观旨在使一种唯物主义的知识理论成为可能……我相信，从黑格尔的精神（ethos），到胡塞尔的习惯性（Habitualitat），到莫斯的素性（hexis），所有那些在我之前使用 habitus 这一古老用语或类似概念的人，都受到与我相似的理论意旨的启发。这种理论意旨就是既要摆脱主体哲学的阴影，又不抛弃行动者；既要克服结构哲学的束缚，又不忽略结构作用与行动者且通过行动者体现出来的各种效应。"②马克思的唯物主义观念带来了预含某种建构工作的观念，但又不落入唯心主义。这种建构不是知识分子在书斋中的"坐享其成"，也不是关于思维、意识和知识的陈腐观念；它存在于实践的正在发生的活动的，甚至可以存在于实践的后反思中。布尔迪厄一再强调他的"惯习"（habitus）是与"习惯"（habit）不同的概念，因为"惯习"是深刻地存在于"性情倾向"系统中的，既是带有着深刻的社会烙印的事物，也是一种作为技艺（art）的生成性存在与创造性能力；既是完整的实践操持，也是某种创造性的艺术。所以布尔迪厄的惯习是反对机械论的，尽管它有可能遭遇到各种机械论的反驳。在布尔迪厄看来，这也许是最好笑的地方。

　　那么，布尔迪厄的惯习理论和美国实用主义哲学传统，例如杜威之间的关系又是什么呢？令人惊喜的是，在布尔迪厄对此问题做出回答的时候，把海德格尔、维特根斯坦和梅洛－庞蒂等思想抽取出来，使他们与欧洲哲学的根深蒂固的"艰涩"的唯理智主义哲学区分开来。杜威是美国哲学家，他的思想对美

①　"现象学主义"这一术语也许并没有被使用过，但如同唯心主义、唯物主义等主义一般，主义内部是可以有各种派别的。由于"现象学"狭义上就仅仅只能指胡塞尔，为了不混淆概念，我在这里使用"现象学主义"，目的是为了表达这类学说的灵魂都是一致的，他们都是现象学的生活世界的意义论的支持者，但侧重点和细节方面有所不同：胡塞尔注重严密性的逻辑、海德格尔注重挖掘隐喻的存在理论、伽达默尔注重传统的影响力、梅洛－庞蒂注重身体的知觉、后期维特根斯坦注重日常生活语言分析。总而言之，除了胡塞尔之外，其他人都在现象学基础上摊开了非理性和偶然性的重要性；并且，所有的现象学都反对二元论：遂成为一种主义。

②　同上，165。

国社会的大众思想形塑起了十分重要的作用。就相同点而言,布尔迪厄与杜威的相同之处有:其一,他们都十分重视与惯习相类似的概念,并把惯习作为与世界相联系的积极的创造性的概念;其二,反对各种二元论对立。在笛卡尔的二元论奠基之后,几乎所有的哲学都将二元对立视为根本前提,他们在胡塞尔对"现象与本质"的对立进行摒弃、海德格尔对"主体与客体"的对立进行摒弃后,继续反对"内在"与"外在","物质"与"精神"、"个人"与"社会"等等的二元分裂对立。

布尔迪厄的社会行动概念,与一种影响广泛的思潮直接对立,这种思潮举起了理性行动理论或理性选择理论的大旗,在社会科学领域中具备了强大的号召能力。但是布尔迪厄却没有人云亦云来为这种学究式的理论作辩护,而是证明了场域并不是学究们所认为的形而上学,相反,它是对形而上学的彻底摈弃。布尔迪厄在这里体现了对马克思的继承之处。在他看来,理性行动理论或理性选择理论的谬误早就被马克思发掘而体现在他对黑格尔的批判之中:"将逻辑的事物错当成事物的逻辑"。所谓理性行动理论是指那些被学究式科学研究者们用来概括实践的思维的概念,而不考虑行动者们在真实社会中所建构的实践感。所以倘若将理论的投射之光置于这种对思维的思维而非实践本身,那么就只能是学究本人的虚构投射罢了。它将认知主体投射至行动主体,把思维代替实践,在这种思维的影响下,也很容易将我们的马克思主义出场学的场域观误解为形而上学。但是事实上是,如果一再强行地把场域理解为形而上学,那么这种强行的学究式的思维就创造了"一头怪物,它有着行动者的身子,上面安着个思想者的脑袋,这个脑袋以反思的、逻辑的方式思考着置身行动中的他的实践活动。"①因而在实践形塑的过程中,以经典现代性为代表的人类理性中心论同样也是站不住脚的,布尔迪厄展示了与萨特相似的"存在先于反思"的思想。出场学场域虽然具有反思意识,但出场学场域认为,反思意识首先是在特定的历史场合中的反思。所以,出场学场域与布尔迪厄、利科、萨特等法国黄金一代的学者同样认为"存在先于反思",然而"反思反作用于存在"。"存在先于反思"不代表没有反思,不能进行反思,这是出场

---

① 同上,167。

学场域的主要思想之一。

对反思先于存在的唯心论批判使得布尔迪厄在此对经典现代性大写的人与大写的理性进行了深刻的批判就充满了依据。在他看来,在理性行动论的视野中,行动者只能看到各种潜在的或实际的际会(大写性),对此也只能进行"理性的反应"或所谓的"理性的反思",这样,行动者的此在的与在此的形式都是从一个模子里刻出来的,无论是张三李四还是王五赵六都没有区别。倘若再加上人类学思想,这种以经典现代性为理论架构原型的"虚构(镜像)人类学"(imaginaryanthropology)只把实践行动建立在行动者有意图的选择上,无论这种实践与行动是否为经济行动其结果都是一样的,行动者本人在这个时候无论在经济方面还是社会方面都不受任何条件限制。但是行动者本人理性并不是真神安拉,它不仅无法驾驭个人的非理性的导航路线,也无法驾驭社会历史以及非理性的航程,所以这种理性行动理论是狭隘的,没有行动者个体的历史,也没有行动者集体的历史。布尔迪厄认为,只有通过在历史进程中寄居在行动者身上的偏好结构,与那些产生偏好或者被偏好结构所再生产出来的各种客观结构相结合看待,才能在一种复杂多变的辩证关系中将结构架构出来。这种后结构主义思想破除了结构主义大一统的迷信。

面对批评者将惯习误解为一种否定历史的历史哲学的核心概念,布尔迪厄表示,这种误解是完全理解反了,其实惯习的目的就是提醒人们经济行动者的历史性就是历史的以及由历史所带来的偏好与欲望的生成过程。同时,它也是理性与非理性的结合。所以,哪怕是某个单个的个人对他者的最细微的"反应",也是在此场域之中的行动者的所有社会关系和全部历史产物的总和。人类行为并不是对直接刺激的直接反应,一切都是在历史中造就的。布尔迪厄在此的观点也是辩证的,不再崇拜那些宏大事实,而是从最细小的细节处着眼,"从小人物中见大历史",这种以小人物来折射大历史的做法我认为是值得肯定的。尽管其历史的客观结构方面的论证和逻辑是欠缺的,导致一种结构与多样性之间的矛盾偏差,但是在后现代思潮横行的哲学历史背景之中,它的场域结构形塑观点给予了解构思潮以沉重一击。"惯习"概念就是小人物大历史的体现,因为如果我们仅仅只理解刺激,并不能使我们更多地理解它们所引发的即时反应与持续作用。从一整套历史中脱胎出来的惯习从一开始就和这一整套历史联系着,一方面,它筛选着各种可能反应,另一方面,将筛选出来的反应加以强化而成为新的惯习。这样看来,就不难理解惯习为实践所提供的动力原则了。要真正地理解实践(及其形塑前后的模型),我们就不得不首先去探究究竟是哪些经济条件和社会条件在影响惯习的产生和实际的表现形式。我认为,在布尔迪厄的"过程本体论"的实践理论中,这种对社会经济和历史条件的剖析和它们对实践的影响充斥于实践开始之前,实践的结构形之中,以及实践的形成之后的整个过程中。

　　布尔迪厄在此批判的理性行动主义恰好是对哈贝马斯的理性交往实践理论的批判,或者说是以海德格尔、伽达默尔的前理解和传统理论来对哈贝马斯的社会批判理性理论作一个补充。举例而言,他认为,理性行动理论错误地把经济的内在法则曲解为实践的普适规范,以便使这种普遍规范得以随时随地加以实现。它的失误之处在于"它忘记了——并掩盖了——一个事实,所谓'理性的'(rational)惯习,或者更恰当地说,合情合理的(reasonable)惯习,确实是某种适当的经济实践活动的先决条件,但它本身却是特定的经济条件的产物。"①惯习既是实践活动的形塑前提,也是实践活动形塑的结果,布尔迪厄真实地把心理学、哲学与惯习理论联系在了一起。在他看来,如果要真正察觉到并把握住那些形式上向所有人开放的"潜在机会",那么必须在最低限度上占有经济资本和文化资本,也恰恰是这种最低限度的占有才限制着所谓的"理性"惯习。事实上,能力和性情倾向总是来自于一个人的经济占有权力,和经济掌控权力,所以理性行动理论不得不用一种无中生有的方式来设定普遍的既定利益的存在,至少它没有考虑到在一种千变万化的历史中利益本身的社会起源问题。此外,惯习理论还能解释为何在理性选择理论中,它的目的论尽管从人类学意义上来说是虚假的,可是在实际经验中却很逼真。在个人主义的目的论看来,行动是行动者自身的心目中具有明确目标的意识所决定的,布尔迪厄认为这不过是一种冠冕堂皇的幻觉。他继续以更接近于非理性的方式来反对这种自我标榜的目的论意识,即惯习在结构上的亲和更加容易在同一阶级的许多人之间发生,而无须借助任何集体性的意图或自觉的意识,为了使

———————————

　　①　同上,168。

客观上产生步调一致、方向统一的实践活动和效果,他们设定的有关目的论的相互勾结的"图谋"也是徒劳无益的。这种目的论思想使得很多社会世界里的准目的论现象就这样得到了解释,例如给理性行动理论制造麻烦和两难困境的如何从个体行为和个体反应形式上升到集体行为和集体反应形式的问题居然也就此被逼真地释放了。"纯粹的目的论的眼中只有一个纯粹的头脑来秉承一个完美的意愿进行着选择,还有一种较温和的目的论,承认选择有所约束"①。其实在这里布尔迪厄认为他们上演的依然还是理性与非理性的翘翘板游戏,但又举棋不定变化多端反反复复,例如对理性的削权仅为表现在"有限理性"(bounded rationality)、"非理性的理性"(irrational rationality),对非理性的削权则只表现为"意志薄弱"(weakness of the will)等等,在这个问题范式的旗号下,布尔迪厄认为,乔·恩斯特也(Jon Elster)步了萨特的后尘,其实同一个原因其实并非像他们所想象的那样就会产生同样的效果,所以更加不能用同一个原因产生同一个效果来揭示欺诈和誓言。这些概念混乱和问题范式就是不如布尔迪厄的"场域"概念和理论的范式研究,"场域"就可以将非理性和理性的优点纳入而摒弃它们的缺陷。

由此我们也可以得出布尔迪厄场域的真理观,所谓的普遍真理其实在场域中并不能获得实在性。场域中的斗争力量会把行动者按照占有资本的数量和结构划分为"类聚合体"②,各个"类聚合体"会根据自己的利益和欲望惯习来假设自己的真理,所以在一个场域内部由于竞争关系可能会形成很多种不同真理观,即某种价值观。具体说来,例如哲学中马克思的思想代表了无产阶级立场的真理,同时代的杜林和普鲁东显然是树立资产阶级的真理路标,保守的浪漫主义依然在为封建地主阶级的利益和真理疲于奔命;即便是在同一资产阶级社会中,亨廷顿也发出了《文明的冲突》的信号。布尔迪厄这种真理观不能简单理解为把真理多元化或解构真理的一元主义,也不是纯粹意义上的相对主义。其实这是一种一元下的多元论,或一元与多元相互结合的论点。

---

① 同上,170。
② "类聚合体"是笔者根据布尔迪厄的场域阶级理论而创作的。代表了各个竞争集团以及由于占有资本数量结构的相似性或受欲望利益惯习的相似性影响而暂时聚集到一起的场域中的行动者。而不同的"类聚合体"之间必然是具有差异性的。

布尔迪厄的真理一元就是以场域为恒定真理,从而把海德格尔的此在具体化为在特定时空和历史背景中的此在的各种动态过程。所以布尔迪厄的场域概念看似简单,实则包含了深刻的哲学功底和渊源脉系。

结合了梅洛-庞蒂身体现象学的布尔迪厄的场域理论中,时间、实践、惯习是个重要的和永恒的话题。惯习既然是时间性的,那么惯习与未来的关系又是什么呢?布尔迪厄认为,实践是惯习的产物,惯习来自于世界固有的客观烙印,是客观规律的趋势在身体层面上的体现,因此,实践本来就蕴含着未来性的、对规律和趋势的预测与把握,也就是说,"包含了对未来的一种非设定性的指涉"。① 时间产生于行为与思想的实现、外化过程中,这种实现过程,既是现实化的,也是去现实化。布尔迪厄的意思很明白,尽管他传承了马克思的唯物主义思想和辩证法,但在历史观上,却与马克思不同,布尔迪厄的历史观不是唯物史观的全部,因为他一再坚持的是历史偶因论。我认为布尔迪厄这里的历史观与马克思持有的是两个不同的侧面,布尔迪厄讨论的历史是说这团火需要经过一次碰撞生火还是两次碰撞或多次碰撞才得以生火,注重的是碰撞的多元方式;马克思的历史观认为,无论是哪种方式得来的火,不可缺失的环节就是"碰撞",也就是实践,注重的是"实践"这一不变的必要的不可缺乏的环节。只要再跨出一小步,布尔迪厄就可以达到马克思的唯物史观,也可以更加契合作为马克思出场学的场域观。

惯习作为场域的固有趋向的时间性因素就是在其自我外化的实践行为中体现的,同时也实现了对直接现实的超越,这种超越性体现在过去-现在-未来的时间线索中。在这个意义上,实践活动同样是一种时间化的行为,行动者通过对过去经验的组织调动,从在场的场域中对深藏于现存事物中的客观潜在性状态的未来情况进行预测,从而实现了对在场以及直接现实的超越。惯习,显然是过去的产物,它产生于过去的场域趋向,在现在是以实践的方式指涉藏匿于过去中的未来,并且在实践中经过各种调整而形成新的惯习。所以说,惯习在自我实现的过程中把自身时间化了的。当实践理论被浓缩在场域观和惯习观里以后,我们才可以说我们是拒斥了以往的形而上学概念那种把时间和历史看作是自在实

---

① 同上,183。

体,可以外在于实践并且可以先验于实践的观念。同时,这种实践理论也不会限于内主观意识的时间观中,例如胡塞尔所倡导的那般。所以说,布尔迪厄的场域理论可以说是一种内在与外在相互缠绕的科学探索。

那么我们了解了惯习的本性后,就知道该如何从惯习这种性情倾向中解脱出来,与它保持良好的距离并进行细致深入的观察。斯多葛学派的贤哲们曾经说过:我们能够决定的,并不第一反应,而只能是第二反应。布尔迪厄也许是海德格尔的前理解的后继人,也是弗洛伊德、拉康等人无意识理论的布道者,但是与海德格尔对"前理解"采取"信仰"的非理性方式不同,布尔迪厄所采取的非理性方式是"惯习"。也就是说,非理性有很多种模式,可以是信仰,也可以是惯习;其实在我看来还有很多情绪方面的非理性因素也是很难琢磨的。而布尔迪厄认为,控制惯习的第一倾向是很困难的,反思性的分析却给予我们一个契机。情境强加过来的理论中恰巧有一部分是我们赋予它的,我们可以通过改变对情境的感知理解来改变对它的反应。这样就可以使我们有能力在一定程度上,对某种位置与性情倾向之间的直接契合关系而使决定机制发生作用的情形来进行"监督"和"控制"。说白了,就是借助无意识和无意识的契合作用,才能使决定机制充分地发挥作用。在布尔迪厄看来,行动者的主体地位的获得在于使主体有意识地自觉把握与他们自身性情倾向相关的决定机制,决定机制的自由驰骋在于限制性情倾向的肆意发挥,性情倾向的肆意发挥只会使得主体自主性能的消失。借助自觉意识,行动者经过反复思量,来决定是让他们的性情倾向发挥还是压制。也可以按照 17 世纪的哲人们的做法来使得两种性情倾向的取向之间彼此对立与争斗。莱布尼茨的提法就比较有代表性。人不可能像笛卡尔宣称的以理智作武器来与激情做斗争,而只能以"有偏向的意愿"策略在其他激情理论的协助下来抗击这种激情。然而,如果不能明确上述过程,就不可能管理一个人的性情倾向。管理不是以个人的选择作为各种"选择"原则而存在的"惯习",只有很好地分析由性情倾向体现出来的微妙的决定机制与过程,才能避免成为无意识的性情倾向的附属物,这种无意识的性情倾向本来就是决定机制的同谋。这里布尔迪厄强调了无意识的重要性和对决定机制的干扰性,强调了一种类似于实用主义的理论倾向。用惯习与场域之间的被建构关系代替"行动者"与"结构"之间的似是而非的表面关系,也是把时间引入社会分析核心的一种方式。并且,它还从反面揭示体现在结构主义行动观与理性选择行动观中的非时间化(即只强调共时性而不强调历时性)的行动概念存在的缺陷,从而将非时间性因素与时间性因素结合起来,同样也把共时性结构与历时性结构结合起来。惯习和场域在布尔迪厄的眼中是历史存在的两种存在状态。它们构建了一种全新的时间理论,因为这种理论可以同时摆脱两种相互对立的时间哲学:一方面,一种形而上学的观念将时间看作一种自在实体与主体,它能够独立于行动者的存在而自我存在。例如"时间长河"的隐喻,把时间看成一种自我发动的自在实体与主体。另一种则是意识哲学的时间论。这两种观点都没有考虑到凝固在实践中的时间性。时间不是形而上论调的先验条件,也不是意识哲学的非历史无客观的向度,而是真正的实践活动。实践在自我创造的同时创造时间。实践在布尔迪厄看来是惯习的产物,惯习有赖于世界固有的规律和趋向在身体活动层面的体现,所以实践的自我实现过程包含了对规律和趋向的预期,也就是包含了对非设定性的未来的指涉,它深刻地存在于直接性的现在当下之中。在行为与思想的生成性的实现过程中,时间产生了。所谓的实现过程就是指现时化和去现时化的结合。现时化指涉现在,去现时化指涉将来,也就是日常语言的时光"流逝"。在没有例外的情况下,实践活动是言之成理、富有意义的,并没有按部就班地明确构建未来,这也是合乎情理的,实践活动被布尔迪厄局限在了细微的小宇宙,它被认为是来自于与场域固有趋向相适应的惯习。实践活动就这样融入了时间化的行为。布尔迪厄的时间观既包括了过去对现在的形塑,也包括了现存事物对未来进行的预期。惯习是过去的产物,而以实践方式指涉蕴涵在过去中的未来趋向性,在惯习借以实现自身的行为中,它也同时使自身时间化了。虽然这是一种用非理性方式避免了选择,却是来自于唯物主义的一种观念。当实践概念被浓缩于场域和惯习之中后,它得以超越共时性的大一统的普遍性和历时性的变化不定的流动性。实践可以拒斥把时间和历史看作自在实体外在于实践且先验于实践的形而上学观念,因此也不会落入以胡塞尔现象学或理性行动理论为代表的视觉隐喻的意识哲学的巢穴。

因此,布尔迪厄接受了一种彻底的历史性,其基础就是将(社会)存在视同于历史(或是时间)。因为任何实践以及任何形塑本来就是在时间中发生的

(当然也是在空间中发生的),来观察一种惯习结构的再生产。作为一种已被形塑了的结构而将实践的感知图示融入实践活动与思维活动,则来源于社会结构通过社会化途径的个体生成过程在身体上的体现。这种起到规约作用的社会结构本身,则来源于时间长河中一代代人的努力的系统生成的系统。布尔迪厄提出心智结构的双重历史性,也就是惯习的双重性,也就是其设想的实践理论,初衷就是为了与法兰克福学派的阿佩尔和哈贝马斯那样建构的普遍语用学相区分开来。在布尔迪厄看来,那种简单粗陋的把工具理性和交往(沟通)行动相互划分界限的行为无法分析前资本主义社会,也无法分析后资本主义社会,也就是那种分化度最高的社会。布尔迪厄的资本主义其实局限在了买二送一的商业馈赠或公共关系的典型制度之中,因为他认为可以管窥一致。既然实践理论是一种普遍人类学,就不得不考虑认知结构的历史性和历史性的认知结构,继而不得不承认行动者是普遍作用于这类历史结构的事实。惯习的这种双重历史性,使布尔迪厄对社会再生产的实际逻辑所进行的分析获得了人类学基础,而不是其他学说。布尔迪厄反对任何形式的机械论,所以他不认为历史和社会秩序可以像工厂中的商品生产的机械的自动流水线,只能通过行动者的各种策略和实践来加以实现。这样的策略和实践使行动者把自身时间化,塑造了此世界的时间。这个塑造过程并不能阻止他们将这个世界作为一个超验的现实来加以体验,他们对这个超验的现实没有掌控能力而只能是等待、焦虑和不确定感。像科层组织这样的社会集体,如果要维持它们的存在,就必须使其具有内在固有的本质倾向。这种类似于"记忆"或"忠诚"的东西就是行动者惯常行为的"总和"。这些惯常行为将约束力量关系,力量关系则构成了行动者参与其中的场域,构成了使他们彼此对立的各种斗争。约束的限制使得惯习来引导这些行动者的情境体会,再酝酿出相协调的行动路线,因此像一个量体裁衣的裁缝,再生产出他们的惯习结构。行动者通过有意识和无意识的致力于再生产的实践,以惯习的方式将特定的结构性必要条件内在化为积极主动的生产者,使得结构的自我再生产实现。然而,要实现结构再生产,所必要的依然是一种历史的行动,而且是由许多真正的行动者所实现的历史行动。这样,惯习理论的宗旨就显现为旨在清除各种意识哲学传统所偏爱的"主体"。但是主体也不是完全被清除出去的,好像政府清除革命余孽一般。它的能当作用依然被保留下来,否则也就不会有结构再生产了,主体正如一个中介或桥梁,将社会结构与惯习结构及其再生产结构联结起来,与此同时,作为行动者的主体也是惯习结构的产物。布尔迪厄尽管认为这是一个简单的回答,但是他在《国家精英》一书中做了最充分的回答,在一整套经验研究和理论分析的指导下,来充分阐明心智结构与社会结构、惯习与场域之间的复杂关系体系,并揭示出它们的内在动力机制。

第八节　性别·语言·符号暴力

布尔迪厄在《语言与符号权力》一书中,对传统(或纯粹)结构主义语言学予以彻底批判,并用另外一种模式来替代。简单言之,他的模式将语言视为权力关系的一种工具或媒介。或者说,语言仅仅是权力关系外化的表征与手段,而不仅仅是作为一种沟通的手段。在布尔迪厄看来,那种共时性的传统语言结构必须在语言的生产处与流通处的互动情境和结构情境中来研究。尽管布尔迪厄的对这些结构予以重视,但是它的结构体系的内核却依然还是辩证法的。他转变了语言学中的共时性的绝对优先地位,而以一种类似于马克思唯物史观的态度将客观社会历史环境背景,以一种场域的结构的方式植入语言学系统,从而在语言学内部进行了理论"反转"和范式"创新"。而在布尔迪厄看来,"纯粹"语言学的特征是赋予结构的、共时的或内在视角的优先性,并以为这些因素是比历史的、社会的、经济的或其他外在的决定因素更为重要的因素。

布尔迪厄在场域理论的完善过程中,纳入了不可避免的语言学实践与符号学实践探索,在其很多文字中都有所体现。特别是1990年出版的《实践的逻辑》,和1982年出版的《言说意味着什么》等书,后者就是《语言与符号权力》的法译本。在这些文字中,布尔迪厄力图提醒人们注意这一视角中暗含的语言与对象的关系,以及与实践理论的关系,并以此来告别"不偏不倚的旁观者"的索绪尔式的乌托邦语言学,布尔迪厄认为,它只是"为理解而理解",使得社会行动者也被这种"解释学的意图"所同化,成为他们的实践原则。诚然,在我看来,这种解释学的意图确实是一种完完全全的解码意图,而且并不涉及语言与符号形塑传播等的各个过程。它是拉链的解开方式的模型构架，是单向度的理解与解释。布尔迪厄对此批判道："'纯粹'语言学家采取的是语法学家的态度，而语法学家的目的是研究并编纂整理语言，这与言说者的态度迥然不同，后者力图通过言辞用以行事的能力在世界中完成各种行为，并影响整个世界。"①布尔迪厄对两种态度的区分，足以见其全面的广角视阈，语法学家立志于解码，而忽略了言说者的态度。那么言说者的通过语言和符号的魔力来控制语法学家的潜意识态度却被语法学家所使用。说白了，布尔迪厄对语法学家的解码的潜意识态度也是持有批判态度的。一来这种被另一种文本场域中的语言符号掌控的潜意识的意识形态被忽略了，二来这种潜意识态度的本身也是值得考量的，它的形塑过程是不是如同罗兰·巴特所言，是否真的得以成为零度的写作或零度的符号形塑。只有在零度的理想状态下，语法学家的分析才是正当的。所以每当有的学者把语言仅仅看作被分析的对象，而不是用它来思考、交流、对话、敞开，以及对其形塑传播过程进行实践性考量的时候，便会自然而然地把语言视为一种"逻各斯"，这种逻各斯必然只会内在于个体本身而忽视了动态的实践额度，一旦与"实践"相对立，仅仅把时间看作"僵死之词"，那么它除了一种艺术作品被解码之外，没有任何用途。这种语言与实践的对立只不过是一种典型的学究式的对立，它只是学者的领悟感知与自我定位的内主观意识的产物，是对此前已经获得表述的学究谬误的例证。布尔迪厄认为，这种"加括号"的学究式做法只能使得语言的日常使用无视所暗含的作用而不自觉地"中性化"。"中性化"一词与现象学有关，或称中性变样，是"现象学还原"的重要部分。它的一个基本意旨是通过各种手段悬置对象的非本质因素，例如想象法，这种悬置尤其要注意悬置与一些对象的设定性相关的方面，所以中性化与信念有着密切联系。例如胡塞尔曾在《大观念》第 234 页边批注道："纯粹的中立行为，在其意向性作用的构成物中不包括任何信念可把握的东西，或者说它不包含任何实显的意向对象，只包括意向对象的对应想象。"显然，胡塞尔的中立行为是对尚未实显的意向对象的指称，布尔迪厄的中立则类似于一种零度的理想状态的意识形态效果，不涉及是否实显或隐匿。

---

① 同上，187。黑体字为笔者所加。

他们两个的中立化概念是不同的甚至是完全相反的。

　　布尔迪厄与罗兰·巴特尽管在意识形态的宗旨上有相同的地方,但是它们所指向的目标不同,巴特写作《写作的零度》正是为了获取一种写作的零度状态,他将历时性拆为共时性结构,在对共时性的意指(即意识形态的能指与所指)的符号形塑的模型的写照中反观历时性结构,从而使人们得以获取意指形塑过程中的那些看不见的手的力量。布尔迪厄反对的则是一种完全在自给自足情况下的语言符号的结构模型,布尔迪厄同样在历时性时空中来探索意识形态问题,在他看来,不受意识形态影响的任何结构都是不存在的,换而言之,那种写作的零度状态同样是一种理性的乌托邦。不仅仅写作,即符号的文本形塑过程是不可能非意识形态化的,因为它们受到写作者的"场域"与"惯习"以及他所占据的"资本"的影响,而且在解码过程中,人们也同样受到解码者自身的场域结构的影响,也即凝结于场域与惯习中的意识形态和在场域中解读者所占据的资本结构与数量的影响。在布尔迪厄看来,这种意识形态的双重功效才是理解与解释的最基本要素。"'纯粹'语言学秩序的自主性是一个幻觉,这种语言学秩序的确定是通过赋予语言的内在逻辑以特权才得以实现的,但同时这一做法付出的代价是忽视了语言的社会使用方面的社会条件和相关因素。"①言下之意依然是对纯粹的共时性语言结构的批判,即对在场与形而上学语言结构批判布尔迪厄认为,那种纯粹如果真的存在,那么就会忽略一切具体性、特别性、偶因性和多元性,一个人只要掌握语言规则,就会使他具备某种能力,这种能力使他可以在实践中随心应手地操持一种在任何社会都会被视为是得体的语言。

　　所以这种纯粹性批判的结果就是在意义论上反对形式与结构的推导与演绎而产生意义。而且,布尔迪厄甚至更为坚定地说,合乎语法并非是产生意义的充分必要条件。乔姆斯基(Chomsky)虽然是这一观念的支持者,但是他却忘记了一个事实:语言的创造不是为了更好地分析,而是为了更好地交流。语言是用来说话,用来得体说话的方式与手段。布尔迪厄认为,所有的结构主义,无论是语言学的、社会学的还是人类学的,都有预设系统。从前的智者们不也

---

① 同上,188。

总是在说在适当的时候说适当的话吗？既然有了预设系统，那么所有的特殊情境都变为了统一情境，在千变万化的情境系统中，这是根本不可能发生的。结构主义及其由此产生的所有困境，都来源于有关人类行动的唯理智主义哲学，它们都把这种哲学作为理论基础；这种结构主义所带来的困境就是也限定了一种狭隘范围，将言语行为单体地简化为执行的规则的模式。布尔迪厄对结构主义的批判与鲍德里亚如出一辙。而且，他们对符号形塑过程中的意识形态介入都给予了深刻的分析与批判，布尔迪厄是建立了一种场域结构模型，鲍德里亚则揭露了生产之镜与象征交换的本质。我们不能忘记马克思主义政治经济学权利对这两位法国学者的共同启示，一种立足于社会历史的为土壤而滋生的历史哲学。布尔迪厄反对那种大一统的模型，在他看来，结构主义区别了语言和言语在言语中的实现方式，后者就是在实践与历史中的语言。作为结构主义的信守者把自己推到了一种莱布尼茨式的上帝的位置，对于这个上帝而言，实践的意义是既定的。在对这一态度提出挑战的同时，我也力图克服语言的经济学分析和纯粹语言学分析两个方面所固有的缺陷，以力图摒弃在唯物主义与文化主义之间所形成的常见的对立。用一句话来概括，那就是，语言关系总是符号权力的关系。如果支配者采取了被支配者的语言，那么我们便称之为"屈尊策略"，即通过一种大肆宣扬的以暂时的方式放弃他的支配地位，从而维持它的存在和从中获得利益。符号性拒绝，也即弗洛伊德所说的"否弃"，其根本性质就是对权力关系的虚假悬置，也是那种表面放弃支配关系而力图产生的结果。这是一种符号赞同与符号拒绝同时存在的符号学思想。最为常见的却是被支配者被迫采取支配者的语言，例如美国黑人所操持的语言与美国白人所操持的语言之间的关系一样。这种被支配者的语言被确认为是一种"蹩脚语言"，无论是工作学习，还是社会交往，他们的语言资本被认为一钱不值。布尔迪厄认为不应该忽视白人与黑人之间的言语话语的互动关系，以及他们所分别操持的英语结构的相互制约的关系，其中体现了权力的不平等制约，是权力不平衡维持了语言的结构关系的不平衡，而不是相反，并赋予那种以任意武断方式来强行树立的白人英语的某种天赋性外观。所以如果要进一步推进这种分析，就必须在分析中引入各种位置的相关因素，例如阶级出身、性别、教育水平、居住地点等。"沟通行动"的客观结构的决定，离不开这些变量和相互发挥效用的组合,而语言互动所采取的形式在实际上又会取决于这种几乎总是"隐藏在"言说者"背后"发挥作用的无意识的结构。布尔迪厄继续以他独到的"以小见大"的手法来以言行事,他认为如果一个美国黑人与白种的盎格鲁－撒克逊血统的新教徒(WASP)谈话,那么就不是表面上的彼此交谈这么简单了,整个殖民历史,或美国黑人、工人、妇女、少数民族等在政治、经济和文化方面的整个屈从史都借助这两种人的喉舌展现出来。① 我认为,布尔迪厄贯彻了海德格尔的隐喻观测,但是更注重历史的真实背景与细节。这是对"在场形而上学"的绝妙反讽,在布尔迪厄看来,作为常人的方法学家从来只会把"注意力集中在显而易见的有秩序性"上,而使得分析尽可能接近"具体现实",这样的考虑激励着谈话分析学派,也助长了"微观社会学"。"这些研究思路致使我们完全忽视了某种直觉无法捕捉到的'现实';而这样的'现实'之所以超出了直觉,就是因为它们处于各种结构之中,这些结构渗透在互动之中,但又超越了互动。"②

因而在布尔迪厄看来,每一次语言表达都是一次权力行为,即使是隐匿于背后的非公开的"潜"行为。那么,是否有一种例外的情况发生呢,也就是说,言语行为并不植根于各种支配关系?布尔迪厄对这个问题的看法显然是否定的。他认为,每一次的语言交流都是权力行为的"潜在可能性"(potentiality),尤其是行动者遇到相关资本分配不平衡时,情况更为如此。也许这种"潜在的可能性"可以被"加上括号"而暂且不被考虑,就像亚里士多德在《尼各马可伦理学》中所谈论的那种"友爱关系"一样,暴力以符号与协约互不侵犯的方式被悬搁了。亚里士多德在《尼各马可伦理学》的第八卷探讨"友爱"与公平、平等的关系,并特别提到了德性的友谊所涉及的友谊双方的平等内涵。正如美国白人对黑人对摆出的平等友爱的姿态一样,白人暴力运用是将符号与协议相悬置。这种拒绝施展支配的权力也可能是屈尊策略的一部分,或者借此更好

---

① "谈话分析法"脱胎于常人方法学,是以研究日常生活的实际谈话为主的流派。早期采用的是常人方法学,中期以一种标准化的改写方式使用录音资料分析各种谈话模型,成为被批判的"常人方法学中的实证主义"。近期则是对制度性谈话进行分析,将语言使用与社会制度以及权力安排联系在一起。

② 同上,192。

地来掩饰符号下暴力真相,强化误导效应,从而使得符号的暴力效果得到强化。

布尔迪厄同样痛斥了认为言说的社会技能对于所有的人来说都是平等分配的"语言共产主义的错觉"。因为任何言语行为或话语都是具有某种关联的关节点。一方面是语言惯习,即一套由社会因素构成的性情倾向,它暗中包括了用某些方式来言说和说某些确定之事的倾向,或称之为一种表达旨趣。表达旨趣与言语技能、产生合乎语法的无穷无尽的话语系列的语言能力和在既定情境中以适当方式运用这种技能的社会能力,都是以不可分割的方式被确定的;决定言语行为的另一方面的要素是作为一个特定约束与监管体系的强加在自我身上的系统性的力量关系的语言市场。这个系统推进生产方式更新的方法是通过语言产品的"价格"决定权来主导,这样人们对自己的话语将会具有的价格有一个实践预期,从而对人们话语的形式和内容的确定过程产生面向趋利避害影响而变得"严谨"而"审慎"一些,甚至可以取消话语,正如"沉默是金"的缄默不语和畏而不言。所以语言作为市场越是官方的,那么它就越是严谨和正式的,因为根据实践需要越是遵守支配性的语言规范,就越是具有监督性,市场也就越受支配者和合法语言技能的拥有者的支配。所以,布尔迪厄认为,语言技能并非一种简单的技术能力,而是一种规范能力。因而并非所有语法都是可以被同样接受的,因而并非所有的言说者都是平等的。索绪尔曾经借用孔德以前曾经使用过的一个比喻,认为语言是一个"宝藏",而个人与语言的关系是通过一种神秘莫测的方式来介入而共同拥有这个宝藏的。这种宝藏以普遍大一统方式对所有"属于同一共同体的主体"而开放。这种观点显然是不能为布尔迪厄所接受的。他认为这种典型的"语言共产主义"错觉困扰了所有的语言学的理论。乔姆斯基的技能理论则获得了一个至少的好处,就是使索绪尔的"普天同庆式的共有的语言宝藏"得以非常清晰地显现自身。在这种观点的照应下,所有的人参与语言交流的方式,就像在享有阳光、空气、水一样,语言不是一种具有特殊场域性的稀缺商品。然而,实际上,由于通常需要缴纳入场费的存在,所以进入语言的合法程序的渠道是不平等的。语言学家在理论层面可以认定的语言技能的普遍共享,却忽略了差异性的存在,并一边强行地一边慷慨地将它授予给了每一个人,所以这种技能在现实中确为某些人所垄断。术语某些范畴的言说者可以剥夺其他人在某些情境下的说话能力，就像一个农夫从来不能想象去竞选州长，因为到时候他就会说："该怎么说呀！我不知道！"所以这种语言技能上的差异与不平等就不断地在日常互动的市场中展示了自我。例如它在两个人的谈话中、在公共聚会中、在研讨班上、在求职面试中或者在广播电视上展示了自我。语言技能在日常的交往实践过程中以各种不同的方式有效地发挥着作用与光芒，正如在经济商品的市场中所存在的资本垄断一样，语言商品的市场也存在着各种垄断。这一点，在政治活动中最显而易见。在政治活动中，被授予了垄断权的正是那些通过各种各样的方式——无论是隐性的还是显性的——形塑了各种符号暴力的发言者。例如在美国，这些发言者，他们不仅可以合法地在政治中表达某个集体的意愿，而且可以替他们所代表的集体进行公开言论，甚至还可以越俎代庖取代他们所代表的集体来表达他们的意愿。发言人完全可以通过对现实的某种确定表象，例如分类图式、概念、定义等投射到现实中而形塑了社会现实。发言人于是向我们提出了一个关于权力话语的问题：言辞的社会效力是在何处发挥出来的？以哈贝马斯为代表的普遍语用学模式认为哪怕用一个话语的语言内容就可以说明它的效果，这是一种纯粹的"沟通"模式。

布尔迪厄不禁问道："究竟是什么因素使我们可以'以言行事'（do things with words）？①"这种使得言谈产生效果的背后究竟又隐藏了什么？如果你有一个仆人，对他说"托马斯，你不觉得有点冷吗？"那么这个仆人就会去关窗。但是如果托马斯不是你的仆人，他就未必会一定去把窗关上。所以一旦静下心来思考这种语言的左右能力，思考言语所赋予秩序的力量，实在是令人感到言语而颇为神奇。如果人们要用语言学的方式来理解语言表达的能力，妄图在语言本身中找到使语言具有某种效力的原则和机制，那么就忘记了本维尼斯特（Benveniste）在对"权杖"——根据荷马说是亲手要交给发表演讲的演说家——的分析中所提醒我们的来自于外部的语言权威。本维尼斯特反对奥斯汀，认为语言的效力不能存在于作为制度的授权和公式的定理的"以言行事的表达式"或话语本身。隐藏在符号背后的社会关系和权力关系才是真正造成

---

① 这种观点主要以奥斯汀（Austin）的语言行为理论为代表，他在分析语言时以语言的制度为核心。

这种神奇力量的根本原因。布尔迪厄这里也参与了符号解码方面的讨论。语言不是制度的产物，而符号权力是通过陈述某个"被给予"之物①而构成的，它"通过影响世界的表象来影响世界"。那么，这种符号权力并不会以"以言行事的力量"的"符号系统"表现出来，而是在一种已然确定的关系中得到确定。这种已然得到确定的关系形塑着人们对言辞的合法性的观念，以及使用它们的人的信念。合法性正常运作的条件就是施展这种权力合法性的人被承受这种权力合法性的人所认可与接受，例如在宗教的社会世界中，宗教语言是符号的权力表征，但是时代来到资本主义后，宗教语言的效力显然在急剧下降中。这是一种"长距作用"，也是一种脱离有形接触就能产生变化的过程。布尔迪厄不得不像莫斯（Mauss）那样通过分析巫术魔力而重构社会空间总体，在布尔迪厄看来，在这个总体中就产生了那种使得语言的魔力得以发挥的"性情倾向"和"信念"。当然，这种语言的魔力与场域的位置关系依然脱不开关联，而且就是由这种位置关系所引起的。

布尔迪厄在与形而上学保持距离的时候，依然还是在采用一套具有广泛适应性的"思考工具"的，即便它不是普遍适用性的。而这种思维工具与维特根斯坦的日常语言学派也渊源甚深。布尔迪厄并不否认这一点，因为这些工具只有通过"它们产生的结果"，才能为人所察觉。这些思维工具并非出于思维自身目的而被建构，而是出于经验与科学实践本身而被建构，它完全产生于实践中建构对象所遇到的问题与困惑，这是一种被称为"问题意识"的构想；而这种独特的方式就是在努力建构千差万别的对象时，用"比较"的方法来处理和思考这种对象。因此，对象的建构离不开实践的过程，不仅是问题意识的，而且是比较方式的。举例而言，布尔迪厄在60年代早期所提出的"文化资本"概念，就是用来说明在剔除了"经济位置"和"社会出身"的影响因素后，事实证明，那些来自"书香门第"的更有文化教养的家庭的学生，不仅具有更高的学术成功率，而且几乎在所有领域中，其"文化消费"与"文化表现"的类型与方式都是与其他家庭出身的学生不同的。布尔迪厄在此并不是为了戴上有色眼镜而站在自我的知识分子的立场上来对知识分子进行夸赞，他完全处于公平与公

---

① "被给予"是现象学的重要术语，有"本质直观"的意思，因而比一般哲学中的"对象的感知"来的宽泛。

正的角度来思考问题,这个最公正的角度就是"场域"的思考模式,以及由此所带来的价值度量。布尔迪厄的实践工作充满了实证主义与实用主义色彩。他至少采用了谈话法、调查问卷法、编码法等方法,其各部著作之间也是具有具体的研究逻辑的,这种研究逻辑就是实践经验与理论思想的不可分割的逻辑。为了批判"社会分类范畴",布尔迪厄重新彻底思考了社会各阶级的问题,这种批判是在实践的访谈与调研的反思中所获得的结果,使他避免了对阶级概念进行了"含糊空洞"的概括,这种含糊空洞反反复复地不断地重演了马克思和韦伯之间根本就不存在的那种对立。因此布尔迪厄的社会科学方法论和理论立场不是预言性或纲领性的话语,这种话语不过是与"唯理智主义的理论"的抗衡牺牲品,直接沦为一种各种理论的拼凑。布尔迪厄的方法论认为科学理论应该是以感知方案和行动方案——科学惯习的形式出现的。这种理论的方案只能在使之成为现实的经验研究——对象化、物化的实践经验过程中显身手。"它是一种形塑经验研究,但同时又是为经验研究所形塑的临时性构造。"①现在很多社会科学的理论工作者,认为"投身理论争辩"比"接触新的对象"更为重要,布尔迪厄讥讽前者为"一种围绕被视为思想图腾的概念而创造的永不停歇、自我维持、并且往往空洞无物的元话语。"我也同样认为,这种思想图腾也许并不会带来真实的顶礼膜拜的效果,因为它的活力是虚空的脱离现实的。所以布尔迪厄才会感到一种迫切的要求,要求他发现与重新赋予活力的那些概念,诸如惯习、场域与符号(权力)资本,通过这些概念来追本溯源。所以这些概念的发轫基于一种问题意识,一种对研究所设想的可行性,而且必须在这样的情境中来加以评价。布尔迪厄对其采取这三个概念的缘由进行了阐明,以一种简明扼要的方式来对具体研究的程序中来指明一种既有"否定意涵"又有"建设意义"的立场,以及一种方法论的选择原则。由于被实践所成功地证明与检验,那么他的理论的系统化自然也是水到渠成。他与那些形而上学式的具体研究和纯理论家的"无对象理论"之间的脱节是完全不一致的,他认为,没有理论的具体研究是盲目的,没有具体研究的理论则是空洞的。他与纯理论家的对立就在于是"闭门造车"还是"出门造车"。其实,布尔迪厄尽管

---

① 同上,214。

承认了这种对立,但是不代表他不会吸收他们的一些长处。在布尔迪厄看来,一方是作为"诵经员"出现的,他们献身于对社会科学经典鼻祖的"解释学崇拜"中;另一方则是调查研究与方法论实践。它们的对立是社会的对立,深深地体现于社会科学职业的"制度结构"与"心智结构"之中,根植于"资源、位置和才能"的学术分配之中。

与"实践"相关联的不得不是"交往"一词。布尔迪厄以一个处于特殊状态的婚姻市场为例,他援用了波兰尼(Polanyi)的说法,指认了这种新兴的交往形式所发生的场所是一种"开放市场"(open market)的替代传统由家庭控制的受保护的市场的具体体现。这一取代过程的牺牲品是站在舞池边上的单身汉,和舞池里无人邀请的孤芳自赏的女子。每一个都要靠自身的财产与资本来自力更生。例如作为自身的金钱与荣耀,作为自身的符号资本——打扮、跳舞、自我表现能力、攀谈能力、自我伪装能力等等。这些牺牲品也不是随意分布的,布尔迪厄的资料分析显示,除了金钱能力之外,被研究者的居住地点、城市化程度、教育背景等因素,都以不同方式影响他们。而这一切,都以对原初舞场的直觉感知为出发点而获得进展。布尔迪厄在此绝不是为了研究单身汉,他一如既往地支持了"以小见大"原则。单身汉这一个案之所以令人关注,是因为它涉及了一个极为重要的经济现象:"法国没有使用任何国家暴力,就在30年的时间里消灭了大半的农村人口,而苏联却采用了最粗暴不过的手段来清除农民。"[①]这表明了在某种条件下,只需条件成熟,例如付出某些代价后,符号暴力原则便与警察的暴力没有区别,甚至更为广泛而有效。布尔迪厄通过符号的暴力原则指认马克思主义传统,也就是阿尔都塞的马克思主义,从来没有为这些"软性"的暴力形式留有余地,这些符号的暴力形式在经济领域中也同样发挥着作用。布尔迪厄在这里的观点很容易令人想起鲍德里亚的著述,鲍德里亚对躲藏在符号面纱之下的垄断资本家与强权主义者,与符号进行合谋的披露与揭示,与布尔迪厄在此如出一辙,他们甚至同样首先把目光聚焦于马克思主义的政治经济学批判中来,转变为符号政治经济学批判。布尔迪厄尽可能地用简明扼要的语言向我们表述了符号暴力的概念:"在一个社会行

---

① 同上,220。

动者本身合谋的基础上,施加在他身上的暴力。"①布尔迪厄避免了可能由此所带来的那种学究式的讨论,例如争辩权力是否"自下而上"运作,或者为何行动者会"欲求"一种强加的制约等等,他并不在意这种躲在书斋的研究课题,在他看来,行动者与社会机制的关系只用指明一点即可——误识。布尔迪厄选取的角度首先是社会行动者,他认为社会行动者是具有认知能力的行动者(knowing agent),也就是说,他们是具有反思能力和认识能力的,而且这种能力不得不发生在实践中。对形塑决定他们自身的社会机制效忠尽力是他们的一种选择,而且,几乎总是在社会行动者与社会机制的"切合"关系中,才产生支配的效果。这样也同时说明了自由与决定论、选择与约束这样一些学界通行的二元思维方式来思考一种支配关系,必然一事无成。布尔迪厄指出:人们并不缺乏领会暴力的能力,而是总是对暴力的误认与误识。

那么,出现这种状况的原因是什么呢?因为社会行动者将世界完全视为理所应当,以"承认"的态度觉得它是自然而然,他们的心智是根据认知结构构建的,认知结构则来自于社会化世界的结构。布尔迪厄很好地使用了伽达默尔的游戏观,但是态度却截然不同,伽达默尔用游戏要求人们"承认",而布尔迪厄指出这种"承认"不过是一种"误认",缺乏反思的实践性和实践性的反思。尽管人们都具有这种能力,"社会行动者持有"的却不过是"一套基本的、前反思性的假定"而已。当然,布尔迪厄不会直接指明批判"承认",他所相对应的术语是"认可"(recognition),这个术语所理解的现象并不局限于影响(influence)这个范畴,而是针对一种"沟通性互动"的逻辑,它强大有力、深藏不露,尤其就表现在我们出生的时候,就有一整套假定的公理,喋喋不休的劝导和潜移默化的灌输甚至都是完全可免去的,因为在此之前我们就已经接受了它们。行动者对世界的"深信不疑的接受"(doxic acceptance)源于"客观结构"与"认知结构"的直接一致的关系,这才是现实主义的支配论与政治学的实实在在的基础。我认为,布尔迪厄发现了这种直接一致的信仰,尽管人们具有强大的实践反思力,却很少有人发现这一点。对于"前理解",不能使用无批判,更不能使用假批判,唯一可以使用的就是强大的实践能力与实践中的人们的自身的

---

① 同上,222。

反思能力。就这一点而言,布尔迪厄也是与马克思"完全一致"的,社会 - 时空 - 场构成的客观现实世界与实践 - 反思(惯习) - 资本构成的主观占有世界之间的关系,就是一种辩证和互动的双向形塑过程。此外,他们虽然相距200年,一个在德国献身社会世界,一个在法国探索实践理论,但是他们都同样发现了一个最难以变更的事实,通过"事物的先在秩序"(order of things)所发挥作用的那种劝服。那么,比马克思更早的莱布尼茨呢? 为何他的"前定和谐"直到当今世界还在发挥着作用? 难道和谐就必须是前定的,而不能是后来的? 所以说布迪厄也不得不提出这个问题了。

所以反观布尔迪厄的所有理论,他不仅驳斥了那种学究式的无实践的思考模式,也驳斥了趾高气扬的"民族文化中心论"。罗兰·巴特的符号学原理在此又有了发挥的地方。他的零度写作观念就是为了指明一种掩藏在符号面具之下的意指系统。布尔迪厄指出,他的写作不是非零度的"言说的信念样式",正如某些人对他的攻击与驳斥一般。这种驳斥就是一个与信念密不可分的学究式的理论,是用一种"浅显易懂的赤裸裸的观点"来表达一个"幼稚的民族文化中心论"的偏见。如果别具一格特立独行的布尔迪厄就必须被嗤之以鼻的话,那么创新又何以可能? 难道学究式的写作才是王道? 这不过是与佯装客观对象化和挑起学术界无端争论的言语是沆瀣一气罢了。是那种将发泄的憎恨、强加的灌输和任意的武断凝结到写作的文本之中的话语,由于并不构成严格的审查督导机制,当这些凝结到文本中时,便会以一种苛求和一种彼此心照不宣的事物而使人望而生畏,也许与零度写作相对应的就是这"第三类的写作"。我是如此划分的,"第一类写作"是指零度的写作,"第二类的写作"是非零度的写作,非零度的写作包括了第三类的写作,但它同时包括了那样一种屈从于意识形态的以和缓方式完成的不具有误导性作用的写作。只有"第三类写作"才能构成符号暴力的写作与形塑。通过对这三类写作的划分,我也意识到了布尔迪厄所提出的"文化任意性"的概念,它与思想方面的中心论信念(intellectualocentric doxa)相决裂。布尔迪厄认为,其实最不容易发现符号暴力的不是普通群众,而是知识分子。他们在场域中的位置关系使得他比一般人更广泛地受制于符号暴力,"自己还日复一日地为符号暴力"添砖加瓦。当然,刚才提到的第三类写作,就是知识分子发现了符号暴力,还在炉火纯青地精细加工着它。

此外,法国哲学家都对符号暴力进行了刻画,性别暴力是符号暴力的一个重要方面和典型体现,布尔迪厄此进行了批判。他认为,性别支配在支配论中是显而易见的,它更好地显示出一种自大症和自恋狂的特征,他又一次"以小见大"通过性别支配的例子表示:"符号暴力是通过一种既是认识,又是误识的行为完成的,这种认识和误识的行为超出了意识和意愿的控制,或者说是隐藏在意识和意愿的深处。"①那么,惯习图示,既以性别差异为前提又产生性别差异的惯习图示的"模糊难辨"则正好体现了这种认识与误识的行为。由于千百年来柏拉图主义的深入人心,布尔迪厄很难设想与理论反思逻辑不同的他的那种实践的生成的反思逻辑来进行"自我思考"。所以要是不能把强制与一致、外在强加与内在冲动之间的学究式的对立彻底放弃,人们也无法理解与发现符号暴力与符号实践。所以性别支配就是一种通过身体产生的一种禁锢,"社会化的过程"使性别支配关系躯体化,梅洛-庞蒂的知觉现象学的宗旨也在此得到体现。首先通过这种生理上的观念来对社会构建加以实现,从而可以作为各种有关世界的神秘关照的基础;其次通过一种身体素性的灌输造就一种名副其实的身体化政治(embodied politics)。换而言之,男性的社会正义的特效性来自于一种将"支配关系"深深地铭刻在一种生物性的因素上来,这种生物性的因素本身就是一种"生物化了的社会构造",从而使得男性的社会正义论充满了生物性色彩,并且以生物性作为其合理与合法的前提。布尔迪厄指出,"男人身体的男性化和女人身体的女性化导致了文化任意性的躯体化,正是这种文化任意性持续地构建着无意识。"②这样,才能从"文化空间"的一极转向另一极,来从被支配者的立场出发来探索一种"原初性的排斥关系"。在绝大多数的已知晓的社会中,妇女的社会位置都是低下的,很多地方的女孩甚至都胎死腹中。不同性别之间存在的不平等也必须考虑符号交换的经济。当男人作为"婚姻策略"的主体,并且运用婚姻策略来维持或增加他们的"符号资本"时,妇女就被赋予了一种符号职能,并且被迫尽力维持她们的符号价值,因此,男性支配是基于符号交换的经济逻辑,也就是说,一种根本上的不平等关系。这样,妇女的解放也是一种符号的革命,革命要求对符号资本自身的生产与再生产的基础本身提出质疑,尤其是那种"矫饰和区隔"的辩

---

① 同上,227。
② 同上,228。

证关系。这种关系是作为"区隔标志的文化商品被生产和消费"的基础而实现的。所以,布尔迪厄的理论充满了正义和正直的色彩,他敢于为处于低下地位的妇女鸣不平,揭示出男性主导的符号暴力,也为有关人类性别的符号权力的社会治理方面提供了有益的探索。

第九节　社会学场域论马丁·海德格尔的政治本体论

布尔迪厄的意义论思想通过上文的分析,也可以看出端倪:哪怕是小到一条信息的意义和社会效力也不得不被一个既定的场域而决定,此既定场域又处于与其他场域相关联的等级关系的网络之中。他的场域理论不得不与一种意义论挂钩。如果无法理解和确定这个场域中的由整体客观结构提供的各种位置,那么也就无法理解由场域关系所强加的特定形式所导致的监督作用,更加无法理解占据场域中不同位置的人的生平轨迹与语言的性情倾向性。如此而来,又如何充分地进行解释与沟通?例如,这些人为什么说这些话而不说那些话?由谁来说?原意是什么?被理解成为什么?又产生了何种社会效应?

带着对这些问题的聚焦关注与强烈兴趣,布尔迪厄研究了马丁·海德格尔的政治哲学思想,并写成为《马丁·海德格尔的政治本体论》。布尔迪厄的理论的关注之光就是对语言与场域观念的内在逻辑关联的研究。布尔迪厄首先假定了一个场域——文化生产场域,在此场域中,生产者被场域施加了监督并表现出明显的效应。海德格尔的思想就是关系到人类情感生活与时间体验与整体社会世界的一种存在主义的现象学。他的思想对布尔迪厄来说是一个不可多得的适合领域,甚至可以用于布尔迪厄在情感生活与时间体验方面的假设。布尔迪厄眼中的海德格尔是含糊其辞和言语的模棱两可的大师级人物,是使用复调①话语言辞的独一无二的显赫人物。原因是在布尔迪厄看来,海德格尔同时在用两种方式来言说,一种是学者式的哲学语言方式,另一种则是日常语言方式。例如"烦神"(Fursorge)这一概念,表面上看起来是"纯哲学"的,它在海德格尔的实践

---

① "复调"一词来源于巴赫金对陀思妥耶夫斯基的研究,特指"有着众多各自独立而不相融合的声音和意识,由具有不同价值的不同声音组成。"

理论中发挥着关键作用，然而在对"社会救助"的理论表述中，"烦神"涉及了一种政治情境，并暗含了对福利国家、带薪休假和健康保险等社会福利的谴责。布尔迪厄对海德格尔的兴趣还在于海德格尔在研究政治哲学或政治社会学的同时，依然可以以一种"纯哲学家"的典范化的形式出现。布尔迪厄一向主张他所研究全部文化产物的社会学即使在看起来最不合宜的情况下，他的分析方法依然不仅可以说明生产出该文化作品的社会政治条件，而且可以使人们更好地理解作品。那么这一点就和海德格尔非常切合了：海德格尔哲学的核心要害，正是对历史主义的本体论进行改造。

长期以来，西方哲学界对海德格尔思想的解读是：海德格尔是排除任何历史因素的。他作为一名"纯粹的"、非历史性的思想家的楷模而出现，明确拒绝将思想与思想家本人以及与他的生平生活实际相联系，更加不会把思想家所处的时代的社会特征和经济特征相联系。布尔迪厄认为，海德格尔作为纯粹的思想家和哲学家的价值就是逼迫人们重新思考哲学与政治的关联，而且布尔迪厄自认为自己的观点在这一方面与海德格尔是灵魂一致的：本体论具有政治性，而政治活动成为本体论。那么海德格尔作为"哲学导师"，他与德国政治和德国社会之间的联系就远非是一种直接的联系。因此在本段开头那种长期以来解读就是误解，对海德格尔话语若要进行恰如其分的分析，就不得不进行"双重拒绝"：一方面，拒绝哲学文本的接纳性与绝对的自主性，以及否认其外在的关联性；另一方面，拒绝将哲学文本直接化约为生产与流通，并以此作为文本的最一般性的环境。这种"双重拒绝"指导分析了文学、绘画、宗教和法律，倡导了将各种文化产物与特定场域相联系的原则——既拒绝纯粹的内在解读，也拒绝直接化约为外在因素，也就是对符号场域与历史场域的出场规则进行了思考后的原则性规约。

我认为，布尔迪厄不过是把内在解读和外在因素都"化约"为场域的影响与结构共在，这是另外一种形式的"复调叙事"，而且是非体系的复调叙事方式。当然，双重拒绝模式为布尔迪厄的理论核心概念"场域"提供了很好的保护，也表达了一种类似于反对主客二分和内外二分的中庸之道的思想，不是完全没有见地的。除了对场域的假设和先验性考证是超级形而上学的，其辩证法和世界观都是值得人们来推崇的，尤其是在有关场域的"打开"与"上手"方面，布尔迪厄把海德格尔将东方哲学引入西方哲学的接力棒很好的接了过来，并继续一往直前的飞奔下去。

如果考虑到特定场域及作为该场域的特定历史产物的自主性,因为这种历史无法化约为整个社会世界的"通"史,所以可以使得人们避免两种互为表里、彼此开脱的错误:其一,把这些历史的产物视为自给自足的体系,其二,把他们直接化约为各种最为大一统的社会和经济条件。海德格尔被认为是纳粹主义者,这是不争的事实,但是能够对他哲学话语的自主性或太多或太少来加以研究他的思想吗? 太多或太少都是错误的,布尔迪厄认为,无论是早期海德格尔还是成熟时期的海德格尔,都不是克雷克那样的纳粹理论家,海德格尔的纳粹思想不得不通过哲学来表达出来。那些立志于强调外在因素、破除盲目崇拜的解释和强调内在逻辑并将其奉为神明的解释,都忽视了"海德格尔的哲学受到哲学生产场域的特定监督的约束,只有通过哲学升华的方式,才能体现那些决定了他追随纳粹的行为的政治原则和伦理原则。"①这种"哲学升华"和"双重原则"迫使人们不得不避免把对海氏作品进行政治解读和哲学解读对立起来,这种避免对立会带来一种双重解读,因为海德格尔的作品本来就是深刻地蕴涵着模棱两可的。因此,这些作品也同时涉及了"两种社会空间",而与此"两种社会空间"相对应的,就是"两种心智空间"。布尔迪厄就此认为,如果要完整地把握海德格尔的思想,就不仅需要知晓以各种不同的方式表现出来的他所处的时代的所有"公认观念",(例如,报纸社论、学术论文和讲演、哲学著作的前言、教授之间的对话交谈等等),而且需要理解特定哲学场域的特定逻辑(例如新康德主义者、现象学家和新托马斯主义者等的争论不休)。我认为布尔迪厄的这个观点是非常有见地的,把思想的公认观念和争论不休作为一个哲学家的思想背景,有利于从思想场域出发来寻找海德格尔思想的真正的秘密所在;然而,布尔迪厄一再强调的社会世界和历史背景,如果能够在此同样得到恰当的叙述和作为解开海德格尔思想的基因密码的钥匙,那么,就更加具有系统性、层次性和说服力。由于海德格尔哲学功底非常精湛,布尔迪厄认为他只需求助于他的出类拔萃的技术创新能力(即几乎无法匹敌的哲学资本),就能够推行他在哲学中所贯穿的"保守革命"思想。布尔迪厄的证据就在

---

① 同上,201。

海德格尔的《康德与形而上学问题》中所体现出来的那种精湛而又娴熟的分析技巧;而海德格尔还具备另一个几乎无人可以匹敌的能力——将以往被视为不可协调的各种哲学观念与立场糅合成了一个新的哲学。这在布尔迪厄看来是一种哲学上可以被普遍接受的方式,也是预先要求在实践中能够"从整体上把握场域"里所有不同立场和哲学游戏中的"得心应手之感",从而与斯宾格勒、荣格等人的纯粹政治小册子遥相呼应,对应明显。晚期海德格尔会通过先发制人与事后反驳的方式来对抗与其不同的见解,体现出他对各种可能性理论空间的强大的把握能力。布尔迪厄认为针对作品本身的"双重意涵"和人们对作品可能产生的"双重理解",采取双管齐下两条腿走路的方式来解读作品本身,我们才能揭示海德格尔作品中最为出乎意料的"政治意涵"。布尔迪厄认为这种政治意涵就是的隐藏在"时间性理论"的核心之中对"福利国家"的拒斥,而他对纳粹的支持总是反映在那些拐弯抹角的理论中。我以为对布迪厄海德格尔的这一点的分析自然是成立的,例如海氏对"前理解"的尊崇。"前理解"本来就是一种无判断的传统由来,只需遵守"前理解"就能获得心灵解放和诗意生存。一些文本解读者并没有在文本中寻找海德格尔的暗示对纳粹主义的彻底支持的线索,尽管它们可以在文本中被轻易发现,持有正统解读方式的文本解释者就象一群卫道士,"这些卫道士们,就像一群没落的贵族,面对将他们排除在外的科学进展,深感威胁,死死地抱住本体论与人类学的神圣疆界,装腔作势地维持他们与众不同的一点东西。"①寻找存在于文本之中的"隐匿话语"就成了布尔迪厄的绝妙武器,这种"隐匿话语"与利科所一直坚持的"隐喻"的文本"说明"与"解释"的方式是一致的,也同样是与海德格尔天才般的把东方哲学的虚无本体论引入西方哲学,以此来解释纳粹思想并力求将纳粹思想为世人所接受的方法是一致的,海德格尔、利科、布尔迪厄等人,都帮助了西方哲学从"有"的本体论向"无"的本体论的转变。西方哲人们也越来越感觉到,茶水中,最有意味的不是茶叶,而是茶水。弗洛伊德比海德格尔发现无意识的年代要早,也许海德格尔的思想养分中不仅包括了尼采、胡塞尔,同样包括了弗洛伊德,一直影响到后来的马尔库塞和结构学者。而拉康将这种无意

---

①　同上,203。

识或潜意识运行到文本之中,同样也影响了黄金一代的法国学者。罗兰·巴特则体会到了这种无的存在,并将无与结构主义结合起来,将历时性进行了断代史般的划分,将一种虚无的结构形塑成符号的意指模型而向世人呈现。然而,所有的解释学都是具有符号的,都难免成为在场的形而上学,因而罗兰·巴特、鲍德里亚、布尔迪厄和利科尔等人的理论的观照之光,不再致力于在符号的解码或符号的隐匿深究,他们更介意的是一种在场的形而上学的(本体论)的生成与消亡之过程研究。所以布尔迪厄才能对传统的文本解释方法进行一览无余的批判,在他看来,这种传统的方法,无论是纯粹的逻辑分析,还是纯粹的政治分析,都无法说明一种存在于被公开宣称的体系与被暗自压抑的体系的那种"显中带隐"、"既显又隐"、"显隐结合"的"双重话语"。所以要充分理解一种思想,不在于通过文本的去历史化,在其中寻找经典文本的非时间性因素,又称共时性结构的永恒化和普遍化来达到理解的目的,这样只会带来一些改头换面或一时之需的曲解。真正的历史化在于将这种问题框架进行重构,是一种由问题意识带来的筹建,通过重构与各种问题意识和问题框架相关联的"各种可能性空间",赋予著作所采取的特定形式的"场域的特有效应",就能深入探索它的"潜在原则",(即蕴藏在著作中的"潜规则")。只有这样,才能获得恰如其分的理解。布尔迪厄这里的阅读规则显然与拉康的无意识阅读方法,阿尔都塞的"症候阅读法"是如出一辙的,不是因为这种观点在当时的流行,而是因为这种观点确实为西方哲学的有的本体论注入了新的活力和能量,拓宽了整个西方哲学的视野和面貌。

在围绕海德格尔的作品所爆发的争论中,布尔迪厄认为,在政治上最不负责地就是拉库-拉巴特和里奥塔(Lyotard),并且比以往任何时候都甚。所以布尔迪厄在法国以专著形式出版了《马丁·海德格尔的政治本体论》,用以突出这种政治盲目性,或至少提出了一个问题,从事哲学的人是如何以政治方式运用哲学问题的。布尔迪厄在此著作中强调指出60年代以来在法国盛行的在领会哲学方式中所蕴含的一种含混不清的政治意涵,主要是通过太高估尼采和海德格尔著作的地位来崇尚一种"越轨的唯美主义",或"以激进为时髦"的形式把戏。而此种哲学观无论是在政治上,还是思想上,都将导致模棱两可。这样看来,布尔迪厄的著作,尤其是《艺术之恋》和《区隔》,与自萨特以来的一种哲学角色针锋相对,因为萨特哲学总是念念不忘一种"美学向度",而布尔迪厄却不在于批判文化,只在于批判文化的社会用途或社会使用方式,从而将文化视之为被用作一种"符号支配的资本和工具"。所以尽管与法国哲人们具有相同的显隐结合的符号分析特征,但是布尔迪厄与罗兰·巴特、鲍德里亚那种披着符号外衣的唯美主义是不同的,或者说,罗兰·巴特的彻底的符号结构主义的普遍化使布尔迪厄不得不用历时性的结构来反对这种共时性的结构:"法国哲学家们怡然自得于这样的唯美主义立场,在他们手中,哲学的美学化达到了前无古人的程度"①而德里达就是这种唯美主义的模棱两可的领军人物。这里,我们看到了布尔迪厄的后结构主义思想与忠于马克思的历史实践场域的立场。

布尔迪厄对海德格尔的分析,以及扩展到一般意义上的对哲学话语在社会中的生产和运作方式的分析,都是有一种预先要求的,这种预先要求进一步引发了对与哲学相关的社会学的客观位置的分析。自从 19 世纪下半叶以来,欧洲哲学不断针对社会科学,尤其是针对心理学和社会学来使自身得以存在。布尔迪厄的眼中,这些哲学家在拒绝屈尊俯就的情况下,既要去研究那些被视为是"不上台面的对象",又不肯运用那些"不够纯粹的"方法,无论是"统计调查"还是简单的对文献进行"历史分析",哲学家都无时无刻不指责其为"化约论"或"实证主义",因此哲学家必然会拒绝投身研究历史事物的偶因,从而一而再再而三地要求回到那种最"普遍"和最"永恒"的思想中来。例如哈贝马斯的普遍语用学就用了一种最出乎意料的思路来证实这一点。60 年代以来,大学知识分子的场域第一次被人文科学的专家——列维-斯特劳斯、杜梅泽尔和布劳代尔等人所支配。似乎一夜之间,所有的讨论的核心都将目光集中到了语言学和符号学中来,而语言学成为所有人文科学的范例,连福柯这位纯粹哲学家也不例外。布尔迪厄无奈地称之为"某某学效应"(-logy effect)的"缘起",这种方法模式是哲学家们不遗余力地从各门社会科学中将方法挪用过来,并模仿它们的科学性特征,在此同时,依然不肯放弃他们作为"自由思想家"的特权地位。例如,巴特的符号学,福柯的考古学,德里达的书写学、阿尔

---

① 同上,205。

都塞的把马克思的科学研究立意为自给自足的科学系统的阅读法企图等等,听起来似乎都要终结哲学一般,我们在此要批判那些只重视符号场域的学者们,也要批判布尔迪厄为了保持社会学哲学的独立性而放弃整个哲学的做法。无论哲学发展到最后是如何被具体化和细分化,它们最终还都是属于哲学系统的,包括所有的语言学、符号学、语义学、社会学等学科在内。哪怕到哲学发展的源头,都会依稀可见这些研究科目。因此,反对那种在场的形而上学的理论思想不仅仅是语言学家和社会学家的任务,同样是所有哲学家的使命。

第十节 广义人类学与社会学的实践哲学

那么,究竟该如何给哲学留下一块富有意义的认识论空间,给它留下一个使它得以在各守一隅的各门科学的重围之中留有一席之地的独特使命? 这就是社会学究竟是否可以完全取代哲学而使得哲学不得不被淘汰的问题。"社会学哲学"的这种说法是否时机成熟了呢,抑或自相矛盾? 对于这个问题的回答,布尔迪厄更加明确地表达了他的中庸之道,与被他所批判的那种模棱两可保持了一种遥相呼应的相反景致。例如海德格尔和萨特的那种模棱两可,都在布尔迪厄的对此问题的态度中得到了体现:"并不意味着要采取一种旨在使所有知识和思想相对化的酷嗜争辩的斥责。"①所以,社会学的研究目的绝不是要导致哲学的毁灭,而是一种理解哲学和它们之间的相互继替的手段,从而帮助了一种"无意识"的无限复活。将这种"无思"(unthought)加以揭示是为了帮助哲学家摆脱这种深深地隐藏在他们的哲学的光辉而灿烂的遗产中的东西。倘若哲学家一旦发现这种"无思",那些本来在他们看来是最习以为常的思想、概念、问题、类型学工具原来都根源于生产与再生产它们的社会条件和体现在哲学体制的作用与社会哲学中各种决定机制的运作方式之中,这样通过一种循环而得以重新把握哲学思想背后的"社会无思"。

我无法否认精神分析学派的弗洛伊德的个人潜意识与荣格的社会潜意识

---

① 同上,207。

的心理学对哲学社会科学所产生的巨大影响，它们虽然发芽于德国，却在法国黄金一代中枝繁叶茂。从拉康、巴什拉、巴塔耶到罗兰·巴特、鲍德里亚、列斐伏尔、列维－斯特拉斯、阿尔都塞，再到利科、布尔迪厄等，熠熠生辉的思想光芒里都以无意识或潜意识为聚焦发光体，将哲学心理学的潜意识理论的种子播散到符号学、语言学、解释学、结构主义、马克思主义理论等各个深邃的思想领域中。有意思的是，在此同时，东方哲学却在进行着一个相反的运动，以金岳霖等人为代表的逻辑思想将中国哲学的无的本体论进行了消解，甚至有人断言：中国就没有哲学。事实上真的如此吗？中国的逻辑实证确实不如西方发达，就像山水写意与素描写实的绘画手法的不同一样。我只能说中国哲学是以"无中生有"为传统的，西方则在"有中生无"，这虽然在当代哲学世界有所反转，但是东西方哲学那种根本的意蕴还是没有勇气来彻底改变的。相关中国哲学的研究课题想来也不在当下这个场域的无意识的讨论话题中。我在布尔迪厄这里居然也发现了中国哲学的特效品——那种特有的模棱两可，而这种模棱两可从尼采、海德格尔那里就已经滋生开来。社会学与哲学之间并不是对立而冲突的，这种关系同样也体现在历史与哲学的关系中。与其说历史与哲学正在进行激烈的冲突，不如说这是一个为了界定领域的事实，这些社会科学为了重新界定知识分子的活动阈限，不得不体现为一种或明或暗的历史主义的同时也是理性主义的哲学理念与职业哲学家的职守和立场之间的冲突。在布尔迪厄看来，如果哲学家，其实应该特指法国哲学家，都像那种没落的贵族一样死死抱住形象的外在标签不放，那么只会使得哲学家自己的形象岌岌可危。也就是说，布尔迪厄反对那种社会科学之间的相互分裂，而忽视它们之间的相通与联系之处，它们都在渴求一种真理："面对社会科学的发展，任何人都已经越来越不可能孤芳自赏，完全置身于社会科学的大量成就和各种技术之外——虽然看起来大多数哲学家似乎仍对此无动于衷。"[1]布尔迪厄认为自己有幸逃离了只凭"一页白纸，一杆孤笔"就能把社会研究出来的错觉。他举例到随便阅读一篇政治哲学的论文而只凭借自己所接受到的哲学训练，那么对论文他也只会谈论哲学而不谈论政治学或社会学了。布尔迪厄凭借了

---

[1]　同上,207～208。

深厚的哲学功底来对社会学进行了论述,所以我认为"社会学哲学"这一概念是完全可以成立的。他与哲学家并肩研究着,但不仅仅为了阅读,而是为了使哲学家的观点起到作用。他的哲学充满了批判与反思,因为对他而言,哲学技艺与数学技艺的差别并不非常明显,他们本就处在同一层次上;他也看不出康德与柏拉图的"某个概念"和"一次因素分析"之间在本体论上会有什么差别。

面对一部作品,对它的阅读与理解不仅有赖于它的读者所处的"思想传统",也有赖于读者所处的"政治环境"。所以远在德国的伽达默尔的游戏理论观为布尔迪厄的思想提供了养料和前传式的铺陈,布尔迪厄的游戏场域理论与伽达默尔的游戏理论之间显然也是基因相似的——规则、游戏人(行动者)、游戏场所(场域)。游戏理论说到底都是一种对意识形态的寻觅。当然,布尔迪厄还加入了政治经济学养料——资本,发掘了一套自己的特有的以显隐结合为形塑方式的意识形态的场域方法论和形塑过程的意识形态的过程本体论。显然,布尔迪厄将一种非理性的"思想传统"贯彻到底了。在解释学中,场域结构同样存在于作者(或文本)和文本的读者之间的一种接受关系中。作为场域中的读者的行动者的被场域结构的影响是一种"强加的心智结构",尤其是贯穿于那种"正在盛行"的各种争论之中的具有"结构形塑"理论的对立范畴,例如在英国的再生产与抵抗,在美国的宏观与微观之间的对立。就布尔迪厄而言,接受场域中的这种"过滤过程"最惹人注目的"结果"是:对作者本人的作品的接受状况存在着很大的差异。例如就布尔迪厄本人的作品的被理解方面,在法国基本上无人理会他的著作中的人类学基础与奠定其理论基础的实践理论和行动哲学的思想内涵。我在此十分而非常赞同布尔迪厄的观点,只是有一点:布尔迪厄似乎狭隘而片面地理解了马克思主义的实质。马克思主义不仅仅局限于法国马克思主义哲学界,具体说来,不仅仅局限于阿尔都塞对马克思的那种结构主义的马克思主义的理解,也不仅仅局限于德国马克思主义哲学界,具体说来,也不仅仅局限于法兰克福学派社会批判理论所倡导的那种人道主义观念。对马克思主义的理解众所周知,马克思主义在中国的发展就至少经历了两次飞跃,而在俄国的发展则经历了列宁和斯大林时期等等。所以单纯地批判法国与德国的马克思主义显然是片面的。"与两次大战期间那种知识争辩的过时状态相联系的那些典型的学究式讨论,诸如自由还是决定论,相对主义的问题,以及其他一些蹩脚话语,之所以延续下来,部分是因为许多知识分子囿于马克思主义的分析方式,部分是因为哲学课传习下来的学术问题框架的惯性。"①既然要坚持人类学、坚守场域观念,布尔迪厄又缘何在这里发生出人意料的逆转,他的知识结构居然就只是法国的马克思主义,而忽视了其他场域的马克思主义,这难道不令人惊讶吗? 也许并不令人感到惊讶吧,因为布尔迪厄深入地钻进了他自己所批判的境地——知识分子的思想的传统与社会场域的局限性——就体现于此了。其实这里彰显了布尔迪厄的一个理论悖论:如果一个知识分子不能把握全部场域的所有知识,就不能对事物做出正确的理解和站在正确的立场上,否则不是带来误解就是沦为蠢才。多么有意思的法国马克思主义对布尔迪厄的潜意识所构成的无意识影响啊! 谁能够来否认这种社会无思的力量? 如此有魅力的开始却只带来了这样一个意想不到的结果,看来形而上学的复辟必然会在布尔迪厄的以偏概全中即将又一次而再一次得逞。也许换个角度来看,布尔迪厄为何批判传统的无意识? 原来他就是最具有"自知者明"的那位,这种"自知者明"不仅可以扮演"知人者智"的角色,同时还可以作为自己不小心被"被潜意识"后的挡箭牌。我也愿意为布尔迪厄辩护,既然有"前理解"就必然会有"被前理解",既然有"潜意识"就一定存在"被潜意识",正如一个硬币的正反两面,正如地球的南北两极,正如这个世界中的男人女人,有黑就有白,有善就有恶,有同一就有差异。主动语态与被动语态不仅是同时出现,而且是可以相互转化的。布尔迪厄在批判马克思主义的时候,不过是以自己为例来证明了自己的思想罢了,例如那种被潜意识化后所得出的结论。当然,布尔迪厄很会替自己辩解,他说他的努力是用当代社会的特定性质的历史分析为前提的,来建构一种广义人类学。但是广义的人类学该如何小心翼翼地与形而上学保持界限呢? 他又是如何为广义人类学下定义而使其深刻地铭刻在人心里呢? 这些问题,布尔迪厄的回答依然是老把戏——模棱两可。模棱两可的决定来自于一种将广义的人类学最终还原为哲学的基底,事实上,我认为,布尔迪厄与其称之为人类学家或社会学家,不如直接称之为哲学家。这一传统来自于巴塔耶这位先驱,他影响了整

①　同上,210。

整一代的法国学人对尼采的崇拜,例如拉康、布尔迪厄、罗兰·巴特、鲍德里亚、利科、福柯、德里达等等,一种法兰西式的尼采狂热崇拜,所以布尔迪厄不仅仅是一位哲学家,还是一位尼采式的哲学家。当然他与巴塔耶的方向是不同的,巴塔耶崇拜尼采是为了对抗黑格尔,而布尔迪厄则是同时汲取了尼采与黑格尔的理论精髓。就此而言,利科与布尔迪厄的态度也是一致的。所以,其广义人类学思想也最终还是为其哲学思想服务的,无论布尔迪厄是多么反对社会科学之间的任意分割,但是哲学的基础与至高的地位依然是显而易见的。

理论所沉淀出来的是养分,而不是残渣,我完全可以"去其糟粕"。虽然模棱两可在一定程度上是有点含糊其辞,但是布尔迪厄最后还是澄清了一个事实,一个类似于阿尔都塞式的事实,一个关于实践分类标准的事实。我不会带有任何崇拜或偏见的目光来看待布尔迪厄或阿尔都塞,但是我不得不承认,阿尔都塞对理论实践与真实实践的二分给后来者们拓宽了理解视野和思考的总命题的更新。在这里布尔迪厄分为两步来计划实施:其一,首先还是与形而上学划清界限,"我从未要求自己生产一种有关社会世界的一般性话语,更不用说生产一种以关于这个世界的知识为分析对象的普遍性元话语。"①其二,指认出一旦用论述"科学实践的话语"以代替"科学实践本身",后果便会不堪设想。一种理论若不经历"宝剑锋自苦寒来",就不能最终完成。布尔迪厄以非常正直而公正的姿态表示:"对那些自卖自夸的理论,我没多大好感。我也反对那种只是意在显示、让人注目的理论,或者像我们用法语说的——'眩人耳目'的理论,这样产生的理论徒有其表,华而不实。"②虽然布尔迪厄意识到他的这个态度不大符合当今人的过于习以为常的口味。布尔迪厄不过是想表述一种认识论反思的观念导致的那种空洞含糊的话语,这种话语把科学实践的分析对象抛在一旁。这里需要注意的是,布尔迪厄并不是反对认识论的反思,而是反对纯粹的理论的认识论的反思,这种被死死抱住的反思恰好就是束缚深埋在自身不声张的科学实践之绳索。理论与实践一旦脱离,正如马克思所言,不过就是用"头"着地的事物,并不能融入真实的当下性实践,使得真实实践无法展现自身。

---

① 同上,211。
② 同上。

简而言之,反思的理论认识论是始于抽象观念的物化,而实践反思的认识论则是始于一种物的普遍化,他直接传承了马克思的唯物主义,而不是马克思的经历了各国不同的特殊场域的性质。尽管在个别问题上——例如布尔迪厄对个别形式马克思主义的那种直接偏见——略有不妥之处,但是布尔迪厄确实传承了马克思的哲学革命所开启的道路,并且在这条道路上进行了扩展。布尔迪厄引述了智者希比阿的形象,在柏拉图《小希比阿篇》中,希比阿就是不能使自己超越的典型人物,他不顾事物的特殊情境。当他被问及"美"的本质时,他顽固地坚持各种固定的模型事例来回答:一个"美"的水壶,一位"美"的少女等等。虽然在事实上,希比阿拒绝一般化的概括,以及由于这个概括所导致抽象观念的物化。但是布尔迪厄依然一针见血地指出借助理论方法来建构经验事例是不能使人们具有好的思考方式的。布尔迪厄所以对人们的思维方式也进行了一次"哥白尼式的革命",把传统的认识论与反思从理性理论中解放出来,纳入真实的当下性的实践思考的范畴内。黑格尔曾经说过,"反思——意指跟随在事实后面的反复思考:以思想本身为内容,力求思想自觉其为思想。"普遍看来,反思既是对思维对象的反复思考,也是对思维本身的反复思考。这种反思观,即便在我看来,与胡塞尔的现象学相类似,局限在内主观思维(意识)中反思也只能是狭隘而偏颇的,所以布尔迪厄的反思哲学是行动中的实践的反思哲学,我称其为反思哲学中的"哥白尼式的革命"原因就在于他改变了一种内主观意识横行的状况,将反思与实践的生成与发展过程相联系,在实践中进行反思,就避免在关在自己的思想之门里的自说自话,而完全把反思理解为黑格尔的那种理念对理念的反思。反思不是事后的摸索和回忆,也不是事先的责成与怀疑,而是在实践中边行动着边积极思考着,这种对真理的诉求不是天马行空的思来想去,或者用把毛泽东来表述出场学在此的观:没有调查就没有发言权;同样地,没有实践也就没有反思权。

综上所述,在从显到隐的挖掘路途中,布尔迪厄不拘泥于完整的形式主义,深入发掘场域的隐性力量。这种隐性力量比暴性力量大得多。我们知道,物理学中有暗物质与暗能量,以最新的观点来看,暗物质与暗能量在宇宙的总质量中占据了百分之七十,这样才会在地球上看到一些被暗物质所曲折化的从别的星球传过来的光线。反之,光线就是直线传播的。因为直线光线不能传达到地球,所以暗物质才被证明确实存在。在真实的社会世界生活中,或者在社会科学研究中,也是一样存有暗物质也就在这个道理,布尔迪厄就是擅于发现场域这些暗物质和暗能量的人。这样看来,不仅社会科学之间有相通之处,任何学科之间都有相通之处。当然,术业有专攻,我们呼吁的是那种无谓的分割与分裂。布尔迪厄的贡献是有目共睹的。但布尔迪厄从根本上来说,在我看来,尽管具有很多匠心独到之处,最后不免也是一种客观唯心论者,而场域的那种暗面的竞争和斗争也没有得到系统阐述。

第三章

出场学场域十论

　　"出场学"是阐释马克思主义与时俱进机制的哲学范式。①

——任平

　　通过以上两个章节的论述,笔者在马克思与布尔迪厄的比较中只能提炼出十个主要方面对出场学场域进行详解。其中的逻辑关系是:从场域的"打开"入手,以及说明当下性地域的"打开"之后的思与史的正在生成运动及其预期的效果。这里的"打开"是思与史的双重打开,而不是单指其中的任何一种。场域的"打开"后有关客体性场域的分析,同时要关注客体性场域对场域主体的决定性影响。以及客体场域与主体场域意义间的辩证关系,或者说出场的主体意义在客体场域中的催生与发展,即出场者的出场意义探究。同时还要注意对场域的方法论分析。虽然场域看似简单,越往深处就越觉深奥。因场域是完整历史观,方法论与价值观的统一。所以笔者还是无法尽其所有,谨以这十个要点作一个粗略的概貌。

第一节　秩序与自由:以文化人类学视域透视②

　　法国人类学思想是法国黄金一代思想的集中之所,也是马克思思想的传承之地。布尔迪厄和列维－斯特劳斯都是马克思的崇拜者,他们人类学思想

---

① 任平:《任平自选集》[M],南京:凤凰出版社 2010:222。
② 本节相关内容已发表于《法国研究》2012 年第 1 期,题为:《场域与行动者行动的意义——法国人类学视阈中的游戏规则论》。

都与马克思有关,尤其与马克思晚年的《人类学笔记》的启发有关,都对法国的社会现实进行了深刻的思考。布尔迪厄的人类学研究是从细微处着眼,社会学场域研究相对而言则是从抽象处着手,因此,笔者认为他的人类学思想与社会学场域思想是相通的。探讨布尔迪厄的思想可以先从他的游戏规则论开始,然而此时我们为何总会在此之前先遇到他的"策略"观?其实,"规则"与"策略"在布尔迪厄那里是相同层次的概念,因而要谈论社会学场域中的游戏规则论,要先从人类学的婚姻策略观入手,而后再层层剥笋地描绘社会道德炼金术与原则策略变异法。因此,哪怕是婚姻策略这种细小话题,也可以被这位人类学思想家"以小见大"地发掘出深邃而层次分明的理论空间。

布尔迪厄从一开始就考虑了通过一种认识论的实验来获得一种把对象化的行为与对象化的主体作为一种客观对象来把握的科学的职业:在一个被他所熟知的环境中以人类学家的身份来探索一个距离遥远的社会环境的婚姻实践,据此透视出一种游戏规则,例如他对卡比尔社会所做的分析就获得了这种透视,这个透视令一个人类学家有机会成为一个科学家:这个科学家的科学之处在于它得以使作者以一种旁观者的姿态来看待自己,从有机会向后摸索道路:"这个科学家以对社会世界进行分析和加以概念化为职业,并以为这个理由从这一游戏中抽身而出,无论他是在观察一个人没有既得利益的外国的社会环境,还是观察他自己的世界,当他从游戏中抽身出来,他就会尽可能地站得远一点。"①布尔迪厄从游戏策略与游戏规则中所提炼出来的社会道德炼金术的方法主要有三:其一,"差异性"观察法:因观察者所处的环境具有"差异性"而形成多元化的不同视角。仅仅作为单个个体的观察者实在激不起布尔迪厄的太大的兴趣,布尔迪厄将理论的投射之光通过各种不同的光源视角对目标物体进行聚焦与探测,因为多元化的观察者所处的环境必然会具有"差异性"。各种光源投射过来,被观察物就具有了多面体效应,从而揭示出内在于一种外在的、忽隐忽现的、疏离变异的,或者非时间性的、非专注的、非投入的具有游离立场的理论姿态的所有假设。其二,范式创新法:对规则的考虑可以摆脱结构主义人类学的固有"范式"的束缚。在"以小见大"中透视出结构的范

---

① 布尔迪厄:《文化资本与社会炼金术》[M],包亚明译,上海人民出版社1997:58。

式创新,不可谓是一种创举。其三,行动反思法:布尔迪厄行动者的"游戏双重策略"机制是造就原则变异的真正原因,人们必须在游戏的过程和实践的进行时态中对行为与策略进行即时性的反思,才能不断完善和发展并获得真知灼见,因而其间也蕴含了一种反思学意义上的范式的创新原则,即从理论文本的反思转向真实当下的实践反思。此外,在布尔迪厄看来,传统社会学或人类学所有的假设都是一种"完全的或基本上虚假的社会哲学",它的缘起就在于一种社会学家或人类学家与他所研究的人之间的"毫无关系",以及与他们的实践及其所表现出来的东西"毫无关系",所以社会学家或人类学家的工作就仅限于"研究它们"。出场学场域的文化价值观念集中体现于"规则"与"自由"这一对充满矛盾的字眼中。对社会学场域的规则与自由的探讨也许可以为我们的理解获得一些启发。

其一,"野性的思维"与"文明的思维"

布尔迪厄的主要理论是在批判列维－斯特劳斯的基础上建立起来的,所以我们首先有必要对列维－斯特劳斯的文化人类学及其贡献有个大致的了解。列维－斯特劳斯的人类学研究涉及了英美的"经验－功能主义学派"和法国"实证－唯理主义结构学派"两大学派,前者为他提供了材料的来源,而后者是其理论的根基。对于英国的经验主义,列维－斯特劳斯指责其只会把人类学带入一门只懂应用经验归纳法的"社会的自然科学"。例如罗德里科夫－布朗,他们的主要问题在于如何把具体的经验和生物性的有机结构推广到深厚的社会历史中来。对于罗德里科夫－布朗来说,他也许是一位无与伦比的分析家、观察家和分类学家,"一旦转入解释工作时",却往往令人大失所望。他未曾在经验性的社会关系和抽象性的社会结构之间做出系统性的区别,虽然也提到了结构与"结构形式"之间的区别,此观点尽管沿着抽象理论的结构形式方向继续前行,但依然受到英国学派血脉中固有的"历时性的立场"的原则限制。较英国的独立性的经验科学研究不同的是,法国在人类学研究方面颇具社会学风格,且与哲学、心理学、历史学、语言学、社会批判理论等相互融合,更为重要的是,法国人类学研究始终伴随着基本方法论的探索过程。总的说来,列维－斯特劳斯提供了一种科学之外的新的思维方法,这个新思维方法主要包括以下四个方面:其一,哪怕它的答案是由原始人给予的,也不影响它的科学性;其二,对"关系"的研究给后人指点了迷津;其三,将非理性的神话、巫术、直觉等纳入结构主义的研究中;其四,对分类学研究的地位进行了拔高。

列维－斯特劳斯可谓在法国人类学中开启了结构主义运动的先河。继迪尔凯姆之后的莫斯——法国"社会学年鉴派"的代表人物,其理论便开始具有结构主义特色。因此,列维－斯特劳斯十分推崇莫斯的研究。莫斯批判了迪尔凯姆的基本原则,即把纷繁复杂的社会现象还原为简单的社会现象。导致这种状况发生的原因,在莫斯看来,是迪尔凯姆未能把一些基本概念区分清楚,例如"简单"、"初步"、"先在"等基本概念。莫斯逃离了迪尔凯姆把社会现象简单地划分为共体与个体这两个基本层次的简单化方法的缺陷,分析了大量介于共体与个体之间的中间层,以及与单纯的个体与共体的很多不同的方面,例如"语言"、"心理"、"象征"、"宗教"等,是他首先用"社会关系"概念来对迪尔凯姆的"社会事实"概念加以限定,从而推高了社会学、人类学研究水准。

由于人类学学派众多,所以使用称谓也不尽相同,本文所指涉的"人类学"特指法国的人类学,也就是一般意义上的文化人类学。在社会或文化人类学领域,列维－斯特劳斯主要以一种结构主义的视角来看待,具体的结构涉及了原始社群的思维结构、历史结构、神话结构、社会结构等方面,他认为未开化的原始人与已开化的现代人之间的思维特征往往被简单而粗暴地划分为"具体性"与"抽象性"之间的区别,或者被直接而干脆地分属到与"原始"与"现代"所相互对应的"低级"与"高级"之间的区别,如列维－布留尔所认为的那样:"原始思维更需要记忆。它不使用那种给我们提供真正的概念,特别是数的概括的概念。"①列维－斯特劳斯认为这是非常刻意的划分,其实在人类历史上始终存在的两种"互相平行"发展——各司其职的文化职能与各自互补渗透的思维模式。如同植物有"野生的"和"园植的"两种,思维方式也可以分为"野性的"与"文明的"两类。在他看来,虽然"文明的"的思维方式令我们对概念和专业术语的数目激增的现象越来越推崇,并且愈发细致地关心这些术语的性质所做的可能的区分倾向,但是这并不意味着原始人的思维方式与现代人的思维方式是两条没有交集的平行线:"这种对客观知识的渴求,是我们称作

---

① 列维－布留尔:《原始思维》[M],丁由译,北京:商务印书馆1981:175～176。

'原始的'人的思维中最易被忽略的方面之一。即使它所关心的事实与近代科学所关心的事实很少处于同一水平，它仍然包含着与后者相类似的智力运用和观察方法。"①因此，列维－斯特劳斯甚至认为，我们不仅错误地认为未开化的人只受某种原始的本能驱动，或只受最基本的机体需要或经济需要的支配，而且我们错误地认为原始人不会向现代人指出相同的问题，发出同样的指责。如果用原始人的眼光来看，他们的求知欲不仅并不比现代人少，而且有可能比现代人的知识更为均衡。因为那种"园植的"知识是只是为了满足理智的需要，"野性的"知识却能满足生活的需要，列维－斯特劳斯在此的这种观念完全符合生活世界的现象学与生活世界的语言学、生活世界的解释学的原则，所以文化人类学，首先是生活世界的文化人类学。

列维－斯特劳斯为我们证实了一件事情：原始人的思维活动与现代人的思维活动的基础是一致的。他的方法是分类学方法："我们称作原始的那种思维，就是以这种对于秩序的要求为基础的，不过，这种对于秩序的要求也是一切思维活动的基础，因为正是通过一切思维活动所共同具有的那些性质，我们才能更容易地理解那类我们觉得十分奇怪的思维形式。"②这种对"秩序的要求"体现在原始部落中，就是使"神圣的东西"各就其位，一旦废除了这种秩序，就会牵一发而动全身，使宇宙的整个秩序都被摧毁。例如，那些从外表上看来显得毫无意思的仪式的繁文缛节可能用一种"微调"的方式，使得神圣的事物更好地占据着分配给它们位置，从而有利于对宇宙秩序的维护。这种"微调"同样可以不使任何一个物品或生灵的特征被安置在一个被人遗忘的角落，使他们在"某个类别系统"中都得以占据着自己的位置，宇宙的发展在"各就其位"时就会按照秩序井然有序地进行。列维－斯特劳斯对事物之间的关系学的详尽观察和对系统的编目令人想起莱布尼茨的"前定和谐"说，这一点深刻地影响了布尔迪厄，使得布尔迪厄在吸收其养分的基础上建立了社会学场域思想。然而，布尔迪厄并不是站在了他们的相同立场上，而是从相反的立场，即批判、反思的行为实践的角度来架构社会学场域。

---

① 列维－斯特劳斯：《野性的思维》[M]，李幼蒸译，北京：商务印书馆1987:5。黑体字为笔者所加。
② 同上，14。黑体字系笔者所加。

列维－斯特劳斯惊讶地发现,对事物之间的关系的研究有时候可以得出与科学论断相一致的结果,"野性的思维"的合理性带来了对巫术的科学理解的可能性,他在此观点的基础上对巫术与科学之间的关系进行了比较分析。巫术思想也被胡伯特和莫斯称为"关于因果律主题的辉煌的变奏曲",因而在列维－斯特劳斯看来,巫术与科学即使有区别,也不在于对决定论的藐视或无知,而是对决定论的更为执拗的运用。虽然在科学的眼中,这种执拗是多么不可行。巫术比科学的起源要早得多,原始社会中,我们看到的是巫术,而不是科学。所以,巫术这种作为"前科学"的表现,是科学呈现它自身性质的前奏,也是科学发展到高级阶段所采用的方法的预先显示。所以,巫术可以做到科学所能做到的一切,但是反过来看,科学却未必能做到巫术所能做到的事情。科学的任务更加类似于一种"配置"(arrangement),无论是科学性的原则还是非科学性的原则,其产生的结果都是为了"配置"。对此,我们完全可以预见到一种"结构化活动"在其科学自身内的"固有的功效","而不管导致这种活动的那些原则和方法是什么"。①

列维－斯特劳斯根据这些关系,以及巫术与科学之间的那些客观条件的结论,认为短暂的科学可以为人种学家补充一个他们从来没有充分思考过的问题:新石器时代的矛盾。既不是旧石器时代的矛盾,也不是后资本时代的矛盾。新石器时代是历史上"早期的人类是一个漫长的科学传统的继承者",因为在新石器时代的革命与近代科学之间,人类存在着长达几千年的停滞状态。一种精神激励机制的缺乏,导致了两个楼梯之间无法顺利接壤。对于这个矛盾,他认为,只有一个答案:存在着两种完全不同的科学思维方式。不是说近代的是科学的,新石器时代的就是非科学的。在列维－斯特劳斯看来,幸而有这两种科学的思维方式,才使得人类心智的发展的不同阶段都得以获得说明,不是有的社会科学家所谓的在不同阶段起着作用的不同方式的那种具有明显断痕的思维方式(例如阿尔都塞)。它可以对自然进行着科学的探究所具有的两种策略平面的描画:一种是知觉和想象的平面,即传统的非理性的思维模式;另一种则是与之平行的那种著名的理性思维模式。正如胡塞尔对"视觉隐

———————————

① 同上,17。

喻"的"本质直观"所做的探究一般,列维－斯特劳斯发现的非理性与理性的两条"科学"道路均可以用来说明结构人类学所谓的那种"直观",一条紧邻着感性直观,另一条远离着感性直观。

列维－斯特劳斯对分类学给予了充分的肯定使其认为:任何一种分类都比任何方式的混乱更为优越,"甚至在感官属性水平上的分类也是通向理性秩序的第一步,……分类即使在美感知觉的水平上也有其益处"①。在一箱苹果中,几乎每一个人都会不自觉地把大的苹果与小的苹果分开来对待,虽然这种分类法根本就与形状、颜色、味道、重量、体积毫无关联,而是因为一种"从易性"原则的驱使,这种把同一类的事物区分开的原则也是"物以类聚"的实现。分类学原理与马克思的"阶级"理论也可以在哲学和历史的地平线交汇,并与胡塞尔的"视觉隐喻"与"本质直观"的脉络相通,布尔迪厄也吸收了列维－斯特劳斯在文化人类学中对分类学的置入。虽然,列维－斯特劳斯并不完全同意那种"所见即所得"的过于尊重表象的模式,但他认为尽管感性性质与物质属性之间即便不存在"必然的联系",也至少存在着一种经常性的"事实上的联系"。长时间对这种联系加以概括,也许它并不具备理性的根据或实验室的数据,但是这种概括使得理论与实用的双方都受益良多,所以即使是一种不规则的、任意性的分类,也能使人类掌握丰富而又多种多样的客观事物。自然就是这样,对于思想与行为来说,使人得到满足的美感的相等性如果也与客观现实相符,那会更具有合理性与有益性法则。这种有益性法则倒不是功利主义,而是说一种因为联系而出现的智能价值。例如对牛痘作为治疗天花的药材的注意,会比没有对这种联系的注意会在特定的时候更有价值一些。因此,哪怕是"不规则"的和"任意性"的分类,也能使人类掌握更多的知识。

所以,分类学的作用就在于:其一,建立关于多面体效应的话语原则。因为建立关于秩序的法则所引起的必要结果,使人类可以从不同的角度来观察自然界,使得理论的普照之光不再是单一的,线性的,而是一种多视角光源的聚集。我们知道,手术室的"无影灯"只有多角度的光源与多方位的视角才能在没有光与影之间旋转。其二,列维－斯特劳斯利用分类学对神话与仪式进

---

①　列维－斯特劳斯:《野性的思维》[M],李幼蒸译,北京:商务印书馆 1987:21。

行正名,从而为"野性的思维"正名。在他看来,神话与仪式并非是人类背离现实的"虚构机能"的产品,也不是完全被科学讥讽为迷信与无知的那种东西。它至少是具有历史的,甚至具有与科学相当的价值,有些价值不仅是被科学所忽视的,而且是科学本身所无法达成的。神话与仪式的主要价值也为布尔迪厄提供了建立"社会学场域"理论的根本论点:一种恰恰适用于某类型的发现与残留下来与科学不同的"观察"与"反思"的方式,却恰好为布尔迪厄发动社会学哲学的"范式"革命提供了契机,也为利科构建"行动的反思的解释学"提供了宝贵的思想库。

其二、"规则"与"自主性"的行为逻辑

这样,在一种结构主义范式基础上列维－斯特劳斯对外在性因素与真实性的实践问题的生成规则与策略问题的非考虑导致了布尔迪厄获得摆脱结构主义的"范式"的出发点。布尔迪厄无论对社会关系的探讨,还是对婚姻与亲属关系的探讨,都是为了摆脱一种仅仅为了解释"行动者的实践的资源"而来建构的理论。他对这些社会关系的研究不在于关系的规则建立,而在于关系的实际效用和社会的实际运作。从根本上来讲,布尔迪厄对阿尔都塞的对实践的两种分类方法是赞同的,甚至在此基础上有所扩展。他认为结构主义的缺陷正在于无法看清楚两个实践的目的之间的差距的敏锐意识,"即关注理论性理解的理论性目的,与关注实践性理解的实践的和直接相关的目的之间的差距"[①],后者并不能通过单纯的理论反思而获得。这也解释了布尔迪厄为何更注重对各种关系的社会性运用的研究,而不是规则性建设的假设。

对于"规则"一词的概念,布尔迪厄作了相关解释,主要是为了与列维－斯特劳斯相互区分。表面上,由于实践性和外在性的关系因素的共同考虑,使得列维－斯特劳斯与布尔迪厄的人类学表面看来并无多大的差异,实际上,正是"规则"这个词的歧义掩盖了布尔迪厄与列维－斯特劳斯之间的深层次的理论转向与范式变革的矛盾。"策略"与"游戏规则"之间的关系也即将通过对"规则"概念的解释而被布尔迪厄捕捉到其神秘的身影,从而使布尔迪厄得以着重披露"游戏规则"得以潜行的秘密所在地。

---

① 同上,59。

　　对于"规则"一词，人们在日常生活中至少可以获得三种类型的理解：其一，如果仅仅通过一条被行动者或多或少地掌握并创造的法律或规则，以及对该法律或规则进行的区分，并无法使行动者确切理解事物本身；其二，规则即使是一整套加在所有游戏参与者头上的客观规律性，也无法使游戏参与者完全地理解事物；其三，规则是科学家为了解释"游戏"而建构的模型与原则。对这三条歧义法则的相互混淆就是人们在人文科学途中"所可能犯下的"最具有灾难性的错误之一，用马克思的名言来说，他们是把"逻辑的事物当作了事物的逻辑"。真正的规则并不隶属于三条歧义原则中的任何一种。其实在理论中包含着真正的原则，它隐藏在策略之后，它成就了自主性①的"行为的逻辑"法则，从而导向"行动的意义"原则。行为的逻辑与行动的意义与社会道德密切相关，它使得布尔迪厄终于摆脱了纯粹的结构主义与纯粹的客观主义和纯粹的主观主义。从海德格尔开始，"潜"比"显"就更加具有研究分析的意义。这样，布尔迪厄与列维－斯特劳斯的区别就很明显地体现出来：他不同意列维－斯特劳斯关于"家庭社会"的研究，而是把有关社会与行动者的实践意义的人类学从结构主义的人类学中解放出来；在那些社会关系与社会意义中，潜在的交换行为（同时包括婚姻交换行为与其他交换行为）也应当被作为一种策略来系统地加以阐释和研究的行为。

　　这样，人类学与历史之间的亲厚关系也体现了出来，体现在对一种纯粹的结构主义的批判中。这种共时性的结构主义，也是索绪尔等人的普遍语言学的宗旨。列维－斯特劳斯的共时性与普世性的结构主义遭到了福柯、拉康和罗兰·巴特、梅洛－庞蒂等人的一致批判，他们更重视共时性结构在历史中的断痕与重组。当然，布尔迪厄虽然注意到了历史，但他对列维－斯特劳斯在社会关系与社会结构的关系方面的研究予以了肯定，也就是说，布尔迪厄的批判是在"取其精华去其糟粕"基础上的批判，而非全盘否定。

　　先谈布尔迪厄肯定列维－斯特劳斯的地方：其一，社会关系与社会结构之间存在同构性；其二，列维－斯特劳斯从马克思那里传承下来的以社会现实的研究为出发点——一切从实际出发，而不是从头脑出发。其三，列维－斯特劳

---

　　①　"自主性"观念首先来源于乔治·巴塔耶。请参见：巴塔耶：《色情、耗费与普遍经济：乔治·巴塔耶文选》[M]，汪民安编，长春：吉林人民出版社2003。

斯从人类学角度出发考虑的论礼物与象征交换价值理论是具有研究价值的，以及那种不能避免的交互主体际之间的关系研究也是相互契合的。其四，在结构之内允许一定的"意义的流动"，使它既具有灵活性，又不逸于结构之外。

但这不代表布尔迪厄赞同列维－斯特劳斯的纯粹结构主义——那种从索绪尔的结构主义语言学模式出发下的恒定模型。列维－斯特劳斯与来自日常语言学派的批判争辩时，他采用了"布尔巴基学派"的数学模型。对语言的偶然性、易错性采取了批判态度。他们认为公理是恒定的，社会关系就像数学要素，须根据公理模型才能得出相关的结构与结果。因而，共时性原则与普适性原则，以及那种可观的数学模型原理，是布尔迪厄批判的总纲，具体的批判体现在：其一，布尔迪厄认为，社会生活的结构与社会关系的结构之间存在关联是正确的，但是不能只停留在客观分析一种经验的原始材料，当事人的实际的"行为的逻辑"所引起的"行动的意义"充满了个性主义与主观主义特征。其二，结构主义的人类学无法解释"策略性的思考"以及与"由自发性所标识的政治因素之间的联系"的关注。其三，反对列维－斯特劳斯总是被禁锢在主观主义与客观主义的非此即彼的那种选择性的分裂式的二元话语状态中。那种认为一旦发生超越性的尝试，那么就是对主观主义的回归，显然没有理解社会关系的本质。其四，他也同样反对在个人现象与社会现象之间的非此即彼的选择之中。从而成为诸如在"自由与必然"等一系列二元分裂视野中的选择的囚徒。在布尔迪厄看来，反对非此即彼，也是马克思的哲学革命的初衷之一。

其三、"先天实践创造"与"意义的流动"

布尔迪厄认为，社会道德的原则变异根源于"策略"。在我看来，"策略"一词与海德格尔的"谋划"是关系密切的。而且"策略"与"游戏（潜）规则"最好放在一起来看待，拆开会使对任何一方的理解都无法完满。布尔迪厄使用"策略"的初衷是为了同时摆脱客观主义与结构主义的羁绊，它们都片面地武断地预先把行动者的行为手段与实践方式排除在外。尽管"策略"可以被理解为是有意识的、被理性算计的产物，但是策略中的无意识环节是不可被忽视的；"策略"还是实践的意义的产物，它是由特定的历史背景决定了的"对游戏的感觉"。布尔迪厄对卡比尔人进行的人类学研究也得出了这一结论，策略的游戏感觉可以被视作是那种童年时期通过参加社会活动而获得的游戏感。"好的玩家,可是说是游戏的化身,……这就预先假定了一种有关创造性的永久的能力,它对于人们适应纷纭繁复、变化多端而又永不雷同的各种处境来说,是不可或缺的。"①然而,在我看来,这种游戏的过程并不因为对那种按部就班、顺理成章的结构与规则的机械服从而获得保障。布尔迪厄的先验论思想就是那种人类的创造力的预先假定,这不得不令人回忆起康德的"先天综合判断"能力,不过布尔迪厄把先天综合判断力化约为一种更加具有非理性特性的"先天实践创造"能力。"游戏规则"与这种先天综合的实践创造能力相得益彰,这些因素构成了"双重游戏策略"机制:一方面游戏参与者必须按照游戏规则行事,并确信自己站在了正确的一方;另一方面,在服从游戏规则的前提下尽可能为自己的利益行事,无论嘴巴上说的是多么崇高与世无争,但掀开面纱始终都是一种"趋利避害"的本能驱动。而在多大程度上能在此"游戏双重策略"下为自己的利益行事,还取决于资源的配置方式,因为"游戏的参与者并不是被平等地分派角色的"。② 角色分配与传统的流传有关,而当相关人员在场域中所拥有的资本达到一定的规模的时候,就可以完全发挥出"先天实践创造"能力,来对"游戏规则"加以更改,导致了原则的变异。所以玩游戏有时会遇到捉襟见肘的悲伤境遇,智者似乎成为弱者与规则之间的润滑油,他们的变通使得那些保障规则的必要的基础得以被拯救。

布尔迪厄反对"二选一"的"选择的囚徒"模式,还在于他论证了意义与结构的那种若即若离的关系,这也是值得我们称颂的地方。意义的流动不能逸于相关的结构之外而具有符号的无限衍义特征。例如,"世事如棋局局新",就是说,要下完一盘棋,可以有各种不同的走法。即使每一盘棋局都是不同的,每个棋子也在按照自己所被事先设定的规则而向前行进。尽管棋子的走法可以充满创造性,但他们的创造性与创新的自由也不得不受到每个棋子步法规则的制约。甚至连棋局本身也在被制约着。在对历史的纯粹结构主义的探测中,同属一国的鲍德里亚也对那种"历史的欧几里得几何学"③进行了批判,这一点与布尔迪厄是大致相同的,与列维－斯特劳斯和阿尔都塞的那种普遍宏

---

① 布尔迪厄:《文化资本与社会炼金术》[M],包亚明译,上海人民出版社1997:.63。
② 同上。
③ 请参见:鲍德里亚:《生产之镜》[M],仰海峰译,北京:中央编译出版社2005。

大叙事的结构主义模型是不同的。很显然，这些问题不能完全从一种"二选一"的选择性的视阈来探讨，无论是意义还是结构、自发性还是强制性、自由与必然、还是规则与应当、个人与社会等，"二选一"的游戏已经落幕了。布尔迪厄认为，面对众多挑剔的目光，人们在游戏进行时难免会保持谨言慎行，但"策略"不是唯一的本性。游戏、社会游戏的感觉不仅生成了而且体现了人的第二本性——"惯习"。这种"惯习"使得游戏场中的运动员身上体现出完全矛盾的东西——集自由与被迫于一身。我们在绿茵场上皮球即将落地的那一刹那，运动员会很"自由"地出现在那个地方，表面上好像是皮球被他玩弄于股掌之间，但请不要忘记，运动员在自由地到达那个位置之前，视线是被皮球所牵引着的。这不过都是被游戏规则所牵制着的一种"惯习"而已，它是社会铭写在行动者的肉体之内、铭写在生物学的个体之中，使得游戏的无数行为得以发展。表面看来似乎不受规则约束的行动者，其实被一些强制性和要求禁锢了，而且自己也许还是在无意识的"夜盲症"上来看待这些现象，当有皮球进门时，场地里的以及电视机前的我方人员都会欢呼起来，最具有游戏感觉的门框杀手被视作英雄，他们早就具备了对"游戏的内在必然性"的感觉，并且准备好去理解以及严格执行游戏的强制性与要求。这种理解与执行的强制性要求就是"惯习"的内在生成机制。长期以来，由于统计学的缘故，这个规律性的"科学规律"一直被掩埋在实验室数据的理论所挤兑出的废墟之下。由此可见，"强制性"只能部分地在游戏中发挥作用，它永远也无法精确无误地算计出这盘棋的每颗棋子的走法，这场球的皮球的完整的路线，并不是说到处充满了非规律性，我们能确认的只是，棋盘中的"兵"不会像"相"那样走田字格，而只能一步一格；皮球飞出场外就算犯规，这就是普遍性的宏大叙事的结构主义所带来的强制性所能发挥到极致的地方。同样的道理，在符号意义与符号结构的关系中，"意义的流动"是不能被否认的，生活中的每一个人都是伟大的思想家，正如"生活中的每一个人都是哲学家"，他们的奇思异想并不是都是"臆想"，其中可能包括了天才思想的萌芽。但是意义不可能无限制的流动，否则就是"不正常的"流动，逸于规则与结构之外的意义与思想，一旦触犯规则便不能为人们所接受的。如果哪个女人胆敢在宋朝穿着不得体，就难免会遭受极刑，而在资本主义物欲横流的社会中，可能情况就大不相同了。

原则的变异被"先天实践创造"能力所践行,意义的流动也因此被证实。由此,原则的变异与意义的流动不仅与历史背景相关联,也与时代表征与个人的人格魅力相关联。所以我们能够观察到的规律性,都是由强制性所引导的"个人行为"凝聚而成的产物,无论这些强制性是被写进游戏结构所必然的或在游戏中被部分客体化了的必然的"客观性"的,还是被不平等分配的对游戏的无形影的或无意识的"无思性"的。这种结构主义下的意义流动性和规则变异性,体现了布尔迪厄将日常语言与科学语言的分野进行合流的决心。从列维-斯特劳斯到布尔迪厄,结构主义经历了从普遍的宏大叙事到微观结构的分析演变。与福柯、德里达走的道路不同,布尔迪厄并没有对所有的结构主义进行解构,而是在保持原有的结构框架内,使得结构主义更加具有了一种动态与放开的形式。可以说,布尔迪厄的理论体系的建构是吸收了现象学、马克思主义、存在主义等一系列的理论养分,最直接的就是在批判列维-斯特劳斯的普遍宏大叙事的基础上来建构场域理论的学术体系。将各种场域进行了社会空间方面的细化和等级化,使得场域的研究局限在一种非常微观的层面上,使柏拉图的那种由于"理念"的无限细分所带来的缺陷也在布尔迪厄的场域观念上体现出来。不可否认的是,现代西方哲学或哲学理论都经历了从宏观向微观的转化历程,其中最明显的表现是心理学在哲学中的无限复活,自从弗洛伊德开创了"精神分析学派",其三层意识理论影响已经越过了一个世纪,直到今天依然盛行有效。弗洛伊德至少影响了以下几个非常重要的学派:海德格尔开创的存在主义,马尔库塞的弗洛伊德的马克思主义,拉康等人的无意识语言学,维特根斯坦的日常语言学派以及整个法国"黄金一代"的各种意识形态批判理论,例如被谈论的布尔迪厄、阿尔都塞、罗兰·巴特、鲍德里亚、巴塔耶、利科等,都或多或少受到了无意识或前意识的理论的影响。无论这些或多或少的结构主义者,还是后来的解构主义者福柯、德里达等,他们的社会批判都揭示了隐藏在符号背后的隐性力量的神秘面纱,都是一种将潜在的能量化约为显在的践行。潜意识的启发使得布尔迪厄将游戏中的前规则与潜规则的浮世绘生动地呈现在世人面前。尽管他们开创的工作途中充满荆棘,但是他们所做的努力为后人提供了一种方向与指示。

除却布尔迪厄的先验唯心论思想,他使人类学抛弃了纯思辨结构,在行动中不断观察与反思自身,从而在理论与现实的实践之间架构了桥梁,使双方都获得不断进步的源泉的思想,是值得借鉴的。行动者的行动(实践)的人类学赋予实践以意义,不仅对结构人类学进行了范式创新,而且把社会的浮世绘生动地展现在世人面前。此外,两条非理性的道路在布尔迪厄和利科这里得到了汇总,甚至连理性与非理性的两条道路的分野在他们这里也得到了融会贯通。无论是海德格尔的"准宗教论"和"时间化了的超基础主义"陷阱,还是巴塔耶的"无政府色彩"论和"他者地狱"的偏颇,都可以以一种行动的反思法来加以屏蔽。当然,从尼采那里传承下来到法兰西这里的依然是对被揭开神秘面纱的权力意志的揭露与批判。笔者认为,人类学研究在后现代社会之所以能如此兴起和蓬勃发展,首先是由于马克思的一项未完成的工作,也许是他在晚年所写的《人类学笔记》给所有立志于回到一种尚在原初状态的人们提供了思想的法宝,包括胡塞尔的"面对事物本身",海德格尔的回到"本真"等对"异化"的现实化的思想的逃逸,以及各种回到原始部落进行实地考证的数据,都是人类学研究的宝贵思想库。所以,布尔迪厄、列维 - 斯特劳斯在人类思想史上是与马克思一脉相承的,更何况,马克思的著作是列维 - 斯特劳斯与布尔迪厄的共同启蒙读物,可见,法国人类学研究与马克思的初衷本来就是灵魂一致的!

出场学场域对"规则"的变异与"自由"(自主性)观念的获取与社会学场域有着相似性的方面,不同之处也就是之前所分析过的那种主观唯心主义与客观唯心主义的层面。所以出场学场域在马克思、弗洛伊德、海德格尔等人的启发下,对社会学场域的中"游戏规则"进行深入探索,指明了交往实践中的"社会道德炼金术"与"原则变异策略法"的唯物主义的原因所在,其方法论依据主要是"差异性"观察法、范式创新法和行动反思法。出场者的出场行为赋予行动实践以意义,这样,出场学场域不仅对结构人类学进行了范式创新,而且把人类社会道德的浮世绘生动地展现在世人面前。

第二节　交往与反思:正在生成的交互主体际的出场行动

关于这一点,我们还是需要通过布尔迪厄的社会场域来考察。布尔迪厄认为场域的实践既是构成的实践，又是被构成实践。出场学实践虽然没有惯习的必然性，但也同样既是构成的实践，又是被构成的实践。它们都注重于对个体实践与群体实践之间关系的分析。与布尔迪厄无视科学的界限一样，出场学场域完全可以把人类学、教育学社会学、政治学、语言学、哲学、美学和文学、历史都囊括进来。在布尔迪厄看来，实践的对立面就是传统，因为传统使实践往往处于一种二元分化的境地。布尔迪厄认为，"实践能力只能存在于它自身之中，这种自身展示在时间与空间中。"①但是存活于时空中的实践并不是一种历史的永动机，它也需要其他事物的发动与说明，例如与实践概念紧密联系在一起的"行动者"概念②："社会的行动者无论是在古代社会还是在我们现在社会，都是像钟表那样依照它们不了解的法律而被自动化地控制着"。③这就是对那种局限于特定的历史模式和历史永动机的机器论的反对，同时也说明了一种"被构成的实践"的缺失。因为这样只能带来列维－斯特劳斯与阿尔都塞等结构主义者将"行动者"概念废除之后带来的"简单的副（作用）现象"。显而易见的是，布尔迪厄认为通过经验获得的性情——那种"游戏的感觉"会随着时间、地点的变动而变化不定。他指认出实践的无限多样得以完成，并使得实践本身也得以适应无限多样的变化，而且无论是情况多么复杂，都具有一种难以想象的"可预见性"。这样，使得实践面对无限多样的社会历史世界时，具有了一种"构成性"特征，使它得以超越无限多样。在其场域理论中，与实践结合的最为紧密的就是"惯习"，一种"古老的亚里士多德式的托马斯主义的概念，还是可以被人理解为一种逃避的方式，即逃避在没有主体的结构主义与主体性的哲学之间所做的选择。……某些现象学家，包括胡塞尔，他本人就在分析先验还原时给了习性概念以一席之地；梅洛－庞蒂，还有海德格

---

① Charles Tyler："Bourdieu：A Critical Reader"［M］，Edited by Richard Sbusterman，Blackwell Publishers Ltd，1999：40.

② 由于深受胡塞尔和海德格尔等人的现象学影响，我们发现在布尔迪厄的著作中，看不到"主体"之类的术语，而是由"行动者"取而代之。在他看来，"主体"是一种执行或服从一条规则的，而行动者不是。虽然在笔者看来，"行动者"与出场学的"主体"概念具有一致性，至少它们都能说明实践中的一种主观的能动作用。而且至少在方法论上，主客体是无法二分的。"行动者"其实是对主体的另一种尊称罢了。

③ 布尔迪厄：《文化资本与社会炼金术》［M］，包亚明译，上海人民出版社 2007：10。

尔,也使用这一概念创造性地对行动者与世界之间的关系作了非唯理智论的,非机械论的分析。"①可见,"惯习"概念与现象学、存在主义渊源甚深。布尔迪厄"惯习"概念横空出世,并不是为了完全反对结构理性,走向另一个遥远的极端,恰好就是为了在一种非理性的氛围中寻到一种客观必然性,使它能够产生"策略"。既有一种辩证理性的意味,又有一种海德格尔的"上手"实践的意味。所以,这里的前后不一致是显而易见的,布尔迪厄把这种不一致融入"惯习"概念中:一个既能动,又抽象;既日常偶然,又历史必然的现象,而这,同时就是"实践的逻辑"。虽然其把胡塞尔的"延展性"与"差异"之间的延续性作为他的研究基底,但其更关注的是实践的生成状况与发展过程,因为其"已被铭刻在现时性(present)之中"②。

就布尔迪厄而言,这种坦率而真诚地来面对实践的生成过程与逻辑分析是正确的,而且其出发点也是好的。正如在分析出场学场域时所使用的火柴的比喻,这种以"惯习"为实践方式在火柴与火柴盒的碰撞中发挥了重要的作用。历来人们都把实践分裂为构成性的实践与被构成性的实践,而布尔迪厄的惯习理论,虽然就其非理性倾向性方面也许不能令我们苟同,但是其初衷是很好的,因为他将这种历来已久的二元分裂的实践观得到了统一。现在有必要解释一下构成性的实践与被构成性的实践的概念与相互区别。其中的一种理论把实践仅仅看作是构成性的,通常就是主观论者所提出的那种实践由意识建构的,诸如现象学以及各种方法论的内主观意识的个人主义和本体论的内主观意识个人主义,这种实践观念将"认识客体"武断地等同于"实在客体";另一种理论以各种客观论为代表,例如列维—斯特劳斯的结构人类学、斯宾塞的结构主义和涂尔干等人的结构功能主义,他们走向了另一个极端,把"实在客体"任意地置入"认识客体"的结构模型之中,同样也是不可取的。只有"惯习"才能同时既是"构造性实践",又是"被构造性实践"。例如,个人的主观行动与实践可以影响社会历史语境和环境,这里有某种现象学的"意向性"作用,这就是"构造性的实践";社会历史语境和环境也在制约他们的行为,通过诸如传统风俗等影响人们的生活习惯,这就是"被构造的实践"。布尔迪厄把两种

① 同上,11。
② 同上,14。

实践方式化约在"惯习"概念中。

马克思主义出场学的实践观同样也是"构成的实践"与"被构成的实践"之间的融合,但它不体现在"惯习"概念,而是体现在"实践"及其"交往"中。也就是说,布尔迪厄与马克思之间的异同也就是一种惯习实践与一种交往实践之间的异同。当然在此,我主要抽取了相同的成分。其实,在谈论这个问题的时候,不必学习海德格尔对主体客体等字眼置喙莫深的作风,谁又能够或者料想通过科学地证明来否认主客体之切实存在? 主体与客体不是路边石,可以被随意切割。它们是互为一体的不可割裂的实在,但不代表不可以分别进行研究。或者换句话说,这种谈论主客是否可以二分的问题,它本来就是一个形而上学的问题。主体与客体之间的区别是不可否认的,这不是一种泾渭分明。但在实践观上,传统的"主体 - 客体"两极模式的缺陷是非常可怕的。任平教授在《创新时代的哲学探索》一书中,指出了这种单一两极模式的狭隘性。它将实践视为"主体有目的地改造客体的客观物质活动",因而是摆脱不了这种单一的"钟摆式"的框架。"超越论者"眼中的"主体主义"与"客体主义"都是错误的,因为"主体主义"是"从脱离自然的人出发的抽象意识观点"式的唯心主义,"客体主义"是"从脱离人的自然出发的抽象存在的观点"式的旧唯物主义。"超越论者"认为马克思主义哲学的理论硬核是超越了主体主义与客体主义将主客体进行二元分裂的做法,将"主体 - 客体"统一于其中的"科学实践观"。那么"反超越论者"同样以实践为基底,将实践看成一种"主体 - 客体关系",是"主体客体化"和"客体主体化"的双向变奏曲,所以,与"超越论者"同样将视阈局限于一种狭隘单一的"主体 - 客体"模式中。

出场学场域与布尔迪厄场域在此的异同点就浮现出来了:"'主体 - 客体'两极框架或模式的主要缺陷在于它撇开了实践主体与主体之间的物质交往关系或社会联系"①。其实,"超越论者"与"反超越论者"并不是一无是处的,他们至少都肯定了实践在马克思主义哲学中的理论硬核地位,肯定了实践的主体与客体的存在性,但他们在对这种主体与客体进行指认的时候,将主体性演变为"唯一性"、"单一性"或"同质性"。事实上,"实践主体是一个复合概念,

①　任平:《创新时代的哲学探索——出场学视阈中的马克思主义哲学》[M],北京师范大学出版社,2009:136。

它既指进行实践活动的个体,又指实践着的群体、民族和'社会化人类'。"①所以,社会交往关系是存在于主体之间的互动关系,它既不能被归入客体,也不能归入主体,更不能被一种单一模式的"主体－客体"框架所囊括在内,所以实践必须是交往实践,才能将"社会交往关系"的"双向整合"所构成的"社会关系的总和"进行深入挖掘。而单一的"主体－客体"模式所带来的实践关系与结构也是偏狭的。其实,任何实践结构都是"主体－客体"与"主体－主体"的有机统一,至少也是具有双层结构的,单一的"主体－客体"模式"不能科学地说明人类实践与动物个体活动的本质差别,也难以把握实践发生、发展的社会图景,例如个体实践的社会化过程,个体实践与社会群体实践的关系,群体主体的整合机制,乃至各民族、国家和地区的实践交往关系开放与交流、合作与竞争等等"。② 如果没有一种交往关系的存在,那么实践就不可能对任何的客体或者对象进行改造,这种实践是双向建构的,既是一种"构成的实践",也是一种"被构成的实践",是交往的实践,也是诸主体在客体中介下的实践关系,并"从中获得实践目的、实践能力和实践方式,并反过来调整和改造这一实践交往关系。……是双边的和多边的关系结构。"③正如布尔迪厄在他自己的场域的表述一般,实践是在各种场域的关系中——出场学场域中的交往关系下——的一种双向架构过程,它的目的、能力与方式皆由客体中介下交往关系获得,并反过来调整和形塑,这种交往关系。这种交往关系既是主体与主体之间的,也是主体与客体之间的,既是群体内部的,也是个体内部的。除了单一的主体观、偏狭的实践关系和结构之外,单一的两极模式还将导致片面的实践进程和单一的实践结果。因为它是同质性的,没有差异性的显现;它是抽象的符号化的单一进程,而不是社会化的多向整合。尽管有着相同的对历史客体底板的认同,场域主体实践的认同,"构成的实践"与"被构成的实践"之间的双向整合和双向构架的认同,时间与空间融合的认同,交互主体是否存在的问题的认同,但是,出场学场域的实践观注重"交往实践",社会学场域更注意的"惯习实践"。因为后者还停留在单一的主体单一的极的视域来看待问题,布尔迪

---

① 同上,137。
② 同上,137。
③ 同上。

厄无法说明个人的惯习如何上升为群体的惯习，个人的实践如何上升为社会的实践。因而还不是真正的多级交往的主体际视域，没有将主体与社会历史客体底板以及主体与主体之间的社会化运动过程中的关联层面体现出来。尽管解决了现象学与辩证法的统一问题，解决了非理性与结构之间的逻辑矛盾问题，但是没有解决单一主体如何上升为多级主体的问题。

如同火柴盒与火柴的碰撞只能生出一支火柴上的火，其实在火柴盒中的火柴与火柴之间的关系也是不可忽视的，当然，这只是一个大体的比喻，马克思主义出场学场域的精髓就在于是一种互动，它的场域的实践观的研究对象是一种个体主体与个体主体、个体主体与群体主体之间的交往关系；一种个体主体与自然世界客体、个体主体与社会世界客体之间的交往关系；一种群体主体与群体主体之间的游戏规则交往关系；以及群体主体与自然世界客体、社会世界客体的历史演变关系——阶级的差异性与各个不同分化的"场域"理论研究与指认。社会学场域只是一种基础方法论的确立，不能与出场学场域本身相提并论，因为它还在通向出场学的途中。

有关马克思主义出场学视阈中的实践与交互主体间性的关系，不得不从马克思的思想史谈论起。马克思作为马克思主义的创始人，其文本是不可忽视的研究环节，其早年的三大文本给后来的马克思主义学者们提供了争议的素材，它们是《1844年经济学哲学手稿》、《关于费尔巴哈的提纲》、《德意志意识形态》。《1844年经济学哲学手稿》与《关于费尔巴哈的提纲》确立了两种不同的马克思主义立场。前者根据《1844年经济学哲学手稿》中的马克思将"劳动"概念与"实践"概念确定为一种"自由－自觉的活动"，确立为是人的"类本质"，实践在此是"构成性的"，它共同构成了人的"类本质"以及"类本质"的对象化过程，即一种世界历史的生成，代表如法兰克福学派。后者与此观点对立，认为马克思的本质应当是他在《关于费尔巴哈的提纲》中所指认的"人的本质……在其现实性上，它是一切社会关系的总和。"这样看来，实践是在社会关系下"被构成的"，代表如结构主义学派。这样两种立足于不同文本的解读带来了不同的理解，第一种把马克思关于人的本质和社会历史的本质理解为是"实践"、"劳动"等"感性活动"所构建的"自主活动"范畴。后者则认为人的本质和世界历史的本质归根到底是"社会关系的总和"等"社会联系"范畴。"自主活动"派代表了布尔迪厄所批判的"构成的实践",而"社会联系"派代表了布尔迪厄所批判的"被构成的实践"。马克思主义出场学认为,虽然双方持有相互对立的实践观,但是其思维前提却是共同的:"实践与社会关系不是同一指称,二者难以相互包容。"①这种误解正是在一种单一的"主体－客体模式"下的实践观念模式与社会关系相互分离的促狭视阈。其实,实践与社会关系是一个统一的共同体,它们不仅仅是相互包容,而且是同一个过程的两个不同视阈下的理论分野。所以,出场学与场域与布尔迪厄场域都是一种对过程的本身的探索,这种过程既是对象化的形塑过程,也是具体化的解码过程。而不是局限于某一个特定的或特殊的本体论或对象。它们的研究对象就是研究对象本身,而能够达成这一任务的研究对象与研究对象本身的,也只有各种社会关系和社会化之下的"交往实践"。在出场学场域看来,没有实践的社会关系和没有社会关系的"抽象"实践都是虚假的空中楼阁。布尔迪厄与出场学的场域观都是马克思的实践观的继承者,这种实践是人的"能动的感性活动"。在《德意志意识形态》中,马克思说道:"生活的生产,立即表现为双重关系:一方面是自然关系,另一方面是社会关系。"所以,在马克思眼中,人类实践是"人的本质力量的外化与对象化"的"过程",而且"是以个人之间的交往为前提的"。实践结构的双重关系也是与社会交往关系共生的,其一,任何人的实践都是具有交往性的实践,都是在直接的或间接的交往关系中存有的。其二,交往都是具有社会关系的交往,是主体对客体的改造,这种改造的方式来自于主体在交往时所获得的社会化的工具、手段和形式。而这种"社会关系"就是"场域",也就是一种社会关系和社会化中的以交往实践为基础的一种过程的本体论概念。出场学场域的实践思想是与马克思开启的哲学革命一脉相承的。

交往实践观的确立,是马克思对以往哲学、经济学的实践二元对立观的积极扬弃和超越。实践观的二元对立反映在哲学史上,就是科学主义与人本主义的对立。所谓人本主义的实践观,是指以从古希腊的苏格拉底开始,到近代德国古典哲学,再到现代主义的现象学、存在主义等的有关人类本质探索的哲学观念。总体说来,他们具有两个共同点,其一,是表现在实践观和实践活动

---

①　同上,139～140。

中的精神实质，具备唯心论特质。其二，实践的交往是一种精神的交往。第一点的主要代表人物是苏格拉底和康德、黑格尔等。苏格拉底认为"美德即知识"，"实践"是以善的知识为本性的一种"德行"。康德认为，实践可以被区分为"技术上的实践"与"道德上的实践"：前者属自然范畴，后者属自由范畴，后者才是真实的人文实践，只有道德的实践规则观念才能形成真正的"实践哲学"。康德的道德实践学说也为今天出场学场域的社会道德炼金术提供了源泉。黑格尔的实践规则是一种本质上的"精神劳作"，是"绝对精神"从主观性向客观性转化的工具。关于第二点，在康德哲学中，作为调节工具的个体与个体之间的"精神化关系"就是实践的交往关系，黑格尔的抽象的实践交往则成为"自我意识"与"自我意识"的精神交往的中介，在《精神现象学》中，将"劳动"视为改变"主人意识"和"奴隶意识"的手段，虽然具有开拓性，但是完全是在精神中的开拓。至于费尔巴哈，完全把实践的交往视为人的类本质的"理性、意志和心"，彻底的精神交往活动。与此相反，科学主义的实践观从弗兰西斯·培根开始就一直具有一种长盛不衰的生命力。它具有两个方面的基本特征：其一，坚持对实践的客观性表示认同与理解。其二，强调一种极端模式的实践的主体与客体的关系，甚至撇开"主体－主体"之间的关系来反对实践的社会交往性质。就第一点而言，实践在培根眼中是一个完全可以脱离主体而实现的科学实验、"事功"和工匠的"方法"。显然，这三个基本特征都是有失偏颇的。

最后，反思只有在实践中才有可能得成，而不是在理论中的反思。批判只有从自我批判开始才有力量，而不是从他者批判开始。出场学场域与布尔迪厄一样认为：科学是冰冷的，它高谈阔论生活的无限丰富从而居高临下盛气凌人。科学使人类善良本性被利益、利润最大化等一系列科学带来的毒副作用侵蚀，资本本性把人类变得浑浑噩噩，甚至泯灭道德，失去良知。出场学场域和布尔迪厄社会学场域虽然都不赞成胡塞尔的主观唯心主义视阈，但是它们都是胡塞尔对科学的冰冷与自私自利的腐朽面孔进行顽强抵抗的精神在新时代的继续。出场学场域也认为，以科学的方式谈论的仅仅只能是没有热度的利益以及参与到其中去的情绪，如果作为科学的表达者是一个生活的热爱者，那么就不得不对科学态度和生活态度进行"划界"，而思考基础是被马克思·

韦伯称为"社会现实"的"多面性"(vielseitikeit)的敏锐的感觉,正是这种敏锐的感觉可以抵制住知识的冒险行为。

出场学场域也认为"社会世界的复数(形式)"(the plurality of worlds),与此不同的那种逻辑的复数形式应该被终结了,其终结点就在于"由不同的地点构成的场",其中各种不同种类的常识、平凡观念、话语体系都无法被简约化,它们都是"被建构"而成的。他们的被建构过程,很显然,是与一种"特定的社会经验"相联系的。它们不可能被不证自明地经历着,而是事先带有了一种理论立场,从而使得一种傲慢的理论观点失去支撑。对这一点的证明,我们可以借鉴布尔迪厄对人类学所做的研究。布尔迪厄正是在人类学研究中,才为他的场域理论带来了新的契机,他发现了卡比尔人有两种看到事物的方式是具有人为的成分。其一,是一种"严格的客观主义观点"例如家谱等等来观察事物;其二,是以一种非自然的、人工性的特征来为研究者提供材料的当地人的态度所设有的理论视角。他们不由自主地为了获得一种在理论研究中获得或拥有的平等地位而把自己当成了判官式的自发的实践理论家。人类学工作无疑为布尔迪厄提供了被科学语言所排除在外的事情。从这个角度看来,布尔迪厄是胡塞尔现象学的对生活世界关注方面的接力棒的传递者。出场学场域与此相同,它们都关注一种为了"得到社会承认"而进行的斗争,被视为是"衡量社会生活"的基础性尺度,而不仅仅是科学与实验室的证明与对各种理论的精确性进行仪器的称量。值得深究的是作为建立在"认识"(connaissance)和"承认"(reconnaissance)基础上的一种象征资本积累背后所存在着的一种特别的逻辑指引,是荣誉、威信等特殊形式的在资本和声望方面的积累。

第三节　发生与认同:场域之关系性、主体间性和文化理性

出场学场域认为:将实践理解为既是构成的,又是被构成的,目的正是使得它们共同发展一种无法强行分割主客体的发生的结构主义,它们还具有相同的关系性、主体间性和认识理性。就相同的社会关系方面,把出场学场域理论比喻成火柴盒的生火游戏,它是各个部分的各种关系之间的互动与结合,而

不能陷入非此即彼或学院式的喧杂讨论声之中。当然,对布尔迪厄来说,与出场学场域不同,他更关心的是"性情倾向"系统,是作为实践的"碰撞"的内在固有特征,通过场域各要素的交互作用,由这些社会结构的具体化所生成的在某种境遇中的知识与经验而生产出来的对行动具有持久的影响力的"性情倾向",对社会结构的构成也具有反作用力。"性情倾向"构成了"惯习",它融入了各个场域的实践中,它一方面被各种关系构造成结构,另一方面对各种关系的构成也起了反作用,所以它的结构既是"被构造性的结构",又是"构造性的结构",因此由它所带来的实践既是"构造性的实践",又是"被构造性的实践"。颇为有意思的是,布尔迪厄对此的分析强调了德国人的历史的作用,他坚持了费希特的"实践理性的首要性",并打算在他的《实践的逻辑》中尝试完成这一理性的特殊范畴;他同样实现了马克思的复活,他所引用的就是那篇著名的《关于费尔巴哈的提纲》的成果,这篇名著赋予了布尔迪厄特殊而著名的"思想上的启迪",让他鼓起了表述自己观点和思想方式的勇气:"迄今为止所有存在的唯物主义的主要缺陷(包括费尔巴哈的缺陷)是,唯物主义只是以沉思的客观性的形式来表达的,而不是作为人类的活动和实践来理解的"。① 显然,理性与马克思都是出场学场域所赞成的方面。通过这样的分析,布尔迪厄把自古以来的那种分裂的实践进行了很好的统一与融合,并且给予人们一种新的理解模式。

实际上,出场学场域与社会学场域都是有关实践的认识论的"哥白尼式的革命",都是对马克思的发扬与继承,都是研究一种交互主体之间的,各种社会关系之间的动态生成与发展过程,从而不再把实践思维的起点定位于内主观意识或外界的神秘意识中。可惜的是,布尔迪厄最终将出发点的正确导向抛弃了,回到了非理性主义的牢笼结局之中,他不是仅仅将惯习构筑于实践层面,而且更注意构筑于在实践层面的"性情倾向"系统,把它作为"感性认识"和"评论活动"的范畴,或者作为"分类的原则"和"行为的组织原则",这是多么具有"命定论"特色。既然一切都在准宗教的宿命论中预备好了,那么为何还需要讨论实践的建构与被建构问题?既然一切都被性情倾向所引导,为何又

① 布尔迪厄:《文化资本与社会炼金术》[M],包亚明译,上海人民出版社 2007:15~16。

会识别社会的分层系统,判断虚假的意识形态系统？布尔迪厄将"惯习"作为一种"普遍的生成组合体系"显然受到了当时的后现代主义思潮的影响,所以笔者再次赞同哈贝马斯就后现代非理性主义思潮横行之时,对理性的认识论所做的重建工作,他对后现代的解构思想进行了解构,并重建了现代性理性话语。人类理性在交往实践中的地位是不可代替的,哪怕心理学的惯习或性情倾向系统再怎么发展,其对人类强大的理性的动摇也是不能以偏概全的。

出场学场域的理性与哈贝马斯的交往理性之间的异曲同工之妙在于:它们传承了马克思的消解"人类理性中心论"的初衷,但又不陷入非理性的牢笼,这种理性与布尔迪厄的那种正在生成的实践观是相同的,但与布尔迪厄在实践中将非理性置于与理性相同的地位是不同的。也就是说,尽管人类理性不是所有一切的中心的中心,所有一切的根基的根基,也就是说,我们反对大写的理性和大写的人,但是不代表理性可以被完全消灭殆尽。这种理性与交往实践的关系密不可分,或者说,理性是在实践中得以呈现的。我们知道火柴生火的游戏,如果没有火柴、火柴盒和碰撞,那么火就无法生成。只有这一系列要素齐全的情况下,火才能生出,照亮一切。所以,火,永远不能成为绕之旋转的太阳,它的实现来自于交往实践。至于非理性,不能说不存在,但是只能作为偶性的或者意外的存在,代替不了理性的地位与本质。如果要将生火游戏贴上标签,那么自从某些哲学家(例如伽达默尔)将其从艺术系统导入知识系统后,人们就会对此游戏乐此不疲。

布尔迪厄虽然对意识形态在文本的形塑实践过程中予以象征层面的关注,但并没有像罗兰·巴特那样为大家提供了一系列的精确模型。出场学场域则吸收了巴特的精确模型,并在此基础上加以改写,以一种"拉链式"的比喻来解码与形塑符号及其意义。布尔迪厄所提供的形式的初衷是"完全能接受",使之能"重新得到系统的阐释",这种形式必须是一种从根本上进行质疑和否定:对那种使得作者有意识也好,无意识也罢,把他自己定位于其中的理论的空间来进行根本的质询,从而使得问题重新得到系统阐释。这是一种"从源头进行否定"的批判方式。出场学场域接受这种思想,认为与以往的批判方式大为不同,理论的主要作用不再体现于书本或文章中的脚注中的数量,而是体现于是否能够使人们获得足够的以及明确思考的理论空间,是否能够使人们在思考后能够更为合理性的生成实践。如何在科学发展的特定阶段来从科学发展的角度来思考与主体性——立场相关的那个既已知又未知、既被遮蔽又去蔽的世界,是一个重要的问题域。实际上,这是一个被客观世界所提前划定好的空间,是以一种方式将其秩序植入实践的模式之上,从而以一种模式浇筑在实践的社会意义上。无论人们目前对它的认识有多少,这都是一个无法避免的事实,更严重的是,人们越来越关心外在世界的变化和真理,而忽视了这一事实,这一先在的"立场"和"写作目的"对写作行为的干扰,使得那种写作带有了"双重性质"。这是一个相当科学的问题,对这一相当科学问题的意识也就是一种非常重要的自我意识,也是自我意识对科学实践的可控因素的主要条件之一。这样一来,场——惯习—反思的自我意识——实践——惯习场,构成了一个场域中历史与意识的双向互动和循环往复过程。马克思、韦伯、迪尔凯姆等人不仅垒起了建构理论空间的一块块的里程碑,也垒起了建构我们对这一空间进行"感知"和拥有"自我意识"的里程碑。这些里程碑的目标就是:要同这些在某一特定时刻铭刻于理论空间中的强制性所构造出来的"虚假的不宽容性"做斗争。

这里可能会引起一种概念的可能性的"结构性衰减"的问题。例如,用这种方法来看马克思的劳动生产概念,劳动的生产范畴可能通过"感知的范畴"来理解,而且还将被调整到适应于"变化的空间"。这样看来,似乎这一劳动的生产产品将可能存在一种"结构性的衰减",意味着一种真实性思想由于被虚假"遮蔽"而被削弱。它本来想超越两个相互对立的术语,但是这种削弱的力量可能会将它贬低为其中的一方。所以似乎任何试图超越经典性对立的思想都不得不是一种教育性或政治性的倒退,无论是想超越涂尔干和马克思之间的对立,还是想超越韦伯与马克思之间的对立。由于对概念以及作者对概念的典型的"政治性的运用"带来了很大的问题,使得人们不得不总是在问相同的政治逻辑和思想问题。典型的对立的例子就是科学意义上的那种"荒谬"的个人与社会之间的对立,而个人化的同时也是社会生活的具体化。既然政治的逻辑给我们带来了相同的问题,那么人们在"此时、此地"需要做的事情就是把"政治"引入只存在于一种政治现实之内的对立的"知识分子场"中。这种对立是"个人"的支持者与"社会"的支持者之间的一种对立,又被称为"方法论的个人主义"与"极权主义者"之间的对立。这种对政治的妥协与倒退使得压力是如此巨大,以至于社会学(哲学)越是发展,就越反对自然科学遗产,以及其他社会科学的集体遗产。这显然也是不可取的,恰好也是出场学场域需要摒弃的。

出场学场域之所以能够摒弃上述错误,是因为它开创了一种真正的具有生产性的思想方法,以及必须具备的真正的具有再生产性的思想的方法。例如,传统解释学以认识论为地基构架一种得以跨越时空的作者、文本、读者之间的理解游戏,但是这种认识论如果仅仅是就认识论而认识论的话,那么也无法再生产出任何实践的思想与思想的实践,也无从汲取任何思想的养分。然而用出场学场域的观念来看,学术方面的"基因谱系学",与生物性的基因遗传相似,不仅仅是所有动物之间有99%的基因相似性,所有的学术理论之间也具有99%的基因相似性。例如西方哲学,从古老的希腊哲学以来,哲学就只有在被传承中获得创新。如果没有对古典哲学的养分汲取与传承,也就没有真正的创新。创新必须以传统为底蕴,否则就是无法为人所接受的或根基薄弱的。布尔迪厄也认为,其实维特根斯坦也曾经部分地表达过了这层意思,最著名的是那本书《文化与价值》(Culture and Value)中所提到的,维特根斯坦自认为他没有发明过任何东西,而是从以前的所有人那里得到了一切养分,"这些人包括波尔兹曼(Boltzmann)、赫兹(Herz)、弗莱格(Frege)、卢梭、克劳斯(Kraus)、鲁斯(Loos)等等"。① 布尔迪厄非常坦率地承认自己学说里的"基因谱系学",但是他却不想因此而成为血统方面的哲学仪规的祭品供奉。于是布尔迪厄试图重新引进关于"行为句"(performative)来使批判工作更为完整。出场学场域同样关注文字理论是如何被形塑的,不仅仅是思想文化与社会历史场域的形塑问题。我们的批判工作本来就是针对那种形式主义的解释方法的,这种解释学的形而上学是不得不被摒弃在科学的门外的。其实,所有的法国学者都注重着历史与意识形态对各种社会符号、观念的深入与浇灌与构筑。奥斯汀把"哲学的实地考察"置入社会学研究中,使社会学也具有了相类似的特征与生命力。他的社会 - 逻辑的喻义不能被贬低为一种纯粹的逻辑分析;否则就

---

① 同上。

会搞垮语言学有关外在性的一切讨论。索绪尔的结构主义在其结构方面忽视了社会无思的无意识与行为角色的偶然性意识，却也是一种具有自觉自愿的内部逻辑分析与外部时间空间结合的一种创新性理论。

在主体际问题上，布尔迪厄的场域理论的主体间性（尤其是在意义方面）的态度是非常肯定的，甚至带有了一种非理性的意志哲学的色彩。就此而言，它与出场学的交往实践的认识论是背道而驰的。场域之研究，当以理性为基础。一切非理性的源头都是虚幻的，否则那种流浪汉的思维至少无法化约到符号实践中来。当然，通过布尔迪厄，我们可以看到法兰西的哲学通病就在于此：既要吸收尼采，又要照顾到德国古典哲学固有的逻辑的严谨性，这样的话，就形成一种逻辑的断链。一旦思想家们选择了非理性，就等于是把逻辑断链带入了思想的包袱中来。无论他们表面上的逻辑是多么严密，我们总会在历史观中发现这种缺陷，也就是逻辑的断链。利科如此，布尔迪厄也是如此。布尔迪厄比利科圆融的地方在于，他的批判哲学是从自我批判来开始的，这样就使得任何对他的批判都成为自身理论的一部分。当然，这种自我批判的精神在出场学场域中也同样适用。布尔迪厄与利科相同的意志哲学则体现在这个地方，"你总能得到你能得到的东西，总能到达你能到达的地方"，因为意志的指引，使得手段成为一种到达目的地的方式和工具，甚至是武器。在文化方面，出场学场域认为文化也不得不是理性的，但是在社会化过程中依然受到意识形态的渗透。文化需要通过理性来挖掘这种非理性的层面。正如布尔迪厄所言："文化就是你在一个还没有任何问题要问的年龄时，通常能获得的那种自由存在的、适合于各种用途的知识。"①这种知识是零度的，知识分子为了参悟这种知识，为了寻求这种知识的真理，甚至可以毕其一生精力来把这门学科的知识库当成一个"取之不尽的工具箱"。知识分子所受到的教育往往带有一种整体逻辑的培养目的，即让他们去处置一些从历史中流传下来的文化作品，去处置一批他们的老祖宗们流传下来的需要重新获得凝视、尊敬和歌颂的财富，它同时也赋予知识分子以某种带有权威性质的威望。作为被展出的那种累积而成的财富，必定会生产出"象征性的红利"，或者生产出"自恋性的满足

---

① 同上，36。

感"，这种累积而成的财富根本就不同于那种为了某种结果的产生的具有投资性的生产性资本。所以在资本化大生产的社会中，文化一方面与赏金密切联系着，另一方面也与没有目的的目的性相关，所以布尔迪厄的文化观未必就是真正的"实用主义"，实用主义的说法反而令人感到震惊。本来，与文化保持一种更"严肃"、更"自私自利"、更缺乏迷狂与宗教信仰的狂野关系有时也是必要的。对文化的理性分析进一步强化了作者与文本之间的那种非拜物教的关系，也许正是由于这种非拜物教的关系才使得文化的社会学分析和获得社会的道德炼金术成为可能。换而言之，反过来，如果存在作者与文本之间存在着拜物教关系，那么知识分子的工作与其他工作种类之间就具有了极强的相似性，同样具有最刺激知识分子的事情的存在，就是那些知识分子为了自我认同感的获得而必须去做的一些事情。

因而，场域可以化约为一种社会道德的炼金术提示，场域在象征层面里发生了一种意识形态效应，而技术性层面是巴特眼里的零度的写作。所以，在一个实践过程中，由社会所定义的包含着一种"炫耀性"的比率的世界里，如果不关心或降低了一种象征资本，也就是降低了炫耀的时间与精力的比率的话，那么失去那种得到"社会承认"的象征性利润的概率也就越大。这种如同霍耐特语的"为承认而斗争"的"社会承认"的意义也是与知识分子的日常活动相联系的，而且还包括一个补充性的事实，这是一个无法避免的被社会承认所"实用主义"化了的知识分子的对象征性利润做出让步所带来的风险性："即对越来越成为知识分子工作的一部分的娱乐性行业做出的让步，甚至是最有限的、最得到控制的那种让步，也会使人们面临各种各样的风险。"①资本化大生产对文化生产的影响，得以被挖掘出来。对此问题的解决，还是需要文化理性本身的自觉性和知识分子的觉悟。出场学场域也需要这种反观性和反思性。

第四节　敞开与视阈融合：交往实践与对话语言

古典哲学立志于在"主体"中找到构成客观性的条件，以及那种限制主体

---

① 同上，38。

的建构的客观性的条件。反观性的出场学场域教导人们的是:在科学建构的对象中寻找构成"主体"的可能性的"社会条件"的必要性。例如,"传统"与"前理解"的力量是如何通过概念、问题、方法等使得主体的某种活动成为这样,从而寻找主体的可能存在的限制其对象化行为的因素,迫使我们放弃那种对古典的绝对的客观性的要求,也不至于陷入相对主义的牢笼。场域中的科学性的"主体"与科学对象的可能性条件完完全全就是一致的,它们的每一步的进展都是步调一致的。研究对象是科学场域本身时同时也就是科学知识的真实主体本身,如果能够理解这句话,那么两种场域的基础也就此澄明开来。反对单一的线性的理性中心主义,这一点与出场学场域也是不谋而合的,交往实践观是反观性即反思性的切实基础,由于实践的社会学带来的某种意义上的社会决定论(与海德格尔的"准宗教主义"有相似的地方)是否是真知灼见,我认为,反思一面是可取的,但是非理性的无认识论基础的决定论是不可取的。布尔迪厄对自己的社会决定论也作了一番解释,毕竟决定论一词一般是与经验主义和实证主义联系在一起的:"这种科学不是把行动者投入僵硬的决定论的牢笼之中,而是为他们提供唤醒意识的、潜在的解放工具",显然,这一点是无可厚非的,也是符合马克思的"改变世界"的初衷的、而且是从无意识层面使得这种有机的"社会决定论"更为完满。

　　两种场域都不是胡塞尔的内主观意识的现象学构架开来,尽管与其生活世界的现象学意义论原理有所关联,但是就意义论方面而言,相信胡塞尔的两个方面的固有缺陷是不得不被摒弃的。第一,个人的内主观意识无法解释他人、无法解释社会交往实践。第二,个人与群体之间的关系是社会意义方面所必需关心和研究的东西。个人首先是社会化的产物。布尔迪厄自认为如果他的理论在一直挑剔的目光的审视下而采取一种包法利夫人式的话语表白的话,那么反而会给那些反对他的社会化学说的人提供一个把其指认为"相对主义"的武器和弹药的借口。在客体的以及作为科学话语条件的主体的分析方面,用一种过分简单而相对化的破坏是轻而易举的事情。例如包法利夫人说:"毕竟,这只不过是某某人的看法,她是一个教师的女儿"、"她如此表述是由于愤懑、妒忌等等所致"。布尔迪厄社会学中的那些个人性的问题,通常也是由那种康德所谓的"病理学动机"(pathological motives)发动的。人们对一种学说是否感兴趣,完全取决于他们能够从那种理论中获得武器,以此用来反对令他们焦虑不安的东西。布尔迪厄的反思的社会学首先反思的是自我。他的社会学说不像其他理论一开始就出于为自我、为我自己、我的身份、我的隐私辩护的目的,他的理论即使存在一种保护意识也是一种作为所有学说应当享有的合法的无法避免的否则就不是学说的那种能够使得学说成为学说的最为基本的"我的话语的自主性"和"我所发现的事实的自主性"。就像一个公民所具有的最为基本的政治权利,如选举权与被选举权等等的权利。但即使如此,也并不意味着一个具体的个人,包括皮埃尔·布尔迪厄本人,可以逃避对象化与社会化。就此而言,出场学场域与布尔迪厄场域也是完全一致的。"事实上,像别人一样,我也有自己的趣味爱好,也有同我在社会空间中的地位大致相对应的好恶。我是被从社会性的角度加以归类的,我确切地知道在社会分类中我占据了什么样的位置。"①个人的社会化的性质便在布尔迪厄的交往实践观视阈下的社会学(哲学)中体现出来,与出场学场域的相同之处也体现出来。传统的大写的理性往往把自我理解成对某种对单性的纵向探究,现在则实行一种完全相反的法则,它引导了另一个来之不易的信任,一种被遮蔽状态在这种信任中得以被敞开:有关作为学者的或者作者的我们,什么才是最重要的和最本质的真理?什么才是令我们最无法设想的一种从未被思考过的东西?什么才是深深地铭刻于在我们的过去、现在和未来的客观性之中以及所占据的社会地位的历史性之中的"真实存在"?所以,社会学的历史观就是被理解为是对社会科学家思想中的"科学无意识"的探索与起源,"它通过阐明问题的起源、思想的范畴、分析的工具,为科学实践构成了一种绝对的先决条件。有关社会学的社会学情况亦如此。"②布尔迪厄的社会学与以往的社会学的最大差异在于它不断地把所生产出来的科学以及这种科学的武器指向它自己。它的革命的镜子永远都是无私地首要地照耀着自己的。这时人们要问,如果一种学说是以批判自己为起点的,那么这种无法穷尽的批判会不会导致一种虚无主义?这种担心,是没有必要的。因为如果一种学说连批判自身的意识都没有了,又如何接受其他学说的批判?布尔迪厄的观点使得东方佛学精神在西

---

① 同上,45。
② 同上,54。

方闪耀。两种场域里运用了即使是从"社会决定论"角度所获得的知识,以及运用了通过研究"在某一个明确的场域所占据的一个明确地位"的相联系的强制性与限制性的研究,得出科学分析。它一定会与一定的社会轨迹相联系,而且针对该社会轨迹的效应进行定位,或者说是对这种效应进行"中立化"处理。"反观"不代表排斥客观性,而是释放出那种一直以来被掩盖的知识主体的特权。倘若以一种"对象化"的术语来解释"主体"的经验性,那么,对象化就是由被安置在一定的社会空间的占据决定位置的科学的"主体"构建的。所以,即便为了获得所有对强制性的认识与掌握的可能性,也不得不将以下这些假设捆绑在一起:"主体"、"经验主义的对象"、"利润"(利益)以及演进,因为它们都具有对"科学性的主体"构成一种冲击的可能性。那么一般的社会科学哲学家认为,要想获得真正的"科学性的主体",就不得不与那些被与主体捆绑在一起的因素避而远之。这样,"科学的主体"与科学一样具有的冰冷的外观,除了实验室及其数据之外,不再与任何事物发生联系,这显然是不可取的。

一,反思的自我批判的自我推动力体现了场域的辩证法的灵魂。我认为,无论是出场学的场域理论,还是布尔迪厄的场域理论,它们的卓越之处都可以视为是——一种得以对自身理论的进行证明的辩证法与哲学。回溯思想史与从前,这是由马克思开创而未完成的哲学革命的继续,马克思的实践哲学就是一种得以自己证明自己的完整性的哲学,而不是一种大而空、一世通的"神"、"绝对理念"等等。神与绝对理念被批判,是被马克思批判为以头着地,回到现实的哲学,也是胡塞尔从马克思那里获得的一种营养。但是马克思在发现的时候,比其他人伟大的地方就在于一种批判精神,一种自身批判自身的精神。但是由于时间精力把马克思的主要精力凝聚于政治经济学与资本论的世界里,使得马克思并没有对这种可贵的批判与自我批判进行完善与系统构架。马克思从前的哲学家或思想家,自己的思想从来都是为了去证明一个类似于神学的东西,或者纯粹完全是为了批判而批判,不是粗制滥造,就是生搬硬套,而从来无法从思想本身来证明思想本身。哪怕是连康德的"二律背反"、黑格尔的"绝对观念"皆为如此。没有一个正在进行着的"二律背反"能够证实"二律背反"的根本性能,也没有一个正在进行着的"绝对观念"是可以由直接外化的"绝对观念"来阐明的。出场学场域与布尔迪厄的场域就不一样了:一个正在发生而进行着的"场域"完全可以证明它是多么"场域"的。难道不是吗？对场域的自我分析是布尔迪厄场域思想发展方式的先决条件的一部分。布尔迪厄认为，"今天，如果我还能够说出我正在说的话，那可能因为我还未停止用社会学来反抗我的决心和我的社会局限性。"①也就是说，布尔迪厄的批判社会学首先是进行自我批判的。这种自我批判体现在一种态度的调整，他调整了面对知识时的心态、调整了对知识的好恶判断，这些主观意愿上的调整对于知识性的选择和某些自觉而清晰的命题都极为关键。这种有关场域内行动者"立场"的关注之光，就是海德格尔所说的"前理解"与伽达默尔所说的"传统"，当然，"前理解"与"传统"都不能自己证明自己的合理性，布尔迪厄的场域"立场"就是同一种理论内核中的不同转变，居然能够在自我生成过程中发生对自我的证明行为。布尔迪厄认为，既然场域具有自我生成性与自我证明性的特征，就不得不使他自己也采取某种立场来面对他的场域观。"也许是一种知识分子自传传主的立场，这意味着我不得不有选择地叙述我历史中的某些特定的方面，……更为关键的是，这一立场迫使我对我所讲述的东西加以合理化处理，譬如说，事情发生的方式及其对我所具有的意义等等——即使只是作为一种职业的荣誉观。"②历史对场域中行动者的作用便是形成一种自传统而下的立场，使得叙述也好，意义也好，都成为有选择的东西。意义来自于个体的主体思想的内部，由场域的客体性所决定，意义是一种价值的取舍与选择（这种选择与布尔迪厄所说的在学科对立与派系之争中避免选择是不同的），"立场"是意义的发生"机器"，它的生成过程也就是场域的主体的意义的生效过程。海德格尔的谋划的世界观也被布尔迪厄改造成为"隐含的某种策略性"的观点，在场域的谋划过程中，这种隐蔽性对意义的发生起着不可忽视的作用。

对布尔迪厄来说，科学实证主义的冰块一样的举止不是一个真正的知识分子的态度，科学实证主义的意义论必然是线性的、单一的、毫无生机的。出场学场域也同样是赞成具有丰富性、丰满性的理论。对布尔迪厄来说，他所做的工作不过是一种对他来说非常大的乐趣和不同寻常的游戏，它们往往以社

---

① 同上,31。

② 同上,31～32。

会学的面目出现。对布尔迪厄来说,他的知识分子生涯更接像是一种艺术家的创作型生活,而不是某种学术中那种典型的机械的例行公事与按部就班。他所在的科研小组所具有的凝聚力,也具有一种超越严肃与无聊的区分的"交流的热情"(communicative ethusiasm),同时它的热情也超越了对"卑微、易行的职责"的谦虚献身与乃至那种虚张声势和自以为是的傲慢区分。相比而言,我们知道从前知识分子的伟大游戏不过是在一种激烈的自由性、反传统性和确定性、事实上的"实证主义方法论"的严密性之间的永不停歇选择。不是选择尼采,就是选择威拉莫维茨(Wilamowitz);不是选择海德格尔,就是选择孔德;不是选择萨特,就是选择拉卡托斯……现在时代所需要的哲学,不是一种分裂的哲学,科学主义与人本主义两大思潮的分野状态已经行将就木,它们是到了合流的时候了,这也是一种哲学内部的"新和谐"。对一种根本性的问题进行全身心的漠视,就是一种自古以来的"选择性的哲学",它总是以一副判官姿态自居自傲,把自我的一切都作为能够引领一切的真理。两种场域观念都认为:所有知识分子的工作,应该首先是以"非异化"的状况出现的,它既充满了愉悦感,又充满了成功感;既富有责任感(甚至是内疚感),又缘于"被赋予"的特权感,甚至还有一种尚未"偿还"的债务感。这些,都是两种场域观念的伟大之处:场域的批判哲学首要的不在于批判他人,而是批判自我。通过自我批判,再来考量他人。

两种场域观点都把东方哲学与西方哲学的精髓吸收过来,也在细节处略有不同。例如布尔迪厄并没有认为社会学给予他的是一种超常的武器,无论是反对人也好,或者维护人也好。当然在此方面,出场学的超常武器显然是由马克思来给予我们的。社会学授予布尔迪厄的却是一种超常的自由意志,他把它作为了反对自己的武器和保持警惕的手段。两种场域观点都认为:将社会科学进行人为划分,纯属是一种分门别类的标签化逻辑,纯粹是一种种族主义的逻辑,纯粹是将"受害者"完全禁锢于一种否定的本质中从而达到污蔑他们的目的。它们在此也将解释学的局限性刻画出来。读者如果要和已经成为过去式的作者与文本之间形成一种适当的关系,就不能受到一种框框架架式的分类模式的禁锢,这种分类模式成为一种横亘在读者与作者、文本之间的障碍。而就此而言,出场学场域观念认为,解释学中的普遍错误是作为"当代的"

读者和作为"当时的"作者、文本之间的关系成为一种非常实用的"主义"关系，正如布尔迪厄所说的那样："我走向他们正如我会走向伙伴或能工巧匠那样（就那些词在中世纪行会中所具有的意义而言），他们是你在困境中可以求助的人。"①这句话的意思初看是有些晦涩，但其实是布尔迪厄的一个比喻，也就是列维－斯特劳斯过去经常使用的词语，"使用手头现成工具摆弄修理"（bricolage），在这里的解释学就只不过是一种对有用的或可以用的工具的使用，或者说，解释学永远不过是一种可以摆弄修理的工具。布尔迪厄认为这种简单的对工具的使用并不能表示出一种非常合理的解释学方法，能够提供合理方法的就是他认为他所从事的那种"观念性的现实政治的实践"的理论导向。他对解释学的批判与另外两位法兰西同乡——福柯与德里达是态度一致的，他们主张权力谱系学，认为所有的解释学都会带来大写的主体的再现，它宗旨与灵魂都将带来与现代性的理性话语相一致的主体自身在场的原则。因而必须予以批判。在这种后现代的理论导向下，使得布尔迪厄得以避免纯粹的而简单的折中主义。

二，出场学场域中的符号语言意义论原理体现了言语与语言之间的辩证法。如果一种语言得以被社会世界的当下规约为一种通用语言，那么就必然会有一种思维定式和先验主体群体的先在支配方式，它作为海德格尔的"前理解"与伽达默尔的"传统"，以及哈贝马斯的"普遍语用学"，得以先在地支配着包括思维方法、语言结构和意义系统在内的一系列主客体之间的场域互动。出场学的两种基本场域模式，一是历史实践场域，我们可以认为在此场域中，以主体性的能动为主导，主客体得以在"主客主"模式中进行互动和融合统一；二是文字理论场域，我们可以认为此场域是对象化客体的具体体现，无论是解释学、语言学、符号学等等，都可以在此场域中体现出以"主客主"为基本模型的广义认识论的交往认知价值，无论是当下的对话还是文字模式的对话，都离不开场域和广义的认识论，也离不开符号的语言系统在广义认识论中的作用。这样，我们就完全可以理解指称的伦理所在：它不是能指的加冕为王的过程，完全可以化约所指的意义；它更不是完全的僵化的指称与能指，和完全僵化的

---

① 同上，35。

意义与所指。在此，我们又发现了出场学场域与布尔迪厄场域之间的相似之处。出场学场域之中的符号意义也同样是在一定结构之中的流动性，它既不是僵化语言符号系统，例如那种纯粹的抽象的结构主义所言的那般，也不是流浪汉式的后现代思路。它的意义即便具有流动性也不会逸于系统性的结构之外。个体在反抗语言的"集体规约图示"的"暴政"过程中，使得语言的认知交往的辩证法态势得以呈现出来，这种认知交往辩证法的外化心态便是交往与语言对话。在布尔迪厄场域思想中，同样可以看到相同情况的个体语言符号系统与共体语言符号系统之间的辩证法的身影。

三，以交往实践为基底的广义认识论支撑了出场学场域的方法论原理，支撑着场域中的意义的蒸馏。同样也对西方哲学自语言学转向以来的对语言与言语之间的辩证关系进行了厘清。正如此前我们对罗兰·巴特所做的符号学原理分析中指明的一般，语言与言语之间的关系已不再是索绪尔笔下的那种简单的共体语言与个体语言之间的关系，或者是社会心理现象与个人意志现象之间的关系，它们都深刻地带上了时代的烙印，被贴上了意识形态的标签。罗兰·巴特认为，语言确实不包括言语的琐碎的成分，但它不仅仅是"社会习惯"，同时还是"社会系统"，是一种"社会化关系"的产物与结果。语言的社会性就体现在它的结构的稳定性上，个人自身的条件既不能创造语言，也不能任意改变它的结构，因为语言是"对话"与"认知交往"的形式，是群体性的共生系统、是对话性的规约系统、是独立性的规则系统。语言的音、形、义、用、法的结构规约，都是一种可以在全社会通行的交互主体交往的产物。如果用政治经济学的观念来看，语言就是一种在社会中得以畅通无阻的货币，它的强势性在于一种非常强烈的思维定式作用，以及普遍交往前提下的具有人类"区域性"与"民族性"的强制作用。人们完全可以用"货币拜物教"来看待一种"语言拜物教"思想，货币是通过最初的偶然交换才扩大为一般价值形态的，语言也经历了同样的过程，它必然发生在一种最初的偶然交往中，超越了个体性的存在而具有了那种抽象的行为特征，获得了普遍的"可操作性"的能力，任何具体个人的指称都不是语言所赖以生存的那个必然存在。语言所依赖的那个必然存在是多极交往主体的普遍社会化，及其在社会化中对意义的"蒸馏"。语言的共体抽象性中体现出了它的包容性，它包容着一种普遍和共性的意义的生成，包容着一种以深刻性的方式来把握对象及其本质的行为。

我们在分析语言的抽象性的时候,发现了出场学场域对个体主体的能动性的判断。个体的能动性体现在语言运用上,就是言语。它相对于语言的抽象性而言,更加具有具体性、灵活性和多样性。语言的抽象性从某种程度上讲,与言语的具体性是持有对立的立场的,因为它的共在性不得不在"倾向上"排斥个体的创造性。布尔迪厄场域观念中的对主体的"综合创造能力"的认同也同样反对了语言有的时候在某种程度上表现出来的固有僵化。出场学对主体性的弘扬并不是站在弘扬主体理性中心的立场上,而是在交往实践观的视阈来对个体的主体性的特征进行客观分析,发现"个体的主体性首先就表现为言语的创造性和独特性。"①因而是言语,而不是语言,才是实现个体思维模式的直接方式。我们说语言是来自于言语的,是因为语言的共性抽象特征使它与群体思维、社会(文化)思维紧密相连着,这种共性的方法是来自于交互的单个原子之间的个体之间认知交往,而作为集体的认知模式的语言也需要通过个体才能被吸收和内化从而来支配个体的认知。因此,世界上不存在没有言语的语言。由此,我们完全有理由相信逻辑实证主义和早期维特根斯坦所宣称的那种纯粹的逻辑的语言完全可以脱离言语而存在的观念其实是一种关于语言的理想的"乌托邦",这是一种僵死的共相。言语本身就是一种与个体性的认知密切相关的实践与敞开,它是带有个体性的规则、风格,是有个体特色的"选择"、"结合"与"创造"。"选择"是指个体主体对符号的选取,"结合"是指说话主体用来表现自己思想的语言的代码的组合,是由"选择"的心理 - 生理技能所构成的"结合"。"创造性"是个体的认知模式对于符号的指称与意义所做出的关于个体性的直接现实的判定和创造。例如,仅对存在(Dasein)一词,从古希腊的巴门尼德,到德国古典哲学的黑格尔,再到近现代哲学的海德格尔,都赋予了它不同的内涵。现代派的诗人们更是这种用个体来反抗共体的语言的"教条"、"独断"和"暴政"的倾向者,甚至在哲学界掀起了诗与哲学之争的论辩热潮。他们要求反对僵死的语言的"乌托邦",要求把言语的自由行归还于个体。言语才是个体的存在之"家",而不是海德格尔的"语言是存在

---

① 任平:《论语言符号系统在广义认识论中的地位》[J],苏州大学学报(哲学社会科学版),1989,(2、3合刊):9。

之家"。

　　语言与言语之间的辩证关系和发展形态就在于正式语言与变体语言之中,例如"行话"与"个体语型",的规约与原则在交往实践场域中得以形成。被规约的正式语言是全社会与整个民族的通用语言,具有较强的强制性和规范性。这种被规约的正式语言的起源我们已经讨论过,三个条件缺一不可:交往、实践、传统。语言的规约性主要体现在一种结构的抽取,它总会形成一种"骨架结构概念",不仅仅是单个的字词句,或者观念、叙述的意义的"选择",同时也包括具有集体性规约的意义与语言。

　　四,正是在这种语言文化性极强的意义结构的世界中,我们发掘出两种场域观念中一种对"二选一"游戏的抛弃的视阈融合的倾向。例如,关于意义是否具有结构性的问题,罗兰·巴特认为,既然能指得以加冕为王式的狂欢,湮灭了所指的意义,那么意义的结构就是能指的结构,他将这种微妙的关系创造性地设定为符号的意指,并设定了符号的意指模型。鲍德里亚研究了符号的社会化过程,除了精确的模型计算之外,其他有关意义的观点几乎与罗兰·巴特类似,不同的只是叙述的角度是从文学出发还是从政治经济学出发。但是后现代思想家德里达、福柯则完全解构了能指的结构,将意义的结构也同时洒落在被解构的符号能指结构的尘埃中。布尔迪厄的场域与出场学的场域对意义的结构以及流动性的看法相似,它们都允许意义的流动性,但不能逸于能指的固有结构之外。此前谈论的思想家们总是和列维-斯特劳斯一样陷入一种选择的困境中,而受到出场学场域的批判:"在这一文化语言的意义结构世界中,实在世界被设定为有一同等物为基础并被划分为许多轮廓清晰的空间"[1],实质上,武断地将这种意义置入一种"骨架结构"概念是不能给予意义以自由地位的,所以意义的流动性在所难免。这种骨架带来的意义的不自由还在于一种排斥中性词的"二值思维":"万物皆为黑白之中;叛徒和英雄之间,变革者和烈士之间,没有任何中间的地位可供选择:一切不可食之果均为毒物……"[2]。这种出场学对"二选一"游戏的批判与布尔迪厄对列维-斯特劳

---

[1]　同上。
[2]　波伏娃:《一个孝女的回忆》第一部。转引自杰弗里·N·利奇著《语义学》[M],上海外语教育出版社1987:48。

斯的"二选一"游戏的批判是出于相同目的的。所以,变体语言具有其存在的合理性。符号与意义的搭配也具有相对性,所以单个主体与小群体在实际的言语认知中有若干变体语言的出现也是允许而合理的。包括各种行话、密码以及个性语言作为变体语言形成了个体或小团体的认知模式,并与具有规范语言的群体认知模式组织成相互影响的动态的交往网络图景。个体对世界的认知总是在不断地变化中,它可以渐渐刷新正式的语言系统。而正式的语言系统也在不断"制约"和"积淀"个体的变体语言,从而在这种相互影响和推进中,同时使得交往的认知结构成功得到发展。

在反对传统的"二元分裂法"方面,布尔迪厄与马克思以及马克思主义出场学是相同的。他自己坦言,他反对哲学的宏大叙事,同样也抵制法兰克福学派的"宏大批判"叙事法。相信他和我们一样对法兰克福学派将马克思思想予以"黑格尔化"是持有反对意见的。他以一种具体化的总体性场域观念来看待大问题。也就是说,布尔迪厄在"分析"社会大问题时,总是坚持"以小见大"原则,把大问题放到"具体的对象"中来观察,即便这些"具体的对象"被站在整个社会角度进行俯瞰的话,它居于次要地位,并且不具有重要的意义。正因为它的宏大性的缺失特征,使得以被严密界定,从而使得以从经验主义角度来加以分析。那些不把经验主义放在眼里的做法显然是不具有包容性的。但是这并不意味着布尔迪厄赞成那种极为细微的经验划分。两种场域观念永远都保持一种中庸的论调。他同样也反对拉斯菲尔德(Lazarsfeld)及其欧洲追随者的微观心理学(microphrenic)的经验主义。一种虚假的、尽善尽美的技术导致了问题问意识的缺席,导致了经验主义的固有弊端。以对"科学的实证主义哲学"或多或少的辩护以及无意识的依附使得科学实证主义的论述不充分和技术错误是如何以不为人注意的方式而畅行无阻的。这是号称科学的实证主义的固有缺陷;此外,经验是无法被穷尽的,它是推论性的概率与统计的反论,是以邯郸学步的实验性密集的经验片段来掩盖真正的在社会学意义上构筑"总体性对象"的缺席话语对象。两种场域观念都在此显示了后现代思潮对理性的具有杀伤力的影响,也显示了将科学主义与人本主义进行合流的决心,他把整体与局部的关系进行了详细分析,把每一个流派的合理性萃取出来,将残渣倒去,形成他自己的独具特色的学说,而不会使任何一方凌驾于另外一方之上。

　　最后,相互联系的辩证法观点使得布尔迪厄和出场学场域都反对"学科壁垒",即反对社会科学的刻意分工。即便社会科学的分工导致的学科的差异性确实存在,但是没有不要把它们置入不可调和的矛盾与对立之中。例如,社会学家在文学地盘上如何与作家展开竞争,那样只会使得社会学家由于对文学场域逻辑的缺乏而导致他们成为"幼稚的作家"。文学家也很难在社会学领域内赢过社会学家。社会学家,例如布尔迪厄,能够在文学场域发挥出一定的功效,那就是一种特有的批判审查制度,它可以发现一些禁止他们知道的研究线索和方向。把这些线索和方向引入到自己的话语中,也许这些话语并非是由适当的"文学"意图来激发的,但确实发挥了产生文学效果的作用。社会学家为文学家提供的作用就是,正如 19 世纪末摄影术的发展为画家所提供的新契机一样,社会学家为作家提供了相似的新契机。文学家也为社会学家提供了一些思考的方向,例如,他们可以帮助布尔迪厄摆脱那种在"唯科学主义"和"实证主义"遮蔽下的审查制度和理论假设。文学家可以教会社会学家以一种戏剧的方式来经历个人问题和社会问题。文学家可以用一个故事来遮掩另一个故事,或者由于同源性而使得另一个故事以一种更为隐蔽性的方式来将它叙述表达出来。这里能够得到显现的是一种关于指示代词所具有的永恒歧义,并且由叙述的逻辑依靠着他们的永恒歧义。这些指示代词指代的人之间可以起到互换主体作用。一种线性的人工化的故事就能令人类学家和社会学家感到满意,因为它具有更为真实的接近时间性的体验。这种体验使得布尔迪厄把原来那种无意识的被本能的排除在外的一系列的所谓的"原始"文献,提高到具有探索性的、合法性的、科学性的话语地位。我们宁愿相信文学在许多问题上都比社会科学更为先进,因为它包含了很多与基本性的问题有关的,在形式上非常完整的"收藏物"。至少那种有关叙述与写作理论的根本性问题是其他任何学科都无法轻易言说比拟的。如果社会学家能够把这种"收藏物"运用到自己的学说中,那么就会获得收益。社会学家也应该经受和服从批判性的检查,卖弄只会给他们带来偏离式的趋之若鹜的或俯首妥协的表达形式与思考方式。布尔迪厄以一种社会学而非哲学或心理学的分析来对待社会科学,是因为他也想同尼采与海德格尔一般尽量逃脱形而上学的圆圈,在他看来,只有社会学才能在社会科学中为"非神秘化"和"自我显现"找到对社会批判更有力量的工具,同时也为神秘化和非自我显现寻找到"自我疗法",布尔迪厄的这一"自我疗法"显然也为他人制造了有用的工具。这种自我疗法同时也具有自我洁净的能力,布尔迪厄试图用它来清洗作品中的社会决定论的痕迹。通过这种清洗使得各个学科之间的壁垒得以消除。

出场学场域则坚持通过对话原则来抚平各种冲突与裂痕:"在广义认识论观点看来,对话的前结构问题就是对话者、解释者的主体性问题。对话者主体性问题包括解释的主体性的个体化与普遍化、主体认知图式与存在情景的关系以及与对话的关系问题。而这一切问题都必须在广义认识论的认知交往域中才能得以正确的解答。"①对话的参与者得以不断激活问题、参与解码、形成融合、从而使得文化得以进步。因而,符号思想与历史语境的形塑、传播、解码(反思),当然布尔迪厄是在一个动态的场域中进行的,对解码是直接的非理性的惯习的反思。出场学场域不否认理性的认识论的作用,也不否认非理性的各种要素,出场学的场域的解码方式是在历史与哲学、时间与空间的两大地平线上来进行符号解码活动,而不是简单的思维定式般的"惯习"。为核心当然,惯习可以是其中的一个方面。所以布尔迪厄并没有将动态坚持到底,依然具有某种在场形而上学的精神。

第五节 真理与意义:广义认识论原理②

交往实践中的符号语言的意义与指称的功能都是多元的,这也是其成为多极主体对客体进行把握和进行认知的生产的工具。请允许我把认知的交往场域也划分到当下真实的实践场域中,在这个认识的交往场域中,语言符号是指称,他为了客体的内容而建立起了相互关联的作为指称的语言符号,其实质就是客体内容的"代码"、"代表"和"指示物",其作用就是包含这所指内容在

---

① 请参见:任平:《论语言符号系统在广义认识论中的地位——兼论从解释学到广义认识论的发展》(J),苏州大学学报,1989,(2、3合刊):11。

② 请参见:任平:《广义认识论原理》,江苏人民出版社,1992。

内的能指(的价值与伦理)。对实在对象的认知转换只有通过在符号化过程的实践操作,才能转为思维操作,从而获取认知对象。符号必然是代表一定事物的,它对多元主体来说也必然会具有多元的意义。符号对实在客体的指代不能离开主体及其内在意义,客体世界事物的内容的客观性也不得不通过这种这种主体性来显示其意义所在。所以,只要论及了"意义",就不得不牵涉到主体以及主体际的问题。反过来看问题,客体的实在对象也通过符号的所指和意义而为人们所了解,所以语言符号也成为对客体把握的中间环节与桥梁。因此,中介客体包括了包括了社会历史语境及其符号系统。所以,符号化是指:在符号中得到内在化与客体化转换的人的思想活动与行为活动,人的意识也在符号中得到外在化与对象化的转换。这样,符号就成了一种人与人的实践对世界的掌握的方式。但是,符号的中介绝不是在单一的"主客"两极模式的跷跷板游戏下完成的,它是多极主体间的认知交往,是客体信息与主体观念对对方相互体现的双能映照,因此,符号的客体指称与主体意义也不可能是单线性的流动,而是立体的多极化多层次的相互整合。

试比较以下两个"意义"与"指称"之间的关系的流动模型,我们即可揭晓有关认识真理的答案,以及出场学场域对布尔迪厄场域在认识论模式上的超越。我们同样可以清楚地看到,广义认识论是如何融合的讨论逻辑为主的辩证法与以及改造为主。现象学方法两大方法论的优点的:

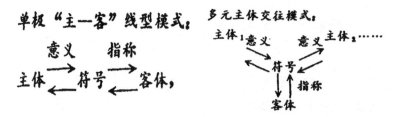

其次,在历史场域中的出场意义也与交往实践观与广义认识论密切相关。尽管布尔迪厄场域的思想也是在"交互主体观"的基础上建立起来的,但遗憾的是,布尔迪厄从来都未曾建立过广义认识论原理。甚至连主客主的认识论模型都不曾提起,因为在布尔迪厄处在尼采、海德格尔与伽达默尔一端,都把主客体摒弃在了理论视线之外,这种谈"主客"色变的心态只会导致主观唯心论的后果,而无法真正医治二元分裂的顽疾。相反,出场学场域认为谈论主体客体是府,因为任何人都不能否认自己与周围世界的交往关系,在主客主的交互模式下,传统的单一跷跷板的两极游戏的顽疾才能被消解。主客体不再处于那种分裂的状况中。在方法论上以不能避免的二元的主客体论证实了在世界观中统一的主客体性。这个任务也只能在广义认识论的模型下得以完成。因为在图片前者的"三位一体"的方程式模式下,所有的意义流动皆是单线的,在这种单一跷跷板的模式下,对交往与社会化的意义考察显然是不能实现的,这种封闭的个体化的言语又如何成为共体化的语言规约? 更加无法在一个符号的交往系统中来研究内在于它之内的辩证法,例如"语言与言语"、"规范语与变体语、个体语型"、"语言的结构图示与创造性"、"多语共存与共同语"等等一系列以例如地球的南北两极共生出现的关系之间的内在互动和丰富意义①。这些关系总是共同出现,无法割裂,像是太极的两仪,主体与客体其实也是这种"相互对立统一"的游戏,不过不能局限在单一的"线性"的平面的框架模型中。只有多元化多层次象极交往主体的交往实践观,才能使得对历史问题的研究模式更具有开放性、系统性、流转性、前景性、广阔性、包容性、多元性。

而布尔迪厄的所有理论都是围绕一种"过程本体论"展开的。他的三个主要核心概念:场域、惯习、资本,都是一个动态的生成和发展过程,"主体"概念被这三个概念撕扯而失去踪迹,被被代之以"行动者"概念。其实布尔迪厄只是一个粗略的尝试,抑或他把重点放在了这个动态的发展过程上,对主体自身意义的把握却以另外一个名称表示。因而,社会科学的对象,既不是个体,也不是群体。个体被所有"方法论个体主义者"幼稚地视作至高无上的,又是根本基础的"现实的个体存在",群体是在社会空间里分享相似的位置的个体间的具体聚合,只有将它们的关系结合起来才是对象的。历史性的实践行动是分别在身体和事物这两种实现方式间的关系,这种关系,也就是场域与惯习的关系:一种"双向模糊关系"。"所谓惯习,就是知觉、评价和行动的分类图式构成的系统,……而场域,是客观关系的系统,它也是社会制度的产物,但体现在

<hr>

① 请参见:任平,《论语言符号系统在广义认识论中的地位——兼论从解释学到广义认识论的发展》(J),苏州大学学报,1989,(2、3合刊):7。

事物中,或体现在具有类似于物理对象那样的现实性的机制中。"①惯习具有一定的稳定性和可置换性,它来自于社会制度,同时寄居在身体内,所以在布尔迪厄看来,惯习和场域都离不开群体的制度与个体的身体之间的相互关系。所以社会科学的对象就是这种关系所产生的一切,即社会实践与社会表象,或在现实形式中由于被感知评价而展现自身的场域。惯习与场域之间的"双向模糊关系"又被布尔迪厄称为"本体论的对应关系"。布尔迪厄为惯习和场域划分了两种关联方式:其一,是制约关系:场域形塑惯习,惯习固有的必然属性体现为身体的产物,而一系列彼此交织歧义的场域正是惯习的内在分离土崩瓦解的根源。其二,是知识关系,或认知建构的关系。惯习有助于人们把场域建构成为一个充满意义的和被赋予感知与价值的值得他们去努力的世界。制约关系先在于并决定着知识关系,塑造着惯习结构;社会科学是一种关于"知识的知识",必然包括一种具有社会学基础的现象学。这种社会学基础的现象学用以考察场域里的原初经验,直面作为原初经验的现象本身。更确切地说,在不同类型的场域与惯习之间的关系方面,存在着一些不变因素和可变因素,要用这种现象学来对不变因素和可变因素加以考察。这种原初经验带来的问题就是布尔迪厄场域的先验性,这种先验性与生俱来,没有预兆,没有协商,而一旦将惯习置入这种先验性的场域之中,无论是制约关系还是知识关系,都带来了直接的化约性。布尔迪厄并没有意识到,既然要在行动中进行反思,又如何在惯习的定势中架构这种反思的关系,如果一切都是惯习的,又何来反思的认识论的必要性?所以,先验的场域和反思的惯习之间的矛盾除非有一种广义认识论的架构,才能使得否定性的反思批判和肯定性的整体循环之间的逻辑矛盾得到化解,从而形成一种循环反思的方法论特征,否则这种矛盾在一种单线性的思考模型下是无法调和的。

第六节 行动与预见:语境中的文化差异性与场域客观性

出场学场域与布尔迪厄场域都强调一种场域的先在性,但出场学场域并

---

① 布尔迪厄:《实践与反思——反思社会学导引》,李猛译,中央编译出版社 1998:171。

不会把这种先在性直接化约为先验性,这里要注意与布尔迪厄相互区分的地方是,出场学场域所视作场域先在性的"在手"状态只有经由主体的"上手"和"打开"过程才能实现,场域的客观性和先在性才能得到证实。否则,场域的客观性和先在性对主体来说就是不存在的东西。在出场学场域看来,语言的意义被历史语境沉淀,同时交往的多极主体之间的文化也被历史语境所积淀。理解语言不仅仅是语法层面的释义,更是一种对具有时空烙印和语境特质的传统与文化的理解,换个说法,也就是对"前规则"与"传统"的理解。如果仅仅只有对语法的释义,那只是停留在"说明"的环节,单方面的主体性的理解是"理解",只有"主客主"的交往实践通过文本的符号经历时空的历练融合才能谈得上是"解释"(保罗·利科)。出场学场域希望所有的认知图式都能在一种对文化背景熟知的条件下完成,这就不得不承认客观世界的先在性,无论这个客观世界是作为宏观的历史实践场域出现,还是作为微观的理论实践场域出现,都不能忽视先在性场域对个体认知图式的影响。尽管出场学场域是在历史先在性前提下展开的循环理解的过程,但不代表我们一定要学习海德格尔、伽达默尔的态度:"语言是凝固了的主体框架,对个体认知来说,它是一种先在的图式,使个体一介入认知交往圈就能站在全部以往文化成果的基础上,而不至于从零开始。"①出场学场域的共性系为个体的认知提供了非零开始的"认知交往圈",语言的抽象性为个体的认知提供了得以站在以往全部文化成果基础上的"先在的图示",可见,语言的抽象性也为场域的先在性和个体的认知图式的文化基础性之间的辩证关系起着一个纽带作用。社会文化还起到了各不同民族的传统基因遗传担负者的角色,它传递着每个民族的与众不同的遗传信息,从而在语言的抽象性中,我们也可以发现文化的差异性。交往带来的文化的差异性,需要用哲学解释学的视阈融合思想来架构沟通的桥梁。

　　虽然表面看来,布尔迪厄的社会学理论中到处充满了交往实践的行动者的思想(如果用出场学的话来说也就是交往实践的主体际思想),但布尔迪厄依然陷入了二元分裂的痛苦之中,他虽然致力于消解二元分裂,却不得不用依然一种二元分裂的眼光来看待这种分裂。而行动－结构(agency－structure)的

―――――――――

　　①　同上。

二元对立关系,正是与个体 – 社会相对应的二元对立关系。行动者与社会之间的相互纠结的关系也体现在"行动"(agency)这个概念中。行动意味着必须有作为其行动的"行动者"(agent),不仅仅是社会压力和环境的产物的行动者,而且是立法世界中的行动者行动者的社会化与对象化过程也同样也在塑造社会关系。这是一种双向互动的过程。布尔迪厄与吉登斯(Anthony Giddens)对这两个相同概念的运用,具有很大的差别。吉登斯认为:"因为不论是广义的现代社会运动还是狭义的革命性运动,通常都结合了以实现集体目标和利益为目标的人类行动,这种行动强大而有影响力。历史尽管未必服从于这些目标,但当今世界的许多特征却是在各种形式的社会动员及其无法预见的结果之间的交互作用下形成的。"①可见,吉登斯的行动与行动者概念具备了更为强烈的集体性与目的性功能,以利益的主导为其行动准绳,而不是和布尔迪厄一样以外在的社会世界的客观条件为行动基础。在行动与行动者之间的交互作用方面,吉登斯是以社会的主体与主体之间的互动为参照点,是主体间的互动及其无法预计的结果形成了"当今世界"的许多特征。布尔迪厄则以社会大的客观背景环境为起点,以及与其中的参与者也即行动者之间的双向互动为参照点,其对交互主体性的思想也是赞成的,将其纳入更大的社会背景和历史条件中进行分析。所以,看似相同的概念,却在起点与终点方面完全不同,两个人都在竭力自圆其说。

当然,他们在对这两个概念的运用之间并不是一点相同的地方都没有,他们的相同点是:其一,都是一种以一种行动的交往实践为基本的研究对象;其二,都反对将社会科学各部门之间进行人为地割裂;其三,都强调一种形塑的社会学与社会哲学。其四,这两个概念都是具有批判性能的话语,都是对资本主义社会的权力主导地位的批判。相对于相同点而言,不同点是更为重要的方面:其一,吉登斯在交互主体际的基础起点上来研究行动者的行动实践对历史社会的巨大影响,而布尔迪厄则刚好相反,在历史社会的基础起点上来研究交互主体际的行动实践。例如,吉登斯认为,"社会科学与历史——之间的不可分割之外,还要走得更远一些。我们必须理解历史是如何经由人类的积极

---

① 吉登斯:《批判的社会学导论》[M],郭忠华译,上海译文出版社,2007:70。黑体字为笔者所加。

介入和奋斗而形成的,同时它反过来又如何形塑着我们人类自身,并产生出各种以前从未预见过的后果。"①主体际(行动者)－实践(行动)－社会历史－主体际(行动者)－实践(行动)－社会历史……,是吉登斯所画出的圆圈。社会历史－主体际(行动者)－实践(行动)－社会历史－主体际(行动者)－实践(行动)……,这是布尔迪厄所画的圆圈。很明白,他们的起点与终点是不同的,不管过程或术语使用是多么相似。其二,对社会历史符号的解码,吉登斯显然是支持了行动者行动的能动性与创造性,布尔迪厄尽管承认行动者的理性认识能力的认识论理论,却将海德格尔的"前理解"以更为切合现实生活更为逼真的"惯习"概念通过行动者的行动展现出来,从而不再需要任何理性分析就能获得批判的基础。其三,吉登斯的行动者概念与行动概念似乎更的把握了马克思的"改变世界"的初衷,而布尔迪厄在此方面似乎欠缺分析,而把更多的工作放在意识形态揭示方面。

所以,布尔迪厄的非理性主义给他的场域理论增添了更多的唯心主义色彩。也许有人会反驳说,布尔迪厄本来就是一种将理性主义与非理性主义进行融合的思想的支持者,但是,请不要忘记,马克思与恩格斯对唯心主义与唯物主义所做的区分,本来理性与非理性就没有必要摆在对立的两极,唯心主义与唯物主义在同一个人的思想同时出现也不奇怪,判断的标准在于:究竟谁是第一性的? 我布尔迪厄的场域思想中,非理性的激荡已经使得场域的理性根基异常薄弱,这种薄弱甚至就成为他的逻辑统一性的主要断裂之处。布尔迪厄用"性情倾向"来解释"惯习"概念,"惯习"由一整套通过社会环境性情构成的注入个人在群体中的人际关系的要求与各种利益的预见之中。这种"性情倾向"可以说是阶级与差异性的来源,例如,具有典型中产阶级特征的人会比无产阶级更容易接触到律师、教授或其他权威,而原因就是一种对诸如教育背景、生活体验和价值观念等等的具有共享的性情倾向。"惯习"是社会世界的影子,产生惯习的社会世界同样还生成出"真正的本体论的同谋关系",生成出"排除意识的认识论根源",生成出"排除意图的意向性",生成出"对世界规律性的实践的把握"。这一把握摒弃了公式化的前提假设,从而"允许人们无须

---

① 同上,120。

诸如此类的假设就能预见未来"。① 这是某种胡塞尔思想与海德格尔思想的融汇,但又通过融入辩识理性而对他们进行反拔。布尔迪厄认为从前的社会科学家只会以某种形而上学的论文来反对科学性的建构,而只不过进一步反映出社会科学明显虚弱的迹象。既然争论是不可避免的,那么人们能够避免的就是那种小学生式的争吵和天下乌鸦一般黑般的文化周刊上的论战。科学领域之中的讨论不可避免。科学领域包括自然科学与社会科学。社会科学的不幸在于,当我们好不容易发现必然性的时候却每每冒出随意性和偶然性。自然科学的不幸在于,当选择性和自由意志好不容易出现的时候,冒出来的却总是必然性和社会强制性。在布尔迪厄看来,当人文社会科学陷入绝境时,人们忽略了一条未经选择的原则——非理性的选择原则——同时也是唯心主义的选择原则。因此,我们有必要对布尔迪厄社会学场域的"行动者行动的意义"进行扬弃,将其主观唯心主义和客观唯心主义的特质从其合理性的对正在生成要素和打开环节中排除出去,扬弃为"出场者出场的意义",才能更好地把握出场学场域的本质。

布尔迪厄认为,"惯习的观念"之所以重要,还因为其具有避免选择的作用,它避免了在个人和社会间做出的选择,从而得以避免在方法论上的个体主义和整体主义之间的选择。在布尔迪厄看来,惯习就是被指认为一种社会化了的主观性的东西,是个人的、私人的,同时也受社会的、集体的影响。理性是有限的,康德已经非常深刻地阐明了这一点,但其局限性未必就仅仅是认识论上的:"理性的确是有限的,但不仅仅是因为可以得到的信息残缺不全;也不仅仅因为人类的思维从总体上来说是有局限性的"②。布尔迪厄在此可以说补充了康德的"二律背反",在有人把它相对化于社会历史语境的背景中后,又另辟路径。"确实没办法对各种情境做出充分认识,行动紧迫时就更是如此;而且还因为,人类思维是受社会限制的,是由社会加以组织、加以构建的。"③布尔迪厄另辟蹊径的灵感依然来自于马克思:"不管他愿意不愿意,个人总是陷

---

① 布尔迪厄:《文化资本与社会炼金术》[M],包亚明译,上海人民出版社 1997:13。
② 同上,170。
③ 同上。

入'他头脑的局限'之中"①,这种以马克思对"以头着地"式的思维方式的批判在布尔迪厄看来意味着,个人不得不局限于教化世界里获得的范畴体系中,更为重要的是"除非他意识到这一点"②,所以人能不能意识到自己被教化调唆是最为关键的实践构成。惯习就是这种教化的在行动者中的无意识的实践过程。在韦伯和马克思之间,布尔迪厄选择了将两者的理论进行结合。布尔迪厄承认了自己对马克思的引用和继承,甚至和他一样拥有清高的目光与品格。如果不看布尔迪厄的非理性主义,那么他的分析是非常到位和透彻的,但是对理性的有限性的证实并不意味着非理性可以凌驾于任何事物之上而再一次成为在场形而上学的新神。尽管他在很多方面继承了马克思或者补充了马克思的思想,例如无意识理论的补充、意识形态的被意识的方式的补充等,最后却还是被先验论和唯心主义牵着鼻子走了。

第七节 历史与结构:反在场的形而上学的唯物史观

布尔迪厄以为各学科的傲慢的态度,当属哲学居首,所以他宁愿把自己的学说封闭在人类学和社会学内,例如一个武学宗师,招式是人类学与社会学的,内功底子却还是哲学的。"人类学和社会学使我得以重新找回我原初的体验,并把它们运用到我自己身上,使我能够接受它们而又不失去后来获得的任何东西。"③这种人类学和社会学是哲学的另一种方式,或者以另一种相对主义的哲学方式观来看待的学说,它是哲学的活的灵魂,我们知道,传统意义上的绝对性的哲学在"人文中学校长"黑格尔那里达到顶峰以后就该消散了。"月满而亏水漫而溢",甚至有后现代思想家公然宣称:"哲学已死",但至少我们看到了哲学在布尔迪厄那里以社会学和人类学的方式复活了。这种情形在那些因为出身关系和那些最初的经历而感到彻底不幸和耻辱的本阶级的"背叛者"中是不会发生的。社会学场域拍摄了一整套有关"心灵"的照片,并保存

---

① 同上。
② 同上。
③ 同上,46。

了它的底片,在他从事社会学工作时可以把这些照片冲洗加工出来。在日常生活中,对这些照片的摄像术就是一种经历和体验,每一个人都是生活的摄像师。福楼拜也曾经说过了类似的话语,"我愿意经历所有的生活",从而将一种体验或隐或现地隐喻浓缩于文字作品的表达中。布尔迪厄的社会学的贡献和最不寻常的回报之一就是它向人们提供了一种"入幕"他人生活的可能性。例如有的时候人被一种在资产阶级习俗所禁锢惯了的时候,一旦谈起他们所感兴趣的话题就会变得神采飞扬。人们在日常生活中并不是不停地在做研究,而是不知不觉在摄像,不知不觉摄取一些日后能显影用得上的类似社会"快照"的那类东西。那些部分被称为"直觉"的东西便直接起源于这些快照,这种"直觉"支持了很多假设研究或分析。

也许布尔迪厄的出发点是好的,存在论意义上跟随着海德格尔的脚印来进一步摈弃各种在场的形而上学思想。他认为社会科学家通过各种形而上学的途径来揭示上帝的重要性,通过解释不同形式的社会限定性的知识分子的实践来得到某种关于自由的机遇。通过这种来源于以知识分子的特殊决断力为代表的社会限定性的自由的错觉而赢得的运用全部权力的自由。具有反论色彩的是,社会科学同时又希冀着把人们从这种关于"自由的错觉"中救赎回来。因此自由不是被作为某种已然被给定的东西,而是需要(集体地)去征服的东西,例如人们可以假借那种自我的渺小而自恋的"力比多",经由一种"重新显现"的努力,因而结果竟是这样:它比在以往任何时候都剥夺了那种真正把自身建构成"自由主体"的"手段",性情的本质就显现出来了,它是具有批判性和反观性的,对哲学家而言,它也从来都不是一个不证自明的概念。

布尔迪厄本身就是一位后现代的马克思主义者,因而在此将矛头对准了一些结构主义的马克思主义的哲学家。认为那种那种结构主义的历史永动机的想法会被他们自己所关注的"宏大的理论设计"所推动,例如那种那种自发性的中央集权制,以"战斗性的概念"的唯意志论的长盛不衰,并使其成为跨越历史的自动之物。与哲学的东西相联系的那种强制性、兴趣或性情,相比马克思主义哲学家来说,甚至比马克思主义哲学本身的分量更重。布尔迪厄认为,对于马克思主义哲学来说,如果真的有一项东西是必需的,那就是关于"历史"这个单词的概念的历史及其历史性的本质。因为在其内部还有一种想法,认为哲学就应该是具有贵族气的感觉,人们在此优良感觉之中往往忘却了对历史性的批判概念的服从。阿尔都塞为我们做了一个典型的榜样,将对马克思主义哲学的一些概念的运用设定在特定的历史环境中,导致在运行这些概念系统时,刻上了明显的历史标记。马克思还奠定了社会语言学的语用学基础,尤其体现在《德意志意识形态》中。然而,阿尔都塞的风格和修辞法还不足在于使他涉及反观性的批判(reflexive criticism)。

在出场学场域看来,在《德意志意识形态》中得出的结论恰好就是一种行动者的反思与批判原则。阿尔都塞的悲哀在于,他只发现了有关理论性的社会批判手法,而不是一种以正在发生的实践,一种以面向未来的姿态而发生的具有生成性特征的对象化运动与社会化过程来考量反思与批判。也许,这也正是马克思主义的多样性所决定的吧。布尔迪厄对阿尔都塞等结构主义的历史唯物主义者们将马克思的政治经济学的结构划分为"经济基础/上层建筑"的这种等级作了一种经济结构/"象征结构(symbolic structure)的类比。布尔迪厄并不承认是由象征结构产生了社会结构,但是象征结构对社会结构的影响确实不可忽略,例如那种理论的发挥作用之地,也就是作为可能性的区分原则之一,而它在发挥作用时,就已经被"某种框架"或"现实生活""前定和谐"了。理论的投射之光作为一条已然清晰的"视觉系统"原则把可能性的"区分"带入可观察的"存在"。在这种理论之光的照耀下,象征结构完全超常了,它具有了一种被机械的结构主义者阿尔都塞等人大大低估的制度的能量。在笔者看来,尽管阿尔都塞在文本阅读时使用了"症候阅读法",尽管他和布尔迪厄一样在意义的追寻中使用了辩论理性的认识论,但是在社会化与交互主体际之间的实践研究中,显然是不到位的。严格的结构框架和永恒的固定模型禁锢了这位法兰西马克思主义者的视觉系统与思想之光。

所以,马克思的伟大之处还在于,他不仅发现了这种超常而强势的制度力量,而且发现了人类思维的特殊能力在此是多么的渺小,无论是在符号力量的解读方面,还是在预计未来的能力方面。能够界定社会的结构与功能的,本来就不能脱离它们所发生于其中的历史性条件的特殊性。然而,布尔迪厄的历史观是多元化的,蹊跷的是,两条不同道路上的布尔迪厄与阿尔都塞居然在此多元化的历史观上具有了交集。鉴于布尔迪厄的历史观是反唯物史观的,是历史偶因论视角,这一点出场学场域必须给予其批判;阿尔都塞的历史观则是的唯物史观的守望者,他支持的历史"多元"决定论,但是归根到底还是历史"决定论"的机械视角。无论是布尔迪厄还是阿尔都塞,都缺乏了出场学场域所继承的马克思本人的"改变世界"的唯物史观的思想精髓。非理性的布尔迪厄极力反对历史唯物主义,理性的阿尔都塞极力扭转历史唯物主义。只有用马克思出场学的视阈来看待场域观念,才能获得一种原始的正确的马克思的唯物史观。所以出场学场域是对马克思唯物史观的继续弘扬,是新时期哲学发展的必要性的科学论证,是符号实践与历史实践的统一与结合。

　　社会学场域与法兰克福学派的关系,正如布氏自己所言,是一种既亲密又矛盾的关系。在社会批判的总体立场上,他们是一致的,至少都是为了人类事业的进步而号脉。但是布尔迪厄不满意法兰克福学派的总体性的社会批判竟然可以以一种"贵族行为"来进行。"这种总体性批判保持了宏大理论的所有特征,毫无疑问它是不想在经验主义研究这个肮脏的厨房里弄脏自己的手。"①所以说,布尔迪厄反对法兰克福大小将领们对经验主义所抱有的那种鄙夷态度。布尔迪厄这里对法兰克福学派的指责无疑是可取的,貌似德意志做的菜可以凭空想象,而不必冒险踏入他们目光注视着的那个具有实验基地性质的油腻而肮脏的厨房。这或者不是懒惰,而是一种贵族式思想的残羹冷炙。阿尔都塞在学术生涯途中尽管在与法兰克福进行着看似无休无止地论辩,但是他的"批判也可以归入此类,哲学的傲慢往往使人做出既过分简单、又特别独断的干涉。"②布尔迪厄相信在此是领略马克思思想的精髓的,但是布尔迪厄对哲学所抱有的一种抵抗情绪却不可以苟同。相信后世的学人们宁愿把布尔迪厄的思想划入(社会)哲学,也不会轻易而简单的置入社会学领域。哲学没有死亡,哲学的流派众多,是一切社会科学的基础,布尔迪厄如果没有深厚的哲学功底,又如何在另外一个领域大放异彩? 这就是古老而强大的经由马克思主义出场学继承马克思的哲学革命与辩证法革命后的辩证法所具有的威力。通过"不断出场"而秉持"永恒在场",这就是真正的唯物史观。

　　当然,相信布尔迪厄的初衷不是抵制所有的哲学,他低制的是那种古老的

---

① 布尔迪厄:《文化资本与社会炼金术》[M],包亚明译,上海人民出版社 1997:23。
② 同上,23。

宏大叙事的,经由启蒙运动和现代化运动而流传下来的天马行空式的具有绝对基础的形而上学。形而上学是叙述的元哲学,是所有后现代哲学反对的话语体系,马克思是开启这种反对基础形而上学与在场形而上学的哲学革命的第一人。我们不没流浪汉思维,也反对叙述话语的宏大体系。这一点与布尔迪厄是一致的,但是出场学绝对不会反对所有一切哲学,将哲学一棍子打死也不给其自身的优点予以沉淀,也不过是表现了一致心胸狭隘。谁都知道,哲学的宏大叙述系统到黑格尔就结束了,而马克思所开创的哲学革命的宗旨就是对黑格尔"以头着地"的宏大叙事的批判。出场学场域引领人们正确理解马克思的哲学革命,正确理解马克思的唯物史观的深刻内涵。

第八节　时间与空间:在交往实践的立体象限中

其一,将时间上的前理解的决定作用转为可能性空间的决定作用——既不是前决定也不是后决定。既是前提批判,也是结果批判,从而将可能性的空间客观化,同时将主体经验客观化、经验视角客观化。场域理论除了与空间地理有关外,与时间的关系是也是密不可分的。"存在着一种实践的逻辑,其特征首先存在于它的时间性的结构之中。"①例如场域中的礼物论。布尔迪厄在实践逻辑的时间性方面,论述了他对列维－斯特劳斯"礼物交换"理论的批判。列维－斯特劳斯的模型显示了"礼物"与"回赠礼物"之间的一种将交换的实践逻辑彻底摧毁的"相互依赖"。列维－斯特劳斯为我们设定了一种客观模型,每一个礼物送出去都是要求回赠一份礼物的。这一客观模型的被误读就发生在列维－斯特劳斯对它的发挥作用的时机上。斯特劳斯认为只有被经验,这个模型才真正起到了作用。布尔迪厄认为,被经验并不足以构成充分必要的时机,而恰恰是一种被标识的"交换的时间性结构",也就是说回赠的礼物不仅是不同的,而且是被延宕的,借以反驳了这种"交换的客观性的结构"。布尔迪厄还通过了人类学研究来表示一种"主观希望"与"客观机遇"之间的关系,例

---

① 布尔迪厄:《文化资本与社会炼金术》[M],包亚明译,上海人民出版社1997:28。

如对阿尔及利亚个人的政治行为、经济行为、人口统计行为等的研究就发现了这种关系。布尔迪厄更为明显的研究兴趣实则转向了对具有社会性的"行动者的认识结构"、"分类"及其"分类活动"的研究。在布尔迪厄看来,理论的二元性都是属于政治的范畴的,例如那些有关分类的系统、分类的计划以及各种形式的思想方面的根本对立——男性/女性、左/右、东/西,还有理论/实践等等。这样看来,如果对二元对立的文化进行批判必然将导致一种政治学理论。这样就顺应了德国思想家对复活康德问题的重申,因为一直以来以黑格尔学派的传统来拯救普遍性的效果堪虞。

对康德问题的重申必然要通过提出"可能性的社会条件"以及批判自身的可能性的社会条件来实现,从而使得批判更为激进化。这种"自我反思"引导出了一种与社会科学批判有关的理论性批判,因而也引导出了一种激进性的与合理性的批判方法。如果被理性发现了其历史性而得以赋予自身以一种逃避历史的手段,那么批判就显得相当必要了。另外一种绝对论的思想家将漠视那种铭刻在历史传统中的局限性,只有场域的批判视阈才能将其超越。而且,时间异化与空间异化都是黄金一代学者们的共同批判的话语对象。时间异化的批判以鲍德里亚为代表,空间异化批判以列斐伏尔为代表,他们从不同的理论视角对差异性社会的符号权谋进行了揭示与批判。布尔迪厄与斯特劳斯将这种权力的谋划现象归结到微观的社会学与文化人类学研究领域中,从而为场域研究开辟了不同的视角。

其二,如果从符号的形式上来看,语言的空间和场域的空间一样,并不需要完全占据物理的空间系统,它所有的空间系统都是看不见摸不着的抽象的意义的空间。这种空间的神奇性正是在于它能够将具有长宽高厚的思维空间系统以一种符号的方式置入人类大脑中的无形的却真实存在着的空间系统中来,将心理的功能装备于脑的生理功能之内。符号与语言结构的高浓缩性、高抽象性使得这种无限广阔的物理空间得以在极为有限的人脑空间进行嵌入与转化提供了可能性依据。所以如何使得主体超越自身的感官局限呢?虽然这个问题从古希腊以来就有各种不同的解答方法,但是语言学的转向为我们提供了另外一条道路,即通过语言符号的抽象性来对对象的本质进行比感官更为深刻的把握。在感官的经验系统下,我们要进行去伪存真的提炼,然后上升到具有归纳或演绎方法系统的理性认识,而其实,语言符号的抽象性的另一个神奇之处就在于它可以完全发挥出第三种思维方法——联想法的能力(前两种为归纳法、演绎法),"可以直接运用语言本身的力量去创造一个现实尚未存在的理想世界和幻想图景,使人们的观念世界更加宏大、丰富和广阔。"①而且,语言的抽象性与它的指称、意义以及符号关系之间的非同一性是完全脱不了干系的。语言的指称、意义从具体上升到抽象的过程就是将其杂质进行沉淀,将其本质析出的过滤、蒸馏、提纯、升华过程,也是在某个具体的认知交往场域(圈)中的多极主体的语言与对话的步调逐渐一致的过程,同时在进行不断调整的还有语言的符号与语言指称、意义三者之间的关系。交往使得符号、指称、意义不再发生在单一的线性环境内,它们被扩大了范围和被普遍化的使用,因而必然需要一种抽象性和包容性来对指称与意义的丰富性进行完善。此外,语言的抽象也带来了思维的独立操作的可能性,它得以相对而言可以脱离当下性的实践操作,仅凭经验与回忆来对事件进行分析。语言在其抽象性还对客体进行了"摄像"作用。我们知道,布尔迪厄也提到了摄像与摄影术,其实两种场域观念在此又遇见了它们的类似性。语言的抽象性使客体的图像在脑海里进行保存成为现实,客体的各个不同方面成为与符号相对应的各种原子成分,例如字、词、句等,或者说,客体在人脑的摄像技术下得以以抽象性的语言符号方式保存。同样,客体之间的关系律、结构律都成了语言符号的语法律。语法就是字词句按照一定的规则形成与聚合在一起的指称 – 意义的语言符号的世界,它是图像式的,人脑在这个图像中的操作不再是真实的实践操作,但这种具有独立性的思维操作却代表了当下性实践操作的真实性,多极主体的交往在语言符号的图像下发挥着真实世界的实践交往的作用,这是语言的抽象性所带来的思维方式,并得以对符码的接收 – 保存、解构 – 重构、分析 – 综合、归纳 – 演绎、外化 – 内化、输出 – 聚拢等过程进行逻辑把握,这是多极主体对客体世界的结构、本质以及运动发展的再现,在观念中对其过程进行了厘清,从而获得了对客观世界的更好的认知,使观念客体与实在客体的同一性在观念中获得统一得到了实现。

---

① 任平:《论语言符号系统在广义认识论中的地位——兼论从解释学到广义认识论的发展》(J),苏州大学学报,1989,(2、3 合刊):8

其三,纯粹的自然空间的无意义性。① 这一点,我将通过对自然辩证法的一些批判意见来加以表述。我们知道,"自然辩证法"这一概念并非来自马克思本人,而是来自于他的盟友恩格斯。要判断某位哲学家的辩证法的性质,首先要看他整个哲学的基本出发点。恩格斯哲学的出发点是自然界。他说:"思维对存在、精神对自然界的关系问题,是全部哲学的最高问题。"②在这里,他将"思维"与"精神"相等同,将"存在"与"自然界"相等同。那么,恩格斯对这个哲学最高问题的关切点是什么? 他写道:"哲学家按照他们如何回答这个问题而分成了两大阵营。凡是断定精神对自然界来说是本原的,从而归根结底承认某种创世说的人(而创世说在哲学家那里,例如在黑格尔那里,往往比在基督教那里还要繁杂和荒唐得多),组成唯心主义阵营。凡是认为自然界是本原的,则属于唯物主义的各种学派。除此之外,唯心主义和唯物主义这两个用语本来没有任何别的意思,它们在这里也不是在别的意义上使用的。"③作为一名唯物主义者,恩格斯认为自然界是本原,主张从自然界出发解释精神,而在此基础上建立的辩证法就是"自然辩证法"。但是,这是否就意味着恩格斯所说的自然界的含义与马克思所说自然界的含义是不同的? 我们知道,马克思所说的自然界是"人化的自然界",即被人实践活动中介过的自然界,强调"被抽象地孤立地理解的、被固定为与人分离的自然界,对人来说也是无。"④恩格斯在《路德维希费尔巴哈和德国古典哲学的终结》中却写道:"但是,社会发展史中却有一点是和自然发展史根本不同的。在自然界中(如果我们把人对自然界的反作用撇开不谈)全是没有意识的、盲目的动力,这些动力彼此发生作用,而一般规律就表现在这些动力的相互作用中。"⑤萨特据此认为,当恩格斯把"人对自然界的反作用撇开不谈"时,也就抹杀了自然界中人的实践活

---

① 此部分相关内容已发表于《临沂大学学报》2011年第2期,题为《"自然辩证法"与"人学辩证法"——萨特对辩证法的理解述评》。
② 马克思,恩格斯:《马克思恩格斯选集》[M],第4卷,中央编译局译,北京:人民出版社,1995:213。
③ 同上。224~225。
④ 马克思,恩格斯:《马克思恩格斯全集》[M],第42卷,中央编译局译,北京:人民出版社,1979:126。
⑤ 马克思,恩格斯:《马克思恩格斯选集》[M],第4卷,中央编译局译,北京:人民出版社,1995:247。

动,抹杀了自然界中的人,显然,这与马克思的初衷是不符的。

其实,"人学辩证法"对主体出场意义是具有思考的。萨特在用存在主义补充马克思主义时,是基于对"现代马克思主义者"的批评之上的。他认为"现代马克思主义者"割裂理论和实践的联系,"把理论仍在一边,而把实践仍在另一边";只讲普遍性,抹杀个别性,用普遍代替个别;只讲社会环境、特别是经济制度决定人的本性,抹杀历史正是人所创造的,陷入了"经济主义"。更把所有的责任都归咎于恩格斯和他的自然辩证法,因为是自然辩证法导致了"自然的历史化"和"历史的自然化"。① 萨特认为,只有建立在人的实践的基础上的辩证法才是有意义的,脱离开人的实践的辩证法是不存在的。他说:"如果我们不想把辩证法重新变成一种新的法则和形而上学的宿命,那么,它必须来自个人,而不是自我所不知道的超个人的集合体。"②某种意义上,这继承了马克思的"人化的自然界"的观念。马克思的哲学的着眼点就是人的问题。在他的新哲学观——实践唯物主义的宣言书《关于费尔巴哈的提纲》中,他这样写道:"人的思维是否具有客观的真理性,这不是一个理论的问题,而是一个实践的问题。人应当在实践中证明自己思维的真理性,即自己思维的现实性和力量,自己思维的此岸性。关于思维——离开实践的思维——的现实性或非现实性的争论,是一个纯粹经院哲学的问题。"③在这里马克思认为离开人的实践,思维无法实现自己的现实性,那么一切哲学问题还是停留在经院哲学的层面上:"旧唯物主义的立脚点是市民社会,新唯物主义的立脚点则是人类社会或社会人类。"④

萨特在人的角度方面继承了马克思的观点,既然辩证法的来源及对它的理解都由人来决定,那么这种辩证法只能是"人学辩证法","辩证法应当在人同自然界,同种种'既成状况'的关系之中的人与人的关系之中加以探索",而且他还要把这种"人学辩证法"确定为人学的普遍适用的方法和普遍适用的规律。而萨特"人学辩证法"的内容是存在于人类社会中的具体的单一性的整体

---

① 俞吾金,陈学明:《国外马克思主义哲学流派》[M],上海:复旦大学出版社,1990:439~440。

② 萨特:《辩证理性批判》[M],伦敦:伦敦出版社,1976年英文版:36。

③ 马克思,恩格斯:《马克思恩格斯选集》,第1卷,北京:人民出版社,1995,第2版:55。

④ 同上,57。

化,"如果辩证法是存在的,那它只能是通过众多的整体化的单一性达到的具体的整体化的整体化。"①所谓整体化是指整体东西的形成,或是实现整体的运动。他同时认为,由人的实践、行为所实现的由个人到社会的整体化运动,正是辩证法的根本含义所在。

萨特还认为,"辩证法只不过是实践"。在他那里,实践的主体是个人,个人的实践体现了最纯粹的辩证法。萨特强调,把历史的辩证法扩展到自然界是错误的,因为自然界不可能有什么辩证法。一方面,自然界没有辩证法存在的原因是它没有整体化运动。首先,在自然界中不能由人的实践来实现整体化,因为人只与社会构成整体,不与自然构成整体。其次,自然界是无限的,不可能构成一个现实的统一的整体。这是从自然界的性质证明"自然辩证法"的不存在。另一方面,他还从辩证法的性质加以证明这一点。从前文我们得知,自然界是否具有辩证法只需看自然界是否有整体化运动,由自然界的性质我们得知,自然界没有整体化运动,所以自然界没有辩证法。"辩证规律的可理解性只求于这一事实,即这些规律是一种总体化运动的特殊化,这种总体化运动是永远在继续并构成作为总体的社会,从整体的角度来看,社会永远在组织自己,改革自己,重新塑造自己。就某种水平的现实是辩证法的这一条件而言,它的一切特征都是与整体联系着的。"②

然而,为何还是总有这样或那样一些人确认"自然辩证法"呢? 他们认为,"知识是统一的",既然社会现象是辩证的,那么自然现象也是辩证的;而且,反映自然现象的具体科学,如物理学、生物学、化学,往往是一些辩证的知识,既然自然科学是辩证的,那它的对象——自然界也必然是辩证的。萨特先对第一种理由进行批判。"知识统一性"的旗号只会抹杀社会现象与自然现象的区别,"显然,有机体是现实的一个特殊的部分,揭示它的规律是正确而适当的。但是,直到现在还没有任何范型真正能够说明生物学事实的特殊性。"③只有机械的、唯心主义的理解,才会用某种社会现象来片面地代替各种各样的自然现象。至于第二种理由,只能证明人的理性是辩证的,因为自然科学是人对自然界的认识,

① 萨特:《辩证理性批判》[M],伦敦:伦敦出版社,1976 年英文版:37。
② 萨特:《科学和辩证法》[J],《人和世界(国际哲学评论)》1976(2):35。
③ 同上。

主体是人而非自然界,所以无法证明"自然辩证法"。虽然在这里存在着辩证法,但它不存在于自然界本身中,而是存在于人对自然界的认识中。

其四,马克思主义出场学的时空象限的架构图谱。笔者首先探讨一下,马克思主义出场学对马恩关系的看法,再顺着上文的思路来评论"人学辩证法"与"自然辩证法"之间的孰是孰非。出场学以实践为切入点,不是自然为切入点。马克思的实践观的确有主体的实践层面,是交互主体向度的实践;恩格斯则侧重于客体向度的实践分析。"复调叙事"是恩格斯研究的哲学革命的范式,即将实践从马克思对黑格尔、费尔巴哈的直接的逻辑变革的阐释拉回到了一种隐性的状态,即恩格斯"以隐性方式,即作为出场学范式,着力阐明马克思哲学革命的出场语境、出场路径和出场形态,分析历史实践变化与哲学革命逻辑之间的关联,进而将实践观真正作为具有反思性的视阈而置于研究之中。"①

显然,萨特的"人学辩证法"是一种"主体性"的辩证法,虽然他在《存在与虚无》中集中阐释了他的存在主义的人学思想:他的辩证法是在有无之间、虚实之间、自我与他人之间、在场与不在场之间的人交互主体为基础的人学辩证法,而非简单的单一主体的辩证法。这种类似于交互主体的辩证法是值得借学的。此外,萨特在现象学方面还创造性地阐释了具有三维时间性质的现象学,这也是对胡塞尔割裂过去存在与现时存在的一种批判,这样,萨特的人学辩证法便刻上了三维时间的烙印——在过去、现在、将来的连续和辩证的变化过程中,"人学辩证法"便具有了深刻的时间厚度。而萨特的人学辩证法同样也是为了反对当时在欧美盛行的实用主义的自然科学作风,认为科学技术只会带来一片人学的废地与荒芜。科技的进步泯灭了人性的重要。因此,萨特才会继续沿着现象学的路途来阐释自己的辩证法,把本来缺失辩证法的胡塞尔的理论进行了辩证式的补充,使在现象学中被递降化了的甚至被取消了的辩证法在他的人学中重新找到了一种适当的位置和重建。不可否认,萨特正确地指出了马克思的建立在生产关系基础上的关于历史总体的认识的正确的观念,但正如前文中所指出的,萨特对生产关系的内涵理解与总体性的内涵理解都是不同于马克思的。马克思的总体观是主体性与社会交往实践的总和,

---

① 任平:《创新时代的哲学探索——出场学视阈中的马克思主义哲学》,北京师范大学出版社,2009:68。

而萨特却是单指个人与个人之间的交往,以个人出发探讨阶级与历史实践的主体,这显然与马克思的初衷是不相符合的。

所以,笔者愿意用马克思主义出场学的视阈来看这种"人学辩证法"。首先,三维时间的现象学和辩证法在萨特看来是阐释存在与虚无的最好方式,笔者却更愿意用多维存在的象限的结构来表述辩证法。具体说来,决不仅仅是时间上的三维,而至少有六维的向度。时间方面是三维——过去、现在、将来;空间方面是三维——延长、域宽、高度;时间与空间共同构成了象限,这样,每一个地域的历史时代都是处在一定的象限之中。不能仅仅只看到时间有三维,也不能仅仅只看到空间有三维。否则,辩证法的根基便是薄弱的。马克思对前人哲学的超越与进步也就在于他超越了前人的思维视阈,马克思把理性的思辨置入时间与空间的多维象限之中,具体说来,置入具体的社会历史环境中的物质生产生活实践来考虑问题与辨别话语。所以我不得不批判萨特,尽管他在时间观和交互主体的视阈方面有所进步,甚至还带上了20世纪非常时髦的精神分析学派的分析,但是其时空话语－历史语境的视阈是狭隘的。

此外,萨特为反驳"自然辩证法"的存在,过多地强调人的理性实践,很容易滑向唯心主义的深渊。马克思强调人的实践的基础地位时,并不否认自然界的客观存在及其特定的客观作用,虽然这个自然界是经过人类实践中介过的自然界;而萨特似乎完全抛开自然界的客观存在来探讨人类的实践,仅仅在人的理性范围内寻找辩证法,虽然他的辩证法也强调实践,但这个实践是局限在人的理性范围内的实践,与马克思的实践概念不同,这就又回到黑格尔以头着地的"绝对理念"似的辩证法。当然,萨特的"人学辩证法"的确继承了马克思以人为着眼点的哲学观念,并在此基础上把他的辩证法演绎得头头是道,充满说服力,缺点是他过多地强调理性,弊端就是在不自觉中走向唯心主义的大营。萨特看到了马克思开创的人学的交互主体－社会关系,却忘记了马克思更加强调的是交互主体的实践。岂能只有交互主体而无主体间的物质生产实践呢?而人学辩证法或其他经过改头换面的人学本体论该如何摆脱唯心主义的羁绊,如何解决这种矛盾?在笔者看来,只有用马克思的新哲学的实践观,也就是马克思主义出场学来看待辩证法,才是解决难题的方法所在。

第九节　延异与分化：差异性出场和断裂性在场

我将从法国文化人类学研究入手来探讨这个话题。有关阶级的延续与分化其实在此篇第一章中已有详尽论述，因而，在此，出场学场域进一步纳入微观视角，将哲学研究的枝蔓延伸到微观的社会生活中来。首先，我们对"逻辑的事物"与"事物的逻辑"所作的区分，将有助于人们对有关某种联系的问题的清楚地理解。在布尔迪厄看来，这种联系就是一方面是建立在"性情倾向"基础上的"实践的规律性"和"对游戏的感觉"——即潜行的规则论的理解；而另一方面则是对明确的规则、准则——即显性的规则论的理解。在此两个方面确实具有某种联系。布尔迪厄并不否认列维－斯特劳斯所指认出的那种统计学结构主义，但他并不认为这种统计学是失误的，反而是一种有关理解的规律性的结构，即这也可以作为"对游戏的感觉"的一把钥匙。人们可以通过"玩这个游戏"来本能地遵循那种被"认识到"的规律性。其实我们所"认识到"的规律性并不一定起源于法律法规或任何"类似法律"的东西。这种"类似法律"的东西包括了诸如习俗、谚语、制定一套作为"规范性的事实"的规则性的公式。"他是一个人"这样有关某个人的话语经常在这种类似性下获得同义反复的理解。无论被理解为"他是一个真正的人"，抑或被理解为"他真正地是一个人"等等，都是没有新意的同义反复。如果扩大到官方场合，难免会必须发展这种有关解释和编纂的整理工作，以及与此有关的由此产生的适当的"象征性的效果"的理论。

我们甚至可以参考列维－斯特劳斯的方法，将司法程序与数学公式也联系起来。法律如同形式逻辑，关注的仅仅是它所运作的方式，而不考虑受到牵连的事物与对象。对于任何的普遍的所有的 X 的价值来说，司法程序都是有效的。"规则就意味着不同的行动者在普遍的(因为是形式的)程序性方面达成了共识。"①所以，规则一词具有了行动的多元性而带来的歧义，它的歧义也

① 同上，67。

使得整个语言学的历史受到困扰:从索绪尔到乔姆斯基,语言学都倾向于把由于实践的状态才能起作用的生成系统,与一种缺乏张力的平面图,即人们为了解释其他人所做的叙述言辞而建构的有关词类句型的明确模型(语法)相互混淆起来。表面上似乎接过伽达默尔研究传统的接力棒,然而出场学场域对传统的理解却完全出于相反的想法。传统精神中的强制性与权力性是必须被批判的:"这些强制性中最具有权力性的(至少在我直接研究过的那些传统中),是那些从继承秩序的习俗中产生出来的强制性。"①从传统中演变而来的不是创新,而是强制性,正是通过这种强制性,强化了经济的必要性,同时,需要被关注的还有"再生产策略"。"再生产策略"包括了,甚至最重要的一方面就是婚姻策略,因为它能再生产出阶级。这种策略在资产主义制度的社会中尤其明显:"所有资产阶级法则和道德都被排除掉了,除了对金钱的尊崇,金钱就像道德一样,会构成爱情的障碍。"②但我们依然不能忽视那些是否被高度条款化的风俗习惯,因为它们本来就是各种策略行使的对象。风俗习惯从根本上来说都是对一种"灵活性"或偏差性的记录的支持,它们都可以被典范性地转化为规范,而在婚姻事务中,更为明显地体现了作为各种控制行为的对象的风俗习惯。家庭对教育文化的投资策略可以被划入教育方面的经济策略,这样家庭不仅能在生物学意义上进行"再生产",更重要的是可以在社会学方面进行"再生产"。这种与婚姻相似的投资性策略的深思熟虑使得家庭得以在"社会世界"中保持着实在的或象征的财产,例如自己的地位、所处的阶级等。

人类学研究中,对婚姻、教育等类似的家庭的策略研究,并不是为了推翻家庭群体的同质性(homogeneity)与利益群体的同质性假设。婚姻策略经常却是家庭群体内部的权力关系的象征与产物,内部的权力关系只能通过对这个群体的历史的研究才能得到理解,尤其需诉诸那些曾经发生过的婚姻的历史。布尔迪厄是在法语国家范围内第一个通过人类学研究"物品传递方式"与婚姻逻辑之间关联作用的人。在布尔迪厄看来,每一次的"婚姻事务"都是一个"策略的结果",并且被定义为"在一系列物质和象征性交换中"的时刻内发生的事

---

① 同上,68。
② 布尔迪厄:《艺术的法则——文学场的生成和结构》[M],刘晖译,中央编译出版社 2001:15。

情,婚姻作为一种象征与交换制度,它在很大程度上依赖于"在家庭的婚姻自由所占据的地位"。把婚姻与符号的象征交换及其意义相结合,是人类学与社会学方面的双重创新与探讨,也是跨越人类学与社会学之间裂隙的 一个大胆而有建树的探索。

出场学场域的历史观必须考量马克思的"阶级"的概念,但是却很可能在历史过程中发生被"异化",而与原来的意思发生了一些变化。由于一种不可避免的"异化",我们也有理由认为,今天的社会结构已经不是昨天的象征结构,不仅是马克思的"阶级"观念,包括整个马克思哲学和马克思主义本身都需要重新界定自己的场域意义,即马克思主义需要中国化,需要进行场域重构。才能实现历史的新场域化,这与鲍德里亚的符号政治经济学批判的基点又是何其相似。历时性的问题,永远都是摆在所有学者面前的问题。也许不能太过极端地强调符号的无限衍义,但是不可能否认异化的魔力。鲍德里亚认为既然概念无法避免具有有那种后现代式的所谓异化,那么我们可以专注的只有当下性的形塑过程——社会的符号化过程。但是这里还没有结束,社会通过概念的符号形塑被凝固在固定的模式中,被训练成具有迷惑性的符号后,就停止了一切无限衍义的行为。因为这是前理解带来的信仰,人们只需要遵循着概念符号即可。因而这种概念符号的形塑游戏从来都不必属于解码者。解码者的自在状态也无法自行转换为自为状态。

不过,笔者在此有一点疑问,既然都认可了那种符号的异化是不可避免的,那么它又如何在社会化过程中就具有了迷惑人性的魔力,从而丧失了它的初始的自我意义繁殖和自我意义衍义能动性? 布尔迪厄的"惯习"也恰好与此观点形成了一种交相呼应的格局。其实他们的共同点是:其一,都是一种对概念的历史性也即时间性的"异化"的指认;其二,追问对概念的意义进行无限衍义何以可说;其三,海德格尔"前理解"思想的直接继承,意识形态是隐形的翅膀,直入人类心田。其四,马克思的批判思想最后都成为他们的合理灵魂,尽管他们曾经批判或正在批判着某种形式的结构主义。其五,马克思的"交往实践"观和社会化思想也被他们分别继承了。不同处在于,布尔迪厄是结构主义者,形塑了社会学场域的结构与逻辑,是主张人本主义与科学主义合流的中庸主义者;鲍德里亚则是解构主义者,是后现代解构主义思想的忠实守护者。出场学场域在两个方面都需要汲取精华,舍其糟粕。

布尔迪厄对"分类学法则"与"差异性社会"之间的关系的探索为出场学场域在此方面的探索提供了思考要素。在布尔迪厄看来,"实践的分类法"引导了感知与实践的联谊,尤其是引导了人们对社会世界的感知,实践的分类法是产生"朝上与朝下"、"男性与女性"等的对立面,而分类法的归类分析的有效性必须被归类到这个事实中来,即它们的有效性是"实践性"的,人们得以"引进"刚好够用的逻辑来满足实践需要。所以这种逻辑既不能太多,又不能太少。如果太多的逻辑,会把模糊性是不可或缺的(尤其是在谈判中)的这一原则性的基本条款掩埋;如果太少,生活会和癫狂者的行为一样而使得正常的日常生活的运作变得不可能。

而列维-斯特劳斯也在《野性的思维》中,反对了列维-布留尔的那种广泛地被人所接受的观点:现代的"文明人的逻辑"与"原始人的前逻辑"思维之间是不一致的,它们甚至还相互对立。他认为原始社会的那种野性的思维一直影响现代人到今天,即便是再深远的历史也无法使现代人逃脱原始人的思维,因为在原始的野性的思维中,具有一直以来的感性的思维与逻辑:"就像在所有行话中一样,概念增殖对应的是一种比较可靠的对物权的关注,一种对于我们能够在此引进的各种区分很明确的利益。这种对客观知识的欲求构成了原始人思维中被人忽略的方面之一。如果它罕有达到与现代科学层次相同的实在,那么它包含各种理智方法和可类比的观察法。在这两种情况下,宇宙是思想的对象,至少像满足它的需要的手段一样"。① 这种观点不禁令人想起了巴塔耶的"同质性"社会与"异质性"社会的区分。"功用性的生产与占有必然导致世界的同质性(同一性)。……同质性是即假定任何事物与人之间存在有着一种共通的评价尺度,它通过排斥和压抑不能通约的东西而达成。……与同质性相反,巴塔耶大为赞赏成一种与同质性标准针锋相对的异质性的思维。……真正的哲学应该是一种异质学。"②

在巴塔耶看来,资本世界的扩张本能和对物欲的狂热崇拜是人类自我异

---

① 佘碧平:《"结构"迷思:从列维-斯特劳斯、梅洛-庞蒂到布尔迪厄》(J),同济大学学报,2009,(1):8。

② 张一兵:《巴塔耶:没有伪装,没有光与影的游戏》[J],社会科学论坛,2004,(11):15。

化的政治原因,人们根据唯一的合目的性——功利主义来规定自己的实践与未来,并使得物质生产与再生产成为物的世界的唯一存在方式,这种狂热的物质生产必然使得社会趋于同质性:"在我们认为已经获得梦寐以求的东西的地方,我们抓住的仅仅是一个物,我们手中只剩下一个餐具。"①"同质性被确立于占有者与占有物之间"②,"生产是社会同质性的基础。同质的社会是个生产的社会即实用的社会。一切没有用的要素都被排除在社会的同质部分之外。……在社会的这个部分,每一种要素都必须都对另一种要素有用,而同质的活动是不能取得自在有效的活动形式的。"③这便是马克思所表达的资本的同一性的"普照的光",因此,巴塔耶在同质性社会中也是发掘了马克思思想的正确性。但他的出路与马克思不同,马克思设定了一种非异化的实践道路,但是巴塔耶仅仅是还是停留在思想符号场域内对同质性社会进行反拨。在我看来,这里我们需要注重的是巴塔耶的"自主性"思想,只有摒弃了奴隶意识和他人的操控的认识世界,我们才会通过"自主性"找到非异化非剥削的异质性社会所在。当然,这里我们发现了一个需要区分的地方,巴塔耶所描绘的同质性社会其实就是出场学场域所描绘的资本的差异性社会。

有关这种阶级的场域的主体意义的生成状态,在巴塔耶看来,黑格尔所谓的奴性不能破解"自主性",因为奴性在其内心深处充满了依赖性,所以奴性的自主意志只能导致虚假的奴隶对主人方的胜利。那么什么才是真正的自主性? 在巴塔耶看来,自主性不仅不是奴隶的虚假胜利的获得,更不是那种与国家主权相关的那个"自主权"概念。真正的自主性通常采取的态度是一种"无所谓"的、"君子役物而不役于物"的洒脱,它从来都不是一个与"服从"或"不服从"有关的事物。德意志的伽达默尔把传统直接理解为"承认",自主性的概念就从一种类似于黑格尔的主奴意识中消失殆尽了,同样包括海德格尔的对现实闭上双眼的文章理性顾向。其实自主性与权力、利益、欲望等完全是两个平行的层面,它从来不会去有意识地服从任何事物,也不会有意识地让其他事物来服从于它本身,它就像是一种巴特眼中的"写作的零度",对外界的现实、

---

① 巴塔耶:《色情、耗费与普遍经济》[M],汪民安编,吉林人民出版社2003:175。
② 同上,7。
③ 同上,43。

结果等采取一种默然的以及漠然的态度。这种自主性的状态的使命只有通过生命自己对自己的意识施加，才能获得。所以，我们竟然发现在诗人与作家的写作中找到了这种自主性的守护神，诗人与作家就成为生活在时代和哲学前沿的人，成为道骨仙风的人。

所以巴塔耶认为，是真正的"自主性"使得人们从奴性的精神牢狱中解脱出来，虽然在一开始，奴性作为被隐藏的事物而并未被人们所认识到。奴性的人的"目光从没用的东西，从不能带来任何用处的东西上移开"，却令他们得以掌握来自各方面的力量。如果假设他真的没有发号施令来令整个人类服从于他，但至少可以肯定的是，"没有人发出任何声音，谴责这种奴性，说明是什么导致这个人不可避免的失败……"①这种奴性的思想很容易与美国实用主义挂上钩，好像巴塔耶在对号入座似的对实用主义进行着批判。事实上，我们的猜想是正确的，巴塔耶表明了自己对实用主义的看法——实用主义就是一种与"自主性"相对立的典型的"奴性"思想："实用的思想所反对的原则很久以来都没有生命力。如果这些原则幸存下来，它们即便徒有虚名，也会令那些战胜它们的人最终失败。"②正如黑格尔辩证法的那种新事物诞生与旧事物灭亡所体现出的那种规律一样，被"实用的思想所反对的原则"的"自主性"原则即便会被暂时打败，也最终将使得那些暂时得胜的人导致"最终失败"。因为奴性就是奴性，它永远也不可能凌驾于自理之上，即便是暂时的表面的凌驾，也掩饰不了内心深处的空虚。仿佛是回到了弗洛伊德，巴塔耶详尽地分析了人类的各种欲炎，在非理性的道路上对生产与耗费的重要性也进行了披露，为鲍德里亚的思想提供了理论来源。但他更呼吁人们的是忘记那种功利主义与实用主义的目标，放弃那种"有用即真理"的观念，而回到一种类似于海德格尔的所提出的"本真"的生活状态中去，重新在一种物欲横流的世界中拾起那种最"无用的价值"——一种精神上独立自主的"明灯"，以此点亮人们对这种"无用的价值"的宝贵价值的无知之幕。"我们需要独立的价值，因为拥有无用的价值是有用的。"③这种有用性会为很多现实问题带来解锁的钥匙，它要么为

---

① 巴塔耶：《色情史》，刘晖译，商务印书馆2003：5。
② 同上。
③ 同上，6。

经济、军事和人口问题提供一种正确的"解决方案",要么去抛弃维持当前文明的希望而获得另一种全新的"自主性"的文明,尤其是在巴塔耶所认为的这个受诅咒的时代,这种"无用的价值"显得是那么的迫切和必要。

巴塔耶用了"阶层"概念来讨论社会世界"不和谐"的根源。由于人类的表面上相似实际上却遥不可及的各个阶层的人为地或无意识的划分,导致了不同阶层之间的相互排挤和互不相容。"在某种程度上,盗贼阶层和加尔默罗修道院两者之遥胜过两颗星星之间的距离。"①甚至在同一个人身上,由于"角色转换"或"双重人格"而导致其的多面状态:"一个家庭的父亲在与他女儿玩耍的时候,就会忘记他作为一个放荡诚信的人出入的不良场所"。② 所以,当我们看到一个安静的农夫在战场上烧杀抢掠时,也不必感到吃惊,其实他们在两个世界里的表现是毫不相干的。如果真的要分析下来,那么在我看来,就是一种价值的有无的衡量在各人心中的标准。在女儿面前的父亲与女儿嬉戏玩耍时,是具有"自主性"的,而出入不良场所体现了他的内心深处的"奴性",是一种象征资本的交换和社会角色的标明;战场上的农夫也是被"奴性"所控制的,至少他害怕死亡,而在家里的农夫却也许不必为了生命要藏金钱利益而烦恼。所以,巴塔耶的"自主性"思想,可以简单化约一种纯粹的干净的白纸,不带有任何肮脏或虚伪欺瞒的劣迹。他的自主性思想"永远不会将受诅咒的领域与可理解的人类混同起来"③,人类生活在自己的奴役之中,这种精神状态把法兰克福学派的"病态社会"理论也加以烘托体现。无论是对个体的精神分析,还是对共体的精神分析,我们的宗旨都是将一种可以得到清晰认识的事物从心灵的尘埃中释放出来。此外,在这种造就"不和谐"的"奴性"面前,科学体现出了的它本有的"奴性"面目。

与布尔迪厄相同,出场学场域也认为,纸上的分析不能替代真正的联合体,正如写作的理论实践不能替代真正的当下实践一样。理论上的"阶级"概念不是实践中的"阶级"的真实模式,也不能代表那些正在被具体地建构的"阶级"。总之,这种团体是你必须为之永久付出努力并得以继续的事物,这是"物

---

① 同上,11。
② 同上。
③ 同上,12。

以类聚人以群分",婚姻则构成了这种为这种"永久的持续"所做的努力的一个阶段。这种团体的特色也适用于阶级。是否会有人去问一个团体这么一个问题:"存在是什么"? 或者"存在意味着什么"? 其实这个问题在被提问的团体看来显得提问的人是多么无所事事。即便阶级存在于某种微妙状态时,也不会对这种问题感到任何兴趣:"归属于一个团体是某件你逐步建立的,通过谈判、讨价还价和想方设法去获得的东西。"一切都是在利益与权力的目的下的驱使。也许布尔迪厄体现了强烈的唯心主义色彩,这也许在局限性的微观研究范围内无可厚非,毕竟主体性问题千百年来总与唯心主义如影随形,但是当论辩一旦上升到历史观与本质层面,就会出现根基问题以及无法避免的逻辑的断裂问题。真正的场域观念永远会来立足于现实的基础之上,而不会为了唯心主义的一点小合理就放弃唯物主义的基础:"本质的非对抗性利益差异、差异格局,既超越'同质性原则',又反对'对抗性原则',从而为和谐社会建设提供了必要的支点。"①此外,他还在团体理论中发现了超越唯意志主义的主观主义与唯科学主义的客观主义之间的裂痕的方法;也就是在婚姻与亲密的关系中,一种"距离与非共存性",使得真正地被具体建构的阶级的可能性被界定在一定的社会空间内,但是社会空间的真正的差异性在斗争中体现出来。这种斗争包括类别划分的斗争、分割空间的斗争、团体内部的团结抑或分裂的斗争。这种斗争无法使得自身体现于事物之中,尽管也潜藏着某种意愿,但终究只能使亲者更近,疏者更远。当然,布尔迪厄发现了团体斗争的密码,也使得社会学哲学的分析更为深刻,把恶意竞争与斗争的某种后果也一览无遗地披露出来,具有某种阶级启示性。

我们还可以用政治经济学批判来看待微观社会学哲学－人类学研究,即从"生产"概念到"生成"概念的回拨,从而观测资本主义制度社会的差异性的出场和断裂性在场的真实面貌。由于差异性出场与断裂性在场的讨论笔者研究在前文马克思的原著中进行了仔细的探讨,因而此处借法国学者的差异性社会的研究来加以透视,以期在微观社会层面上将理论叙述地更加完整一些。本来鲍德里亚已经将生产的聚焦灯转移到流通方面,但是布尔迪厄却又将这

---

① 任平:《建设一个良序治理的差异性社会》[J],《马克思主义与现实》,2009(4):178。

种流通重新划入到生产的起点,以生产为起始源头,不过不再是局限于政治经济学领域的生产,而是作为实践的生成。在实践生成过程中体现交换。用来交换的不仅仅是商品,而且是隐藏在商品与符号背后的神秘的力量。一旦在交换与流通的领域内发生了权力的交换,那么社会学哲学的基础本质也就展现出来。但是这种权力意志本体论不仅来源于尼采,而且与马克思的政治经济学中对权力的揭露也具有承继关系。凝结在商品中不变的劳动时间,已经扩展为经久不变的权欲。从经济学的理性延伸为政治学的非理性。政治经济学中的"剩余价值"是纯经济学的价值计算,但是在人类学－社会学哲学研究中,布尔迪厄把"剩余价值"的理论注入了政治学与社会学研究领域中,这种"剩余价值"更多的是一种对权益的剩余价值估算。所以,权力符号体系也是差异性出场和断裂性在场的原因,是出场学场域与社会学场域的共同话语,是场域主体意义及其生成向度所必须关注的。

第十节 真理与显隐互转:普遍性问题与特定的历史条件

场域中的真理问题可以体现在普遍性与特定的历史条件的问题上。然而,布尔迪厄从来没有为普遍性的规范留出任何"可存活"的空间,因为布尔迪厄所关心的并不是那种普遍性究竟是什么或是普遍性问题存在的合法性依据是什么的问题。如果真的需要对普遍性予以关心的话,所需要提出的问题是:究竟是谁在对"普遍性"感兴趣? 或者说:对某些行动者来说,对普遍性感兴趣的那种特定的"社会条件"是什么? 实际上,行动者为了满足他们的"独特的兴趣"而尽力创造出来的"普遍性"理论在布尔迪厄眼中其实只是"科学场"的问题。如果行动者以"保卫普遍性"的借口自居的话,那么就只能用一种不可逆转的方式来观察某些场、某一时刻或者某一时间里所存在着的对普遍性感兴趣的行动者。必须要通过一种根本的怀疑方法来将一种"历史决定论"推到极限,看究竟是什么才能在最后时刻被真正拯救? 如果以普遍的理性为起点的话,布尔迪厄认为应该首先将普遍的理性本身放入疑问中,并且坚定不移地认为"理性就是历史的产物",理性的条件必须是被历史性所决定的,而且其存在以及持久性必定是"起着决定作用"的"那类历史条件"的生产之物。理性的历史并不能被降格成为历史的理性,真理产生的那种成为可能的可交流的社会形式之外存在着一定的历史条件,且真理与场域中的斗争不可分离,或者说,真理,就是这种斗争的筹码,这种筹码体现在一种高度成熟而自律的一种独特性中:"只有当你遵守这个场的内在法则时,你才会有成功的可能性,也就是说,如果你从实践的角度把真理看作是一种价值,并且在思考问题的时候尊重界定理性的方法论的原则和规范,同时从实践的角度把真理看作是对竞争激烈的斗争的一种介入,而且在这一斗争的过程中你必须将在以前的斗争中积累起来的所有特殊手段投放进去,只有这样你才有成功的可能。"①斗争是矛盾的表现,矛盾是斗争的来源。这段话是如此的重要,因为布尔迪厄在此为人们表述了场域中既能坚持真理,又能获得成功的法则。科学场域——在那个等待着你的一场为了获得胜利而必须用全部理性武装自己的游戏中,并没有产生因为各种理性因素来促成的那种与普通人有着根本性质差异的"超人"。这种超人也没有必要存在于这种游戏中,游戏本身就能带来游离于规范性之外的各种特殊形式的交流,尽管这些特殊形式是多么倾向于对知识的积累与控制。这样推论下来,产生理性与真理的社会历史条件客观存在,就不得不承认一门"真理的政治学",也存在一门真理的效用学,它为了保护或改进"社会世界"的作用而不得不断地加以实施,在那种社会世界中,理性的原则在这样的条件下被采用,真理在此前提下被确立。

　　同样在德国,存在着一种对合法性的关怀与证明,例如对某人的批判与指责是否正确的呼声与要求。这在哈贝马斯的作品中可以看到。那么,思想正当性与他人的合法性的基点何在?这是一个永不停歇被人问及的问题。或者说,是一个因为已经被人回答,而不成问题的问题。然而这个问题还是不得不从经验性和历史性的角度来看待,虽然它没有了新意,但却是所有思想家都会具有的一种诱惑性的立场——让你投身到理性中去,而且这还是一种相当"冒险"的行为,因为它太过于普通。接触这种有关"对象化企图"的"合法性"问题,就是有关提问中的基点问题,布尔迪厄对此的设问方式是实证主义的:首

---

① 布尔迪厄:《文化资本与社会炼金术》[M],包亚明译,上海人民出版社1997:40。

先,当你想被对象化的时候,遇到的空间性难题是什么? 需要什么特殊条件来克服这种困难? 其实,在布尔迪厄看来,在对象化过程中,你所具有的兴趣不过是你在其中的一部分的世界中的过程中所具有的"绝对的野心",兴趣理论终究将导致一种对绝对性问题和非相对性问题见解的开拓的野心。这样,主张"思想是以自身为基础"的思想家获得了救命的稻草,从而获得绝对性的视界。有关普遍性的问题就像君临天下的帝王一样,把自己作为了一切知识的神。在特定的时刻,游戏逻辑也会导致某些行动者对普遍性感兴趣的事件发生,甚至布尔迪厄本人也不能幸免于此。总而言之,基础性的问题是不能用一个绝对性的术语来论及的。它既无法证明自身,也无法实现自身。"这是一个程度的问题,人们可以构筑某些工具以使自己至少部分地,从这些相关性中解脱出来,在这些工具之中最重要的是自我分析,不能只是从科学家的角度把这种自我分析理解为知识,也应该从历史性的决定论的角度把这种分析理解为有关知识分子的手段的知识。"① 如果对无意识的荒土开发可以把人们从一种绝对的孤芳自赏中解救出来,那么,哈贝马斯和布尔迪厄的工作就显得非常有意义了。他们都强化了反观性批判的武器,尽管一个轻视理性,一个重构理性,但是这些武器可以在历史性的指引下进行为了反对自身而进行自我批判;正如胡塞尔所说的那样,持有这种武器的学者才是真正履行了"文职人员对于人性"的契约。布尔迪厄自称自己总喜欢把哲学问题变形为政治实践问题,但是这样却使他进一步证实了一种对立关系,一种马克思在《共产党宣言》中建立的那种对立关系,同时也是传统以来的"德法之争"的重要战场之一,即总是从政治性角度思考问题的法国思想家与"在实现人性的征途上"以普遍性、抽象性为角度思考问题的德国思想家之间的对立。

合法性问题同样是德法两国学者的共同关注,德国从哈贝马斯开始数起,法国则有利科、布尔迪厄、德里达、福柯、利奥塔德、鲍德里亚、罗兰·巴特等等。显然关于合法性问题的学术重镇在法国,德国仅仅出现了哈贝马斯这一战将。1968 年的五月风暴是一个关键性的历史事件,在此事件中,他们经历了体制的统治地位,而最终走向了反体制的道路。具有叛逆特质的学者都集中

---

① 同上,41。

在这一时期的德法两国出现了。布尔迪厄认为这一体制的来临与反叛的姿态完全被作为一种宏大场域的社会历史所决定,哈贝马斯也看到了体制的非自然性,因而使得合法性问题得到两国哲学家的共同关注。他们也共同回答了批判的可能性问题与批判的合法性问题。哈贝马斯的德国精神也在此与大多数法国精神发生了分歧,其中最重要的人物是福柯。而布尔迪厄、利科、利奥塔德则依然坚持一种介于理性与非理性、现代与后现代之间的综合态度,在他们的文本中,充斥了哲学生活化的细枝末节,因而很少再看到单一的对体系的逻辑证明,即便像利科这样具有理性主义情怀的哲学家最终也走向了意志之歌的道路,也就是说,他的逻辑证明即便存在,也是为了哲学的生活化和生活化的哲学所服务的。

哈贝马斯对权力的合法使用与非法使用的调和使用了具有包容性的批判理论,因此引出交往行为理论。而该理论以"普遍语用学"为前提使得一种理想的语言状态划入"话语伦理学"系统,并获得各种通行证。福柯作为后现代主义的顶级传(狂)人之一,以消解这种前提为目标,并把哈贝马斯的普遍语用学和话语伦理学划入形而上学阵营。福柯的权力观念来自实践的批判原则的推演,批判是其中的一种推理实践,而哈贝马斯则认为权力的副作用是使理性根基得以削弱与批判的实践效用失效,所以就必须把权力与批判实行先行分离的办法。在强大的人类交往理性的作用和认识论基础下,他不得不先用批判来悬置权力,而后证明无论是从伦理、政治还是社会的角度,抑或实用主义角度来看,这种预先规定的普遍语用学都可以被证明是合理的,这就相当于承认了权力与话语所分别具有的自主性。而福柯则认为,没有不受权力控制的自由话语,在此基础上也无法实现实践的批判原则。事实上,几乎所有的法国思想家都抱有福柯的态度,将权力作为一种无孔不入的东西渗透到各种话语体系和社会生活的各个肌体细胞中。

布尔迪厄和利科的思想在此基础上也借鉴了哈贝马斯重建认识论的态度,所以我们在布尔迪厄与利科的思想中,同样可以发现被福柯、德里达所抛弃的理性在新交往视阈下的重要性,这也是布尔迪厄与利科难能可贵的地方。其实哈贝马斯的批判精神同样影响了这两个表面在社会学与解释学分别有所建树的,而实际上其理论精髓却有着惊人的相似的人。事实上,哈贝马斯在众多后现代学者中能够独树一帜，就是因为他能够合理地发掘启蒙运动的理性作用，虽然对其加以改造后把单一的理性中心改造为多元化的交互主体间的理性复合，但是比起后现代思想家来说，他的包容性更为强烈。他界定了启蒙运动的历史性作用，那种能够传承下来的理性力量。但是福柯却将视角进行了聚光灯式的转移，好比舞台中央的布景，本来哈贝马斯是灯光是聚焦在一个感性、知性、理性（认识论理性）并存的古董花瓶上的，而福柯却沿着尼采、海德格尔的脚步将此聚焦灯对准了此古董花瓶的前期的生产过程，这样，一种对古董花瓶的质疑也由此发生，此花瓶真的是古董吗？是古董还是赝品当然要通过历史调查来发现，从而使得语境成为有关历史的学说中的关键话题，而不再是分门别类的理性。福柯认为，我们需要反对被指认的普遍恒定性，考察此历史话语或历史事件的由来，也就是关注一种社会世界的形塑系统及其变异系统的真正面目，这一点，与布尔迪厄又是不谋而合的。福柯不是通过批判原则来拒斥历史主义，而是通过对各种不同历史语境的考察来批判各种自以为是普遍的原则。因此，在语境的关照下，所有的普遍性或形式都是镜中之花、水中之月，都是一种假想的理性的乌托邦。福柯认为，我们能够探讨的只能是未来的可选择形式，也就是海德格尔所说的"谋划"，这种形式仅仅是可选择的非没定的，却不是完全必然的。福柯是在现在这个时间点上回溯过去，探索未来；而哈贝马斯是在过去这个时间点上发现现在与未来的走向与趋势，也就是根据历史中的普遍性，来解释现在，预告未来。他们两者都具备了历史的批判与辩证性质，一个同中求异，一个异中求同。

哈贝马斯与德里达都是奥斯汀言语的行为理论的成果的共同享有者，但是德国人的理性主义与法兰西式的非理性主义之间的鸣奏曲并不是一种和弦乐。他们之间起了激烈冲突。哈贝马斯甚至批判奥斯汀违背了启蒙运动与法国大革命的精神，在非理性的泥沼中不能自拔。对德里达而言，完全适用。利奥塔德参与了此话语的讨论，批判哈贝马斯的理性单一化和空想性，因为利奥塔德的理性是多元化的，这是一种高于后现代的散漫而同时又符合后现代主义精神的基本特征。利奥塔德认为，理性有理论的理性、实践的理性和美学的理性，这也相当符合康德的三大理性批判中对理性作的区别。康德虽然是德国人，但是同一个国家的哈贝马斯却并未理会这一点，而仅仅将理性划入一种绝对的普遍同一的危险境地中。利奥塔德显然站了理性的多元化与多元化非理性的理性化的道路中间。他并不像福柯德里达那样完全反对理性的存在，但是却给理性加上了三顶帽子，使它们更加容易辨别而富有特色。用出场学场域来看，利奥塔德的理性即便是三顶帽子的，那也是一种钟摆式的单一狭隘的视阈，在此层面看哈贝马斯的交往行为理论，就会发觉其更具有开拓性了。哈贝马斯的贡献不在于如何传承，而是在于如何拓展。康德确实得到了某种法兰西的认同，但是他也一定会更加倾向于一种开拓者的创新的勇气与精神，交往实践理性是对康德的三大理性的补充与说明。所以、启蒙运动、康德理性、尼采的法兰西式的狂热崇拜在这场德法之争中隆重而耀眼地登场了。

　　德意志人与法兰西人的"一对多"游戏还在继续，尽管法兰西内部也有分歧，但是德国人在普遍性观念的影响下一直饱受法兰西人的共同诟病。哈贝马斯除了开发了"普遍语用学"，还在普遍语用学里添加了普遍心理学的成果。"兴趣"概念的产生使得非理性在理性漩涡中挣扎着被理性"埋没"。我们知道，通常而言，有多少人就有多少兴趣，这个概念本来就是不具有恒一性的，但是正是这种不具有恒一性的特征才使得哈贝马斯的兴趣理论是多么的别具一格："普遍性的兴趣"。我们可以说有多少人就有多少实践，这句话是成立的，也就是说，不管实践的内容是多么丰富多彩，其形式总是普遍的。所以兴趣的普遍性探索不在于内容，而在于形式，这是一个古老的亚里士多德传统。布尔迪厄不是亚里士多德的膜拜者，他对探索"普遍性的兴趣"并不十分感兴趣，对他而言，"行动者"的兴趣是否普遍不重要，重要的是，行动者的某种兴趣是如何得来的？即兴趣的内容的产生途径，其道，才是一个根本的关键话题。为什么在某一个场域中会产生该兴趣，而此场域的形塑、对象化的来源是什么？所以布尔迪厄的时间立足点与福柯是一致的，在现在追溯过去对现在的影响，而后再展望未来。布尔迪厄赞同理性论，但是反对同一化的理性；当然他也反对无视理性的做法，例如那两位后现代主义大师。布尔迪厄相信理性的历史是存在的，这一点哈贝马斯没有误区，但是将理性等同于历史，或者将历史降格为理性，这显然是定位错误的。历史在场域中的至高无上地位无法取代，因为所有产生理性的根基都是由历史的客观环境来决定的。某种真理之所以成为真理，它的可交流性和可社会化性，都是由某种历史条件作为符号形塑的基础。

"场",是个十分重要的概念前文提到过,法兰西人之间的观点是有差异的,而且还非常巨大。例如利奥塔德与德里达之间的对理性的在场不在场的态度,利奥塔德批判德里达的后现代主义完全把本体论置于了"不在场"的境地,这显然是一种虚无主义论调。德里达看来,不在场比在场更具较多的适用性。利奥塔德利用了康德的"二律背反"来勾勒德里达的失误。如果存在是不在场的,而其又不得不在在场中显现自身,那么它就变成了既在场又不在场了。那么,究竟是在场还是不在场呢? 德里达是无法解决这个二律背反难题的。"差异性"观念也是两个人之间的主要矛盾的集中体现之一。德里达将差异(延异)作为一种被他所反对的普遍性来加以使用,它适用于所有的风格话语,这使得怀疑论如影随形般的跟随着德里达。但是利奥塔德却将差异性建立在时间范畴内,它由康德在《纯粹理性批判》中先验地开始演绎,而为海德格尔发挥。但是在《判断力批判》中,时间与差异无涉,开始的差异性的时间演绎在审美领域中被阻挡或悬置了,这样"差异"就被"中断"而无法延续下去。所以利奥塔德认为,在审美时间中的"在场"与时间无关,它不是"当下",不是"存在",而是悬置差异,所以,差异与所给定材料之间的关系是非间接性的关系。这种准形而上学态度显然无法得到德里达的认可。总之,在德国与法国的现代与后现代哲学家或思想家中,也许并不是所有的观念都可以赞同启蒙运动与法国大革命,但是不得不说,所有的观念都是以康德为桥梁而接力下来的。

总体而言,法国思想家发扬了拒斥形而上学的精神,不再依靠各种形式的宗教和其他规范化基础。法兰西人都在对自我进行着证明,而使形而上学不再在场,所以它们在一边进行批判,一边对自我的原则进行论证阐明。这样,在非普遍性范式 - 自我参照批判何以可能的问题下,一种非形而上学的却可以说明一切的批判方式没有得以建构。也许,在一种固定的思维模式下,所有的理论都是不得不具有缺陷的。因此,摆在所有人文科学思考者面前的问题就十分艰巨了:没有被认同的批判范式,那种已破而未立的状态如何支持批判性反思和自我的身份认同? 任务确实非常艰巨。

所以,出场学场域与布尔迪厄场域的在此处的相同点就是:一种重塑的——反思的——正在生成的包含着由隐至显与由显至隐的双重运动的行动哲学。真理即便是显隐互转的，但不代表所有的场域中都是被遮蔽的。场域与真理的敞开需要交往实践与对话语言，交往实践赋予在出场学场域的这个特色："交往实践改造着主体的本质就是重新塑造着认识主体（包括主体势认知图式本身）"，因而真理必然是具备批判理性的，在特定的历史场合就有特定的真理。例如当前世界的真理就是对话、沟通、包容、和谐。真理不仅仅是认知的真，更是意义与价值取向的真。以往哲学的那种封闭的体系与封闭的主体、客体也被交往实践所冲破和打开，使它们不断开化融合并得以被整合为一个具有规律性的结构，作为认知交往活动的对话是主客主模式的广义认识论的典型例证。然而罗蒂等人却并不理解主客主的认识论模型。在罗蒂看来，对话领域所能带来的就仅仅只是"人类的开化"与"文化的进步"，他对认识论的发展也根本不感兴趣。如果说单一的"主客"跷跷板游戏是正题，那么罗蒂以其解释学作为此模式的反题，而交往实践的广义认识论则是合题。解释学中的分门别类很多，有些支持辩证理性，例如狄尔泰、利科、哈贝马斯等，有些则不支持辩证理性，例如海德格尔、伽达默尔、罗蒂等。所以广义认识论是在解释学中重新奠定认识论地位的"复归"过程，是辩证法在广义认识论中的表现。如果用传统的"主客"模式来看待语言的交流、认知交往关系、对话等等，则它们就会沦为纯"消费性"的行为而不是"生产性"的行为。新的知识与这种模式是无关的，所以这种纯消费性的知识无疑是应该被排除在广义认识论的模型之外。罗蒂正确指出了单纯"主客"模式的那种纯粹的消费性知识的缺陷，但是他的常规对话也好，非常规对话也罢，只能部分促使对话主体间的视阈融合，而与科学与知识的发展进步无关。拉卡托斯尽管也肯定了知识的进步与增长对于认知功能的发展的所起到的积极进步的作用，但是他觉得两种理论之间只有批判而无建设性的意见。在拉卡托斯看来，对话的目的是为了证伪，通过证伪来证明科学的进步，而不是为了全面性地建构认识论模式，所以他的认识论也是局部的，同样也不能回溯到认识论的基础上来，也无法在一种立体的多维的空间与时间内，在"主客主"模式中来全面建构交往的实践论。

如果以结构主义为例，布尔迪厄对这种特定的理论倾向的实践态度是：他受到了一种理论上的"感觉"的引导，在此之前，受到了对人类学的结构主义所

"隐含的理论立场"的"抵制"的引导,还受到一种对"特定关系"的抵制的引导,这种关系是在研究者和他的研究对象(即普通人)之间所建立起来的"倨傲关系"和"疏远关系"的抵制。阿尔都塞的结构主义把行动者仅仅看成是纯粹结构的"承担者",而一种"无意识"的概念在列维－斯特劳斯的理论中也担负着同样的角色。他们实质上都是先验论的变种,列维－斯特劳斯对土著人的"天生的合理化"(native rationalization)的分析,实践的模式背后究竟是什么在真正驱使着,这种分析并不能给人类学家带来任何启迪。举例而言,任何制定契约的理由都在随着行动者及其情况的不同而发生巨大的变化。布尔迪厄认为,授予结构主义以"科学的和客观主义的分析"与谱系研究的特权恐怕也是哲学行业中的一种内在的意识形态。他反对结构主义人类学那种制定计划、图表、族谱、地图等等的特有的傲慢观点,无论这种观点在人类学家那里曾经是多么天经地义。布尔迪厄自认为他的新理论的新在于,人们与社会世界的关系是非理性论性的、但却是切实的,并且与人们的日常生活经验息息相关。笔者赞同布尔迪厄将显性中的隐性进行发掘的做法,一个理论并不是它所展现出来的风貌与样子,而更应该完成的是掩藏在它背后的意义。它是对某种"疏远的"、"超然的"关系的"实践性的依附"与"即时性的归顺"的决裂开始的。这种"疏远的"、"超然的"关系才是科学家所需要秉持的立场的界定。然而,布尔迪厄却将这种"理论形式"的表述建立在了一种出自对社会存在的"不可简约性"的一种有关"生活的丰富性"(life's profusion)的"直觉"之上。原来与精神之间的抽象具有差距的真正的实践与经验也是可以被朴素地建构于其上的。显然这里将不得不面对非理性主义的基础与正当性理性之间的问题。布尔迪厄的逻辑断链不能消除,所以他才远离哲学的逻辑大门,而转投社会学领域中去了。出场学的场域思想是交互主体际与各种社会关系、历史环境、社会符号等一系列因素构成的双向互动的历史构境的交往实践观。从布尔迪厄的"正在生成"到出场学场域的"不断出场",将隐藏事物对象化或规约化为显像的事物,并进行了科学性的分析研究,使得人文科学与社会哲学都经历了质的飞跃。

此外,在由隐至显的形塑和实践过程中,不同场域之间体现出的场域同构性也是不容忽视的。出场学场域的"实践交往"(即真实的当下性的实践)与

"语言交往"(即理论或文字语言、对话等的实践)的同构性与布尔迪厄场域之各大小场域之间的同构性是一致的。它们都从狭义的跷跷板游戏单一的"主体-客体"模式转化为"主体-客体-主体"的立体结构。出场学场域的两大基本域限——历史行动交往实践场域与符号思想交往实践场域之间的对象化的中介系统是有所区别的:"在实践交往结构中,实践主体是将自己的物质力量对象化于物化客体之中,进而作用于另一实践主体;而在认知结构中,认知主体通过对话、语言的中介而与另一主体发生认知交往关系。"①这样,布尔迪厄的场域的无限细分是不可取的,否则,所有的系统化与结构化的努力都将是惨白的。

---

① 任平:《论语言符号系统在广义认识论中的地位——兼论从解释学到广义认识论的发展》(J),苏州大学学报,1989,(2、3合刊):5。

结　语

通过上文对各位思想家的对比与分析,我们知道,出场学场域是有关历史语境与思想符号的辩证法,是面对未来的敞开与当下性现实的交往实践。海德格尔、伽达默尔在本体论解释学中发展了马克思的历史实践行为的思想,在法国思想界中则有布尔迪厄、利科、列斐伏尔、哈维等发展了这种具有当下性特此概念具体历史的实践的"打开"状态的思想,而摒弃了所有思想与符号场域的缺陷:内主观意识的个体性的主体性思想。尽管法国思想家罗兰·巴特、鲍德里亚、德里达都对资本进行了批判,而且对人们的生存现状表示了担忧,但是他们在历史场域中所做的贡献,仅仅限于一种美学主义的原则,他们要么只注重符号形塑的结构,要么只用解构方式解构一切,从而失去了一种当下在场的人们的敞开方式的规律性探索。

法国学者对符号场域所做的贡献令人瞩目:巴特的符号学,福柯的考古学,德里达的书写学、阿尔都塞的把马克思的科学研究立意为自给自足的科学系统的阅读法企图等等,他们要么想要终结哲学,要么为了保持哲学的新鲜性而剑走偏锋。虽然他们的初衷是要把有关出场意义的形塑模式给予指明,但是他们对待哲学的态度十分不可取。即便他们的初衷有些许合理性,也未必就是全面的,仅仅从形塑方面入手并不能解决出场意义的全部问题。历史的建构包括三个过程中的主体与客体的统一与融合,既是客体性的传统的沿袭,也是场域中的生命的律动。

所以我们更要注意的德国与法国学者对历史场域所做的贡献。他们或者传承马克思的思想,或者在批判马克思的思想中获得自己的历史视阈,但都是为了批判资本主义制度内的资本与权力话语思想。他们也终究逃不出马克思所开创的哲学革命的领域。同样在历史场域做出贡献的还有解释学家们，无论是客体性解释学还是主体性解释学都获得了一种历史视阈，尽管这种历史视阈往往与文本符号挂钩，但是，历史场域本来就是符号场域的来源。更值得一提的是存在论解释学家们把历史从内主观意识中解脱出来，而置于一种敞开的境地中，从而把从前解释学家对文本的关注和文本在历史中的流传的关注转移到出场者本身的历史境遇中来。因而存在论解释学与出场学场域的历史视阈的相通之处在于一种对未来的审视与筹谋，并在文明的冲突中运用对话、反思、批判以及自我批判等方法来获得"视阈融合"与相互理解。

此外，我们还要注意马克思以后的马克思主义的一些流派问题。晚期马克思主义不同于后现代马克思主义，两者又与后马克思主义不同，三者不能混同。前有法兰克福学派、结构主义马克思主义、弗洛伊德马克思主义、人道主义马克思主义、存在主义马克思主义等；中有哈维、德勒兹、列斐伏尔、哈胜、詹姆逊、德里克、布尔迪厄等；后有德里达、鲍德里亚、鲍曼、克拉劳、墨菲、齐泽克等。晚期马克思主义还属于晚期现代性的马克思主义；后现代马克思主义则超越了现代性范畴；后马克思主义虽然也是后现代的，但是却超越了各种马克思主义的架构基础。其中，三个代表时期的三位代表人物之间也存在着师承，也是一条线索，从马尔库塞到列斐伏尔再到鲍德里亚，当然，马尔库赛各师其实就是海德格尔马克思的思想传承也经历了一系列被重构的阶段，所以场域（时空）的变化带来了思想的变化，重构场域同时也是对思想进行重构。在此在中国，不得不进行马克思主义的中国化。

出场学场域则是具有主体在场性的、具有属人性和价值性的空间。场域与历史的关系主要在于厘清以下五个问题：第一，谁是在场者？思想还是历史？第二，历史天然在场还是需要打开（出场）？第三，历史如何出场？什么是历史建构？第四，历史如何需要思想出场（起何种作用）？第五，思想出场的逻辑是什么（如何变成意识形态并力图一劳永逸地变成在场的形而上学）？因而，对出场学场域的本性的探讨笔者主要归纳为以下三点：第一，场域之本性，在于构建性而不在现成在场性。客体性的场域在于主体出场的空间性和置身性，这一空间性可能有两个向度：一是属人性的居所，二是外在于人的空间（异化结构）。主体性的场域则需要考察人的价值投射。实践造就的空间本身对于人的作用就是意义，而意义的有用性就是价值，价值的体系就是文化。场域作为主体性在场就是立场的价值投射，而不是价值无涉。主体的场域意义即德、理、法、情；价值是摒除他者地狱和社会异化的生活与生存的"敞开"与"自由"；文化是反对斗争与分裂的多视阈的融合。场域还是社会交往结构，即主体与主体之间的交往结构。第二，场域不仅是型塑的，而且是建构的。建构则是一种真实的生命律动的存在，而不仅是符号化的过程。历史建构是包括人们活动的真实舞台的全部内容的结构。场域传播不如说历史传承和横向传播两个向度。第三，马克思主义对于场域的敏感性在于差异地出场、断裂地在场和批判地对待一切在场的形而上学，通过"不断出场"而秉持永恒在场，来完成历史的新场域化。

参考文献

1. 罗兰·巴尔特:《写作的零度》[M],李幼蒸译,中国人民大学出版社,2008。

2. 高宣扬:《后现代论》[M],北京:中国人民大学出版社,2010。

3. 罗兰·巴尔特:《符号学原理》[M],李幼蒸译,中国人民大学出版社,2008。

4. 任平:《论马克思主义出场学视阈中的历史构境》[J],南京大学学报,2010(2)。

5. 海德格尔:《存在与时间》[M],陈嘉映、王庆节译,北京:三联书店出版社,1987。

6. 利科:《解释学与人文科学》[M],陶远华等译,石家庄:河北人民出版社,1987。

7. 伽达默尔:《真理与方法》[M],洪汉鼎译,北京:商务印书馆,2007。

8. 康德:《未来形而上学导论》,《康德著作全集》[M]第4卷,李秋零主编,中国人民大学出版社,2005,343。

9. Dilthey: Hermeneutics and the Study of History[M], Princeton University Press,1996.

10. 马克思:《路易·波拿巴的雾月十八日》[M],《马克思恩格斯全集》[M]第11卷,中央编译局译,北京:人民出版社,1997。

11. 普罗普:《故事形态学》[M],贾放译,北京:中华书局,2006。

12. 格雷马斯:《结构语义学》[M],蒋梓骅译,天津:百花文艺出版社,2001。

13. 格雷马斯:《论意义》[M],吴泓渺,冯学俊译,天津:百花文艺出版社,2005。

14. 利科:《哲学的主要趋向》[M],李幼蒸、徐奕春译,北京:商务印书馆,1988。

15. 科林伍德:《精神镜像——或知识地图》[M],赵志义、朱宁嘉译,桂林:广西师范大学出版社,2006。

16. 海登·怀特:《元史学:十九世纪欧洲的历史想象》[M],陈新译,南京:译林出版社,2004。

17. 亚里士多德:《修辞术·亚历山大修辞学·论诗》[M],颜一、崔延强译,北京:中国人民大学出版社,2003。

18. 亚里士多德:《诗学》[M],陈中梅译,北京:商务印书馆,1996。

19. 康德:《判断力批判》,见于《康德著作全集》[M]第5卷,李秋零主编,中国人民大学出版社,2007。

20. 鲍德里亚:《生产之镜》[M],仰海峰译,北京:中央编译出版社,2005。

21. 马克思、恩格斯:《德意志意识形态》,《马克思恩格斯全集》[M]第3卷,中央编译局译,北京:人民出版社,1960。

22. Henri Lefebvre: Everyday Life in the Modern World[M], Trans. Sacha Rabinovitch, The Penguin Press, New York, 1971.

23. 列斐伏尔:《空间的生产》[M],见包亚明主编:《现代性与空间的生产》第 II 辑,上海教育出版社,2002。

24. 哈维:《新自由主义简史》[M],王钦译,上海译文出版社,2010。

25. 海德格尔:《人,诗意地安居》[M],郜元宝译,上海远东出版社,2011。

26. Bachelard: The poetics of space[M], Trans. by Etienne Gilson, The Orion Press, New York, 1964.

27. Lefebvre: The Production of Space[M], Trans. Donald Nicholson – Smith, Basil Blackwell Ltd, Oxford, 1991.

28. 哈维:《巴黎城记:现代性之都的诞生》[M]。

29. 哈维:《后现代的状况》[M],阎嘉译,北京:商务印书馆,2003。

30. 马克思:《资本论》,《马克思恩格斯全集》[M]第30卷,中央编译局译,北京:人民出版社,2002。

31. 马克思、恩格斯:《1844 年经济学哲学手稿》,《马克思恩格斯全集》[M]第42卷,中央编译局译,北京:人民出版社,1979。

32. 康德:《康德著作全集》[M]第4卷,李秋零主编,北京:中国人民大学出版社,2005。

33. 胡塞尔:《纯粹现象学通论》[M],李幼蒸译,北京:商务印书馆,1992。

34. 洛克:《人类理解论》[M],关文运译,北京:商务印书馆,1959。

35. 爱因斯坦:《相对论的意义》[M],郝建纲,刘道军译,上海:上海科技教育出版社,2001。

36. 任平:《创新时代的哲学探索——出场学视阈中的马克思主义哲学》[M],北京:北京师范大学出版社,2009。

37. 列维·斯特劳斯:《结构人类学》[M],第二卷,俞宣孟等译,上海:上海译文出版社,1999。

38. 马克思、恩格斯:《马克思恩格斯全集》[M]第 26 卷(III),北京:人民出版社,1974。

39. 马克思、恩格斯:《马克思恩格斯选集》[M]第2卷,中央编译局译,北京:人民出版社,1972:103。

40. 马克思、恩格斯：《马克思恩格斯选集》[M]第1卷，中央编译局译，北京：人民出版社，1972:31。

41. 任平：《广义认识论的中心视界》(J)，《学习与探索》，1993年第5期。

42. 胡塞尔：《观念、纯粹现象学总论》[M]，伦敦出版社，1931。

43. 郑航生主编：《现代西方哲学主要流派》[M]，北京：人民大学出版社，1988。

44. 胡塞尔《纯粹现象学通论》[M]，李幼蒸译，商务印书馆1992:335。

45. 海德格尔：《在通向语言的途中》[M]，孙周兴译，北京：商务印书馆，1997:15。

46. Gadamer: Truth and Method [M], Trans. Joel Weinsheimer and Donald G. Marshall, London&New York: Sheed & Ward Ltd and the Continuum Publishing Group, 2004.

47. 马克思、恩格斯：《马克思恩格斯选集》[M]第1卷，北京：人民出版社1995。

48. 阿尔都塞：《保卫马克思》[M]，顾良译，北京：商务印书馆，1984。

49. Friedrich Schleiermacher: On Religion: Speeches to Its Cultured Despisers [M], Trans. John Oman, K. Paul, Trubner & Co., Ltd., London, 1893.

50. Wilhelm Dilthey: Hermeneutics and the Study of History [M], Princeton University Press, 1996.

51. 黄颂杰主编：《西方哲学名著提要》[M]，江西人民出版社2002。

52. Gadamer: Truth and Method[M], Trans. Garrett Barden and John Cumming, Sheed & Ward Ltd. 1975.

53. 伽达默尔：《哲学生涯》[M]，北京：商务印书馆2004:171～172。

54. Habermas: On the Logic of the Social Sciences[M], Trans. Shierry Webber Nicholsen and Jerry A. Stark, The MIT Press,1988.

55. 哈贝马斯：《交往行为理论第一卷行为合理性与社会合理性》[M]，曹卫东译。上海：上海人民出版社，2004。

56. 罗蒂：《哲学和自然之镜》[M]，李幼蒸译，北京：商务印书馆，2004。

57. 利科：《历史与真理》[M]，姜志辉译，上海译文出版社，2004。

58. 利科：《活的隐喻》[M]，汪堂家译，上海译文出版社，2004。

59. 弗洛姆：《爱的艺术》[M]，康革尔译，北京：华夏出版社，1987。

60. 马克思：《神圣家族》[M]，见于《马克思恩格斯全集》第2卷，北京：人民出版社，1957。

61. 弗洛伊德：《癔症研究》[M]，见于《弗洛伊德文集》第1卷，车文博主编，长春：长春出版社，2004。

62. 尼采：《查拉图斯特拉如是说》[M]，钱春绮译，北京：三联书店，2007。

63. 康德：《实践理性批判》[M]，邓小芒译，杨祖陶校，北京：人民出版社，2003。

64. 德里达:《多重立场》[M],佘碧平译,北京:三联书店2004。

65. 德里达:《延异》[J],汪民安译,《外国文学》,2000(1)。

66. 曹卫东:《批判与反思——哈贝马斯的方法论述评》[J],《哲学研究》,1997(11)。

67. 波普尔:《历史决定论的贫困》[M],杜汝楫、邱仁宗译,北京:华夏出版社,1987。

68. 任平:《任平自选集》[M],南京:凤凰出版社,2010。

69. 马克思、恩格斯:《马克思恩格斯选集》[M]第2卷,北京:人民出版社,1995。

70. 哈贝马斯:《现代性的哲学话语》[M],曹卫东等译,南京:译林出版社,2008。

71. 马克思:《德漠克里特的自然哲学与伊壁鸠鲁的自然哲学的差别》,《马克思恩格斯全集》[M]第40卷,北京:人民出版社,1982。

72. 马克思:《德漠克里特的自然哲学与伊壁鸠鲁的自然哲学的差别》,《马克思恩格斯全集》[M]第1卷,北京:中央编译局,1995。

73. 马克思:《政治经济学批判＜序言＞》,《马克思恩格斯全集》[M]第31卷,中央编译局译,北京:人民出版社,1998。

74. 马克思:《1844年经济学哲学手稿》,《马克思恩格斯全集》[M]第3卷,中央编译局译,北京:人民出版社,2002。

75. 黑格尔:《精神现象学》[M],贺麟、王玖兴译,北京:商务印书馆,1981。

76. 费尔巴哈:《基督教的本质》[M],荣震华译,北京:商务印书馆,1984。

77. 费尔巴哈:《未来哲学原理》[M],洪谦译,北京:三联书店,1957。

78. 阿尔都塞:《保卫马克思》[M],顾良译,杜章智校,北京:商务印书馆,1984。

79. 霍尔巴赫:《健全的思想》[M],王萌庭译,北京:商务印书馆,1985。

80. 米涅:《法国革命史——从1789年到1814年》[M],北京编译社译,北京:商务印书馆,1977。

81. 圣西门:《圣西门选集》[M]第2卷,董果良译,北京:商务印书馆,1982。

82. 马克思:《关于费尔巴哈的提纲》,《马克思恩格斯全集》第3卷[M],北京:人民出版社,2002。

83. 任平:《建设一个良序治理的差异性社会》[J],《马克思主义与现实》,2009(4)。

84. 马克思:《普鲁士状况》,《马克思恩格斯全集》[M]第12卷,中央编译局译,北京:人民出版社,1962。

85. 梅林:《德国社会民主党史》[M],青载繁译,北京:三联书店,1963。

86. 马克思、恩格斯:《德意志意识形态》,《马克思恩格斯全集》[M]第3卷,中央编译局译,北京:人民出版社,1960。

87. 李毓章:《人:宗教的太阳——费尔巴哈宗教哲学研究》[M],台北:远流出版事业股份有限公司,1995(民84)。

88. 布尔迪厄：《实践与反思——反思社会学导引》[M]，李猛译，北京：中央编译出版社，1998。

89. 布尔迪厄：《科学之科学与反观性》[M]，陈圣生等译，桂林：广西师范大学出版社，2006。

90. Charles Tyler：Bourdieu：A Critical Reader[M]，Edited by Richard Sbusterman，Blackwell Publishers Ltd，1999.

91. 布尔迪厄：《文化资本与社会炼金术》[M]，包亚明译，上海：上海人民出版社，2007。

92. 波伏娃：《一个孝女的回忆》第一部。转引自杰弗里·N·利奇著《语义学》[M]，上海：上海外语教育出版社，1987。

93. 吉登斯：《批判的社会学导论》[M]，郭忠华译，上海：上海译文出版社，2007。

94. 布尔迪厄：《艺术的法则——文学场的生成和结构》[M]，刘晖译，北京：中央编译出版社，2001。

95. 佘碧平：《"结构"迷思：从列维－斯特劳斯、梅洛－庞蒂到布尔迪厄》(J)，同济大学学报，2009(1)。

96. 张一兵：《巴塔耶：没有伪装，没有光与影的游戏》[J]，社会科学论坛，2004(11)。

97. 巴塔耶：《色情、耗费与普遍经济》[M]，汪民安编，长春：吉林人民出版社，2003。

98. 巴塔耶：《色情史》[M]，刘晖译，北京：商务印书馆，2003。

99. 列维－斯特劳斯：《结构人类学——巫术·宗教·艺术·神话》[M]，陆晓禾，黄锡光等译，北京：文化艺术出版社，1989。

100. 列维－布留尔：《原始思维》[M]，丁由译，北京：商务印书馆，1981。

101. 列维－斯特劳斯：《野性的思维》[M]，李幼蒸译，北京：商务印书馆，1987。

102. 哈贝马斯：《认识与兴趣》[M]，郭官义、李黎译，上海：学林出版社，1999。

103. 哈贝马斯：《包容他者》[M]，曹卫东译，上海：上海人民出版社，2002。

104. 萨特：《存在与虚无》[M]，陈宣良等译，北京：三联书店，1997。

105. 利科：《解释的冲突——解释学文集》[M]，莫伟民译，北京：商务印书馆，2008。

106. 梅洛－庞蒂：《知觉现象学》[M]，姜志辉译，北京：商务印书馆，2001。

107. 赫拉克利特：《赫拉克利特著作残篇》[M]，罗宾森英译，楚荷中译，桂林：广西师范大学出版社，2007。

108. 德里达：《马克思的幽灵》[M]，何一译，中国人民大学出版社，1999。